U0579787

↑2015 年 7 月 13 日，参加海峡两岸中华传统文化与现代化研讨会
↑2016 年 12 月 16 日，参加英语教育行业年度大会

↑ 2017 年 3 月 2 日，接受两会小记者采访
↑ 2018 年 11 月 2 日，在 IEIC 国际教育创新大会上讲话

↑ 2019 年 4 月 10 日，在 2018 年度爱阅童书 100 发布会上讲话
↑ 2019 年 4 月 20 日，参加中国民办教育发展高峰论坛

↑ 2021 年 7 月 18 日，在新时代“成长中的教育家”暑期高级研修班讲话
↑ 2021 年 9 月 7 日，在长春新教育学习中心考察

朱永新教育作品

九四龄童南怀瑾

沟通与融合

——中国近现代教育思想的起源与发展

朱永新 · 著

漓江出版社

· 桂林 ·

图书在版编目（CIP）数据

沟通与融合：中国近现代教育思想的起源与发展 / 朱永新著. -- 桂林：漓江出版社，2023.11
ISBN 978-7-5407-9492-7

Ⅰ. ①沟…　Ⅱ. ①朱…　Ⅲ. ①教育思想－思想史－中国－近现代　Ⅳ. ① G40-092.5

中国国家版本馆 CIP 数据核字（2023）第 125341 号

沟通与融合——中国近现代教育思想的起源与发展
朱永新　著

出 版 人　刘迪才
策划统筹　文龙玉
责任编辑　章勤璐
助理编辑　唐子涵
书籍设计　石绍康
营销编辑　俞方远
责任监印　黄菲菲

出版发行　漓江出版社有限公司
社址　广西桂林市南环路 22 号
邮编　541002
发行电话　010-85891290　0773-2582200
邮购热线　0773-2582200
网址　www.lijiangbooks.com
微信公众号　lijiangpress

印制　天津嘉恒印务有限公司
开本　710 mm × 1000 mm　1/16
印张　17.5
字数　278 千字
版次　2024 年 1 月第 1 版
印次　2024 年 1 月第 1 次印刷
书号　ISBN 978-7-5407-9492-7
定价　69.80 元

总　序

朱永新教授的作品集出版在即，他要我写一篇序，大概是因为他看到我对教育也很关注，又不时地发表点看法的缘故吧，或者因为他和我都是马叙伦、周建人、叶圣陶、雷洁琼等民进前辈的后来人——我们是中国民主促进会的成员。不管他是怎么想的，我出于对他学术成就的敬佩，也出于对比我年轻些的学者的喜爱和对教育事业的兴趣，便答应了，尽管我不是这个领域的专家。不过这样也好，以一个时时关心业内情况的外行人眼光说说对这套作品集和作者的看法，或许能更冷静些，更客观些。

我曾经说过，中国的教育人人可得而道之。因为教育问题太复杂，中国的教育问题尤甚。且不说中国以一个发展中国家不强的实力在办着世界上最大的教育，单是中国处于转型期，城乡、东西部间严重的不平衡和几个时代思想观念的相互摩擦、激荡，就可以说是当今世界绝无仅有的了。随着教育普及率的提高，对教育发表评论的人当然也越来越多，多到几乎家家户户都会时常议论。这样就给有关教育的研究提出了许多也许在别的国家并不突出的问题。我认为其中有两个问题最为要紧：一个是教育的问题牵一发而动全身，既不能就教育论教育，更不能只论教育的某一部分而不顾及其他，要区别于人们日常的谈论；另一个是教育学如何走出狭小的教育理论圈子，让更多的人理解、评论、实践，也在更大范围内检验自己的理论是否能为群众所接受，以免专家和社会难以搭界。朱永新教授的这套作品集，恰好在这两个问题上都给了我很大的欣慰。

在这套作品集中，他从国际国内、政治经济、文化社会、古往今来的广阔视野来考察、思索中国的教育问题；他的论述几乎遍及受教育者所经历的整个教育过程；大到教育的理念、原则，小到课程的改革、课外的活动，他都认真思考，系统调查，认真实验，随时提升到理论层面；与教育学密切关联的心理学，在研究中国教育的同时展开的对国外教育的认识和分析，也是他涉及的范围。

朱永新教授并不是一位“纯”学者，虽然教育理论研究永远是他进行多头工作时在脑子里盘旋的核心。他集教师、官员和研究者三种角色于一身，随着自己孩子的出生和成长，他又多了一个家长的身份。这就使他不可能只观察研究教育体系中的某一段或某一方面，而必须做全方位、多角度、分层次的研究。他是中国民主促进会中央委员会副主席，作为同事，我见过他极度疲劳时的状况，心里曾经想过，这是天将降大任于是人的考验，还是他“命”当如此，不得不然？其实，这正是给他提供了他人很难得到的绝好的研究环境和条件：时时转换角色，就需要时时转换思维的角度和方法，宏观与微观自然而然地结合，积以时日，于是造就了他独特的研究方法和风格。

我们对任何事物的研究，如果只有理性的驱动，而没有基于对事物深刻认识所生发出来的极大热情，换言之，没有最博大的挚爱，是难以创造性地把事情做得出色的。朱永新教授对教育进行研究的特点之一就是全身心地投入。身，有那三种角色和一种身份，自然占据了他所有的时间和精力；心，是不可见的，但贯穿在他所有工作、表现在他所有论著中的鲜明爱心，则是最好的证明。

他说“教育是一首诗”。他常用诗一般的语言讴歌教育，表达他的教育思想：

> 教育是一首诗 / 诗的名字叫热爱 / 在每个孩子的瞳孔里 / 有一颗母亲的心
>
> 教育是一首诗 / 诗的名字叫未来 / 在传承文明的长河里 / 有一条破浪的船

如果是纯理性的，没有充沛的、不可抑制的感情，怎么能迸发出诗的情思？但他不是浪漫派。他本来已经够忙的了，却又率先自费开通了教育在线网站，开通了教育博客和微博，成了四面八方奋斗在教育改革前沿的众多网民的朋友。每天，当他拖着疲乏的脚步回到家后，还要逐篇浏览网站上的帖子和来信，并且要一一回应。有人说，这是自找苦吃。但他认为，这是“诗性伴理想同行”，是“享受与幸福”。他曾经工作生活在被颂为“人间天堂”的苏州，那里早已普及了十二年义务教育，现在正朝着普及大学教育的目标前进，但这位曾经主持全市文教工作的副市长，却心系西部，为如何缩小东西部教育的差距苦苦思索，不断地呼吁……他何以能够长期如此？我想，最大的动力就是那伟大的爱。

情与理的无缝衔接，正是和把从事教育工作及理论研究单纯当作职业的最大区别，而且是他不断获得佳绩、不断前进的要素。

教育是人类社会得以延续发展的根本保障。人之所以为人，区别于其他动物，从某种意义上讲，就是因为通过不同渠道，接受了不同程度和内容的教育。就一个国家而言，教育则是保障发展壮大的基础性工程。这些，都已经成为人们的共识。但是，教育又是极其复杂庞大的体系，需要大批教育理论专家、管理专家。身在其中者固然自得其乐，但是，在局外人看来，教育理论的研究是枯燥的、艰难的，有许多的教育学著作也确实强化了人们的这种感觉；管理工作给人的印象则是繁杂的、细碎的。这种感觉和印象往往是理论工作者、管理工作者和广大的教育参与者（包括家长、学生和旁观者）之间产生隔膜的原因之一。社会需要集理论研究和管理于一身，而且能把自己对教育的挚爱传达出去的学者，与人们一起共享徜徉在教育海洋里的愉快和幸福。但是，现在这样的学者太少了。是我们对像教育理论这样的人文社会科学的所谓“学问”产生了误解，以为只有用特定的行业语言，包括成堆成堆的术语和需要读者反复琢磨才能弄清楚的句子才是学术？还是善于用最明了的语言表达复杂事物的人还不多？抑或是教育理论的确深奥难测，必须用“超越”社会习惯的语言才能说得清楚？而我是坚信真理总是十分朴实、十分简单这样一个道理的。真正的大家应该有能力把深刻的思考、复杂的规律用浅显生动的语言表述出来，历史上不乏其例。

作为一名教育理论家，朱永新教授正在朝这一目标努力着，而且开始形成了自己的风格：论述、抒情、问答并举，逻辑严密的理性语言、老百姓习惯于说和听的大白话、思维跳跃富于激情的诗句兼而有之，依思之所至、情之所在、文之所需而施之。有的文章读时需正襟危坐，有的则令人不禁击节而赏，有的还需反复品味。可贵的是，这些并非他刻意为之，而是本性如此，自然流露。这本性，就是他对教育事业的爱，归根结底是对人民的爱。

在某一种风格已经弥漫于社会，许多人已经习惯甚至渗透到潜意识里的时候，有另外一种风格出现，开始总是要被视为“异类”（我姑且不用“异端”一词）。我不知道朱永新教授是不是也有过这样的经验。我倒是极为希望他能坚持下去，即使被认为“这不是论文”也不为所动，因为学术生命的强弱最后是要由人民来判断，而不是仅仅由小小的学术圈子认定的。我还希望他在这方面不断提高锤炼，让这股教育理论界的清风持续地吹下去。

教育，和一切与人民生活紧密相连的事物一样，都要敏感地紧跟时代的步伐，紧贴人民的需求，依时而变，因地制宜。如今朱永新教授的作品集改版并增补，主要收录了他从踏入教育学领域至2023年的论著。这从一个侧面反映了我国改革开放以来教育领域理论研究与实践的过程。“战斗正未有穷期”，在过去和未来的日子里，有层出不穷的教育问题需要解决，因而需要不停顿地观察、思考、研究。我们的教育学，就在这个过程中发展成长；有中国特色的教育学，也许就将在这一时期内形成。朱永新教授富于创造——“永新”自当永远常新，他一定会抓住这百年难逢的机遇，深化、拓展自己的研究，为中国教育事业、为中国的教育理论多奉献自己的才干和智慧，再写出更多更好的篇章。

我们期待着。

兹忝为序。

许嘉璐

写于2010年12月14日

修改于2023年4月29日

于日读一卷书屋

（作者为第九届、第十届全国人大常委会副委员长，著名语言文字学家）

追寻先贤的踪迹（卷首诗）

追寻先贤的踪迹
流连于东西教育文化交汇的源头
在沧桑变幻的争斗、渗透与融汇的“历史河流”中
我体味着先贤风雨血泪里的沉重和艰辛

追寻先贤的踪迹
伫立于山海工学团的旧址内
在陶行知“知行合一”“爱满天下”的遗训前
我再沐“捧着一颗心来，不带半根草去”的万世清风

追寻先贤的踪迹
来到晏阳初曾医治“贫、愚、弱、私”的河北定县
在一首首激昂慷慨间难掩其迷惘困惑的跌宕曲律中
我读出了这位虔诚基督徒的平民教育信念

追寻先贤的踪迹
探访湖南农民运动讲习所的原址
在花木扶疏、青石铺就的静谧院落里
我阅读那些渐已发黄的文献，接受伟人的洗礼

追寻先贤的踪迹
走到黄炎培、叶圣陶、陈鹤琴等人的身边

在这些坐而论道、起而力行的实践型学者的奋斗中
我看到了中国教育曲折的历史与蕴藏的希望

追寻先贤的踪迹
感叹于泥泞里深埋的执着、努力和坚强
足迹的尽头分明是理想、激情与诗意哟——
我会继续跋涉，永不停息，朝着那美丽而神圣的远方

目 录／Contents

第五章　中国现代的职业教育思想

第六章　中国现代的平民教育思想

第七章　中国现代的乡村教育思想

第八章　中国现代的生活教育思想

第九章　中国现代的活教育思想

第一章　中西教育思想的会通与融合

从1840年鸦片战争爆发，到1949年中华人民共和国成立前，中国教育学经历了从创立、发展到粗具规模的三个时期，中西教育思想也在这一时期得以会通和融合，中华教育思想呈现出新的面貌。在一百余年的时间内，经过几代学者的共同努力，不仅完成了由古代教育思想到近代教育学的过渡，也实现了由近代教育学到现代教育学的转变。

一、西学东渐与近代教育学的诞生

西方教育学的传入最早可以追溯到明末清初。在明末万历年间（1573—1620年），传教士利玛窦率先踏上了中国的土地，他以传播自然科学和技术为手段，求得在中国传教的权利。紧随其后的西方传教士大多也如法炮制，在为传教服务的宗旨下，翻译介绍了各种科学文化知识，同时也为中国带来了与传统的封建教育截然不同的西方教育信息。如西方传教士高一志（Alfonso Vagnone）撰写的《童幼教育》（1620），论述了西方儿童教育的方方面面，这部著作很可能是最早输入我国的教育类读物。再如艾儒略（Giulio Aleni）的《西学凡》（1623）和《职方外纪》（1623），比较详细地介绍了西方的教育制度，尤其是欧洲大学文、理、医、法、教等专业的课程纲要、教学过程、教学方法和考试等。这一时期西方教育学的传入，由于数量极少、内容零星，未形成多大影响。

当历史的车轮转到18世纪时，由于外国传教士介入了清廷内部争权夺利的斗争，雍正皇帝把传教士全部赶出境外，西学东渐的历史出现了暂时的中断。当中西教育交流再度开通时，已是19世纪中叶。西方传教士再度来华，并更加重视教育活动。如新教的教会学校所拥有的学生至 1890 年达 16836 人，天主教会学校的学生人数更达 25000 人。[①]与此同时，描述与介绍西方教育制度的著作也陆续出版。如德国传教士花之安（Ernst Faber）于 1873 年出版了《德国学校论略》。著名数学家李善兰在该书前言中评论说：普鲁士最近的军事胜利应归功于其士兵所受的教育，它鼓励他们为理想和原则而战。该书强调义务教育及在全国各地开办大量学校，尤其是职业学校的重要性。北京同文馆的总教习、美国传教士丁韪良的《西学考略》（1883）也是一部有影响的介绍西方教育制度的著作。他于 1880—1882 年受中国政府委派出访西方七国，收集这些国家的教育资料，此书便是他调查研究的成果。此外，李提摩太的《七国新学备要》、花之安的《泰西学校论略》（又名《西国学校》）、林乐知（Y. J. Allen）的《文学兴国策》等，也是比较重要的著作。

值得一提的是，1882 年在圣约翰书院主持院务的颜永京[②]翻译了《肄业要览》，署大英史本守著，这其实是英国教育家斯宾塞（Herbert Spencer）的名著《教育论》中的一篇《什么知识最有价值》的最早译本，也是中国最早的汉译教育理论著作。

中国真正开始大规模引进或传入西方教育学说和思想，是在甲午战争以后，而且主要是以日本为中介的。1898 年 8 月 2 日，清光绪帝发布上谕："现在讲求新学，风气大开，惟百闻不如一见，自以派人出洋游学为要。至游学之国，西洋不如东洋。诚以路近费省，文字相近，易于通晓，且一切西书均经日本择要翻译，刊有定本，何患不事半功倍。"[③]这样，优先向日本派遣留学人员就作为政策确定下来，一时间留学日本的人员激增，1906 年留日生已达 13000 人左右。留学日本的学生在引进国外教育学的过程中起了重要的桥梁作用，西方一些著名教育家的学说和著作，如夸美纽

① 巴斯蒂：《是奴役还是解放？——记 1840 年以来外国教育实践及制度引入中国的进程》，载许美德、巴斯蒂等《中外比较教育史》，上海人民出版社，1990，第 9 页。

② 颜永京（1838—1898），字拥经，原籍山东，出生在上海。1854 年赴美留学，1861 年毕业于俄亥俄州甘比尔镇建阳学院。他对中国教育科学和心理科学的贡献颇大，除《教育论》外，还翻译了美国海文（Joseph Haven）的《心灵学》（*Mental Philosophy: Including the Intellect, Sensibilities and Will*），并提要翻译了斯宾塞的《心理学原理》。

③ 北平故宫博物院：《清光绪朝中日交涉史料》卷五十二。

斯、卢梭、洛克、斯宾塞、裴斯泰洛齐、福禄贝尔、赫尔巴特等人的传记、学说和著作，大多从日本传入中国。根据实藤惠秀监修、谭汝谦主编的《中国译日本书综合目录》统计，1896年到1911年，中国共译日本教育类著作76种，为历史最高峰。另据杭州大学周谷平的统计，这一时期（从1901年《教育世界》连载日本立花铣三郎讲述、王国维译《教育学》到1915年新文化运动）中国出版的教育学著作，几乎均为日译本或据日文本编译而成。[①]

我国最早通过日本引进西方教育学的理论，主要是通过去日本留学的人员翻译或编译有关教育学著作，以及日籍教员来华讲授教育学课程，把他们所用的教材翻译或编译过来等途径进行的。因此，以日本为媒介来引进西方教育学，是近代西学东渐的重要特点之一。以日本为媒介虽有快捷便利之优点，但亦有信息失真之弊。如当时的赫尔巴特教育学，产生于德国，传入日本后再传入中国，几经转译、删改，难免大为走样。以奥地利林笃奈尔原著、日本汤原元一译补、中国陈清震重译的《教育学》为例，林笃奈尔是根据赫尔巴特的体系阐述的教育理论，他去世后又托付德国扶廖利爱博士增订，日本汤原元一因原书多征引欧洲材料，则“多以中暨日事易之”，而中国陈清震在留日期间又把汤本中的“日事以中事易之”。这样，传入中国的其实已是经过日本诠释的赫尔巴特教育学了。

这一时期西方教育学传入的另一特点，是以编译讲义和教科书为主，从上述征引的著作可以看出，绝大部分是作为讲义或教科书印行的，主要是为了满足当时师范学校开设教育学课程的需要，或以强国富民、重视教育为目的，引进的功利性目的比较明显。相形之下，还没有完全、真正地把教育学作为一门研究教育现象、揭示教育规律的科学，更没有自觉认识到教育学可以用来指导实践、预测未来教育发展的理论功能。[②]引进西方教育学的这种缺陷，已成为中国教育科学发展中的一大问题而长期存在，是值得重视的先天不足现象。

但不管怎样，这些编译或翻译自日本的有关教育学著作，以及少部分参考日本著作而由中国人自己编著的教育学书籍，毕竟把域外的科学教育

①②　周谷平：《近代西方教育学在中国的传播及其影响》，《华东师范大学学报（教育科学版）》1991年第3期。

学的种子播在中国的土地上，对于推动中国近代教育学的建立与发展，起了相当大的历史作用。特别是中国学者编著的教育学书籍，尽管其体系、结构、内容等均有明显的模仿痕迹，但毕竟已开始了结合中国国情来编著教育学的尝试。如张子和的《大教育学》，其参考的原本是日本学者松本、松浦二氏的讲义，但在该书《自叙》中，他明确说“欲讨论修饰以适合中国教育界之理想实际”。

这样，近代中国的教育理论就具有两个显著的特质。第一，它仍保留着古代教育思想的形式。大多近代学者基本沿袭着古代学者的研究方法，即主要是经验式的描述或思辨式的宏论，很少有实验性的研究与实证性的调查；阐述教育问题的概念也大多是古代的范畴，如人性、人才、劝学等，很少涉及教育目的、教育功能、教育方法等；在社会危机面前，他们的主要精力在匡时救世的社会宣传，教育的见解大多与其政治、社会等思想浑然一体，是社会变革舆论的组成部分。第二，它已初步涉及近代教育学的某些内容。近代学者如魏源、严复、康有为、梁启超、王国维等大多是学贯中西、博古通今的大学者，他们或者间接接触或者直接翻译介绍西方教育学的著作，所以在他们的著作中首次出现了古代教育思想与近代教育理论的交融与汇合，如康有为、梁启超等就把西方教育制度与自己的大同理想糅合在一起，并未显出拼凑勉强之状。不仅在讨论的内容上，近代教育理论已突破了过去的概念和范型；在思维方式和视角上，近代教育理论也超越了古代的模式，带有近代教育学的若干特点。因此，在新文化运动产生之时，中国的近代教育学已具雏形。而中国近代学者以及留日学生、日本教习，在中国古代教育思想过渡到近代教育学的过程中，起了不可忽视的中介作用。

新文化运动和五四运动以后，随着美国对中国的全面扩张和留学欧美的人数增多等原因，西方教育学的引进已渐渐舍弃了日本的媒介，而以直接输入为主：赫尔巴特的《普通教育学》（尚仲衣译，商务印书馆 1936 年）、夸美纽斯的《大教学论》（傅任敢译，商务印书馆 1939 年）、洛克的《教育漫话》（傅任敢译，商务印书馆 1937 年）、斯宾塞的《教育论》（任鸿隽译，商务印书馆 1923 年）、卢梭的《爱弥儿》（魏肇基译，商务印书馆 1923 年）、品克微支的《教育学新论》（卢哲夫译，辛垦书店 1935 年）、克伯屈的《教育方法原论》（孟宪承等译，商务印书馆 1927 年）、桑代克与盖茨的《教育学原理》（熊子容译，世界书局 1933 年）、帕克的《普通教学法》（俞子夷译，商务印书馆 1935 年）、杜威的《民本主义与教育》（邹恩润译，商务印书馆 1928 年）、罗素的《教育论》（周意彪译，北京文化学社 1930 年）等，都先后系统地从德、英、法、俄等文的原著翻译过来。尤其是实用主义教育学的著作，如杜威的《我的教育信条》《学校与社会》《儿童与教材》《思维术》《教育上兴味与努力》《明日之学校》《经验与教育》《今日的教育》等，几乎无一遗漏地被译介过来。杜威的实用主义教育学取代了赫尔巴特的教育学，而成为中国现代教育理论的主导倾向。

在这一时期，中国也出版了大量由国人自己编著的教育学书籍，如王凤岐的《单级教授讲义教育学》（商务印书馆 1917 年）、舒新城的《心理原理实用教育学》（商务印书馆 1920 年）、余家菊的《教育原理》（中华书局 1925 年）与《国家主义教育学》（中华书局 1925 年）、庄泽宣的《教育概论》（中华书局 1928 年）、范锜的《三民主义教育原理》（民智书局 1929 年）、李浩吾（杨贤江）的《新教育大纲》（南强书局 1930 年）、范寿康的《教育概论》（开明书店 1931 年）、陈科美的《新教育学纲要》（开明书店 1932 年）、吴俊升等的《教育概论》（正中书局 1935 年）、蒋梦麟的《中国教育原理》（商务印书馆 1917 年）、钱亦石的《现代教育原理》（中华书局 1934 年）、缪序宾等的《动的教育学》（商务印书馆 1921 年）、钱鹤的《人格教育学概说》（世界书局 1934 年）等近 100 种。这些著作有不少已试图根据中国国情来寻找一种主义为指导思想，虽然大多属于实用主义教育学体系，但其中也有马克思主义的、三民主义的、国家主义的、美感主义的、人格主义的。此外，还有不少教育家致力于自己的教育实验，如陶行知、晏阳初、黄炎培、陈鹤琴、梁漱溟等，均以惊人的热情，投入了巨大的精力，探索中国的教育理论。他们共同为近代中国教育学的正式诞生与向现代中国教育学的过渡，做出了不可磨灭的贡献。

虽然近现代中国教育理论已由古代的输出为主转为输入为主，但在西学东渐的过程中，毕竟完成了近代教育学和现代教育学的诞生与创立。中国教育科学也结束了古代的纯思辨的研究方式，步入了科学化的殿堂。虽然近现代中国教育理论还有许多不成熟之处，但它毕竟标志着一个新时代的开端，是中华教育思想发展过程中的一个里程碑。虽然这个过渡并没有充分实现古代与近现代的融合，尤其是在本土化方面有丢失一些优良传统之虞，但从本质而言是历史的一大进步。

二、近代教育思想的演变

有人曾经打过这样一个比喻：如果把中国古代教育思想的发展比作源远流长的长江大河，那么，中国近代教育思想的发展就好像是奔突于崇山峻岭之中的急流。前者流势平缓，浩浩荡荡，凝重深厚；后者流势湍急，跌宕起伏，变化万千。[①]的确如此，从 1840 年鸦片战争爆发，到 1919 年五四运动，中国社会的经济基础与政治制度几度变化，而每一次政治、经济和社会的急剧深刻的变化，都成为中国近代教育思想发展与变革的契机，甚至直接促成了一代教育家的产生或成长。

中国近代教育思想的发展是伴随着西方教育学的传入、伴随着向西方学习的过程而行进的，也是伴随着中国人对西方世界和“西学”的认识不断深化而进行的。蔡元培曾把中国人对西方认识的发展概括为三个阶段：“中国羡慕外人的，第一次是见其枪炮，就知道他的枪炮比吾们的好。以后又见其器物，知道他的工艺也好。又看外国医生能治病，知道他的医术也好。有人说：外国技术虽好，但是政治上止有霸道，不及中国仁政。后来才知道外国的宪法、行政法等，都比中国进步。于是要学他们的法学、政治学，但是疑他们道学很差。以后详细考查，又知道他们的哲学，亦很有研究的价值。”[②]事实上，中国近代教育思想正是沿着器物、制度、文化（心理）的层次，不断地向西方学习并反省自身教育的过程，从而实现了对中国传统教育的三次超越。

（一）从龚自珍、魏源到洋务派：近代教育思想的第一次超越

明末清初，伴随着西学东渐与资本主义生产关系的萌芽在中国一些地

---

① 田正平：《中国近代教育思想散论》，《教育研究》1990 年第 4 期。

② 蔡元培：《在爱丁堡中国学生会及学术研究会欢迎会演说词》，载《蔡元培美学文选》，北京大学出版社，1983，第 146–147 页。

区和行业的出现，中国教育理论也出现了所谓的启蒙教育思想。启蒙教育思想除继承传统实学的经世致用主张，其内涵已涉及某些近代科学和民主的因素，尤其是注重吸收西方的科学文化，反对八股选士的制度。但在清政府闭关自守的政策和文化专制主义的高压下，这种启蒙思想并未得到发展与张扬。到鸦片战争前夕，清王朝在大军压境的情况下，仍然昏睡不醒，封建官僚不问国计民生，知识阶层慑于权威而沉湎于故纸堆中，国家濒于全面崩溃。

鸦片战争的炮声把许多中国人从这种麻木状态中惊醒，龚自珍首先对空谈心性的理学和八股取士的科举发难，发出了培养经世致用人才的呼声："九州生气恃风雷，万马齐喑究可哀！我劝天公重抖擞，不拘一格降人才。"[①]他的好友魏源也认为"人心之寐"和"人才之虚"是中国落后挨打的两大原因。他说："去伪，去饰，去畏难，去养痈，去营窟，则人心之寐患祛其一。以实事程实功，以实功程实事，艾三年而蓄之，网临渊而结之，毋冯河，毋画饼，则人才之虚患祛其二。寐患去而天日昌，虚患去而风雷行。"[②]因此，他呼吁改变人才的培养与选拔制度，综核名实，用实用知识试士子，并强调"国以人兴，功无幸成，惟厉精淬志者，能足国而足兵"[③]。

如果我们稍微温习一下明末清初启蒙思想家的教育言论的话，就不难发现，龚自珍、魏源等人在鸦片战争期间提出的教育改革主张，其实是传统儒家教育的实学派所强调的经世致用精神的再兴。他们仍然是在传统的范围内、用传统的模式和力量，来对传统教育进行改造。如龚自珍激烈地批判他所处的那个社会的种种弊端，然而只能渴望"天公"降下"人才"来解决问题；魏源看到了向西方学习的重要，并提出"师夷长技以制夷"，但仍强调更为根本的"中学"。他们仍未越出传统的羁绊。

正在龚自珍、魏源等地主阶级的开明思想家致力于教育改革的宣传与呐喊时，太平天国的农民革命于 1851 年爆发。经过几年的南征北战，太平军便控制了长江中下游一带，并在南京建立了与清政府分庭抗礼的"天朝"

① 龚自珍：《龚自珍全集》，上海人民出版社，1975，第 521 页。

② 魏源：《魏源集・海国图志叙（上册）》，中华书局，1976，第 208 页。

③ 魏源：《筹海篇三》，载《海国图志》卷二。

政权。在太平天国存在的十余年中，清政府一方面要集中力量对付洪秀全领导的农民革命运动，一方面又要穷于应付帝国主义的挑衅，可谓内外交困。最后只得继续割地赔款，向西方购置洋枪洋炮并借助洋人力量镇压太平天国，在文化教育方面出现了一段空白。

在太平天国革命时期，向西方学习的任务是由洪秀全、洪仁玕等来完成的。但他们既不是学西方的科学，也不是学西方的民主，而主要是引进并改造西方基督教文化，并以基督教文化为武器批评中国的传统思想。如洪仁玕说:“且夫谈世事足以闷人心，论九流足以惑众志，释聃尚虚无，尤为诞妄之甚;儒教贵执中，罔知人力之难，皆不如福音真道有公义之罚，又有慈悲之赦，二者兼行，在于基督身上担当之也。此理足以开人之蒙蔽以慰其心，又足以广人之智慧以善其行，人能深受其中之益，则理明欲去而万事理矣。”[①]太平天国虽然主张推行“学习邦法，大兴政教”的教育制度革新，但其思想武器却不是西方的科学与民主思想，而是早已过时的陈旧的基督教文化。[②]因此，太平天国不过是站在宗教迷信的基点上批判中国的儒释道思想和传统的文化教育，实际上也没有突破传统的范围，没有超出封建中世纪的思想水平。这样，在落后的思想基础和经济基础之上，企图构建资产阶级式的政治制度与教育制度，当然只能是空想而已。

19 世纪 60 年代至 90 年代中期，是洋务派活动的时期，也是近代教育思想实现其第一次超越的时期。洋务派在镇压太平天国、捻军和少数民族的起义中，领教了洋枪洋炮战胜大刀长矛的“真理”，并从魏源“师夷长技以制夷”的论断中受到了启发，大力兴办军事工业，并创办近代的工业交通和新式学堂。在“自强”“求富”的旗帜下，洋务派在中国开办了第一批机器生产的现代化工厂，创建了第一个轮船公司，铺设了第一条铁路，架设了第一条电线，建立了第一支海军舰队，开办了第一批现代形式的新学校，派遣了第一批留学生，为中国培养了第一批具有近代知识的知识分子、科学技术人员和新军将领。

在教育思想方面，洋务派明确提出了“中学为体，西学为用”的教育

① 洪仁玕:《资政新篇》，载舒新城编《中国近代教育史资料（上册）》，人民教育出版社，1981，第 2 页。

② 聂振斌:《中国近代美学思想史》，中国社会科学出版社，1991，第 46 页。

纲领，把魏源限定的“长技”发展到“用”的水平，从而大大扩展了向西方学习的内容。张之洞对洋务教育的体用观进行了解释：“中学为内学，西学为外学；中学治身心，西学应世事，不必尽索之于经文，而必无悖于经义。如其心圣人之心，行圣人之行，以孝悌忠信为德，以尊主庇民为政，虽朝运汽机，夕驰铁路，无害为圣人之徒也。”[①]也就是说，只要坚持三纲五常的原则，杜绝离经叛道之弊，打好“中学”根基，就尽可吸收“西学”，诸如学校、地理、度支、赋税、武备、律例、劝工、通商等“西政”和算、绘、矿、医、声、光、化、电等“西艺”。这样，洋务派虽然在恪守传统文化教育的核心内容，即伦理和政治的价值方面，与龚自珍、魏源等并无轩轾，在本质上仍属于封建教育思想的范畴，但毕竟多了若干近代的内容，从而实现了近代中国教育思想的第一次超越，超越的内容主要是传统教育所忽视的“器物”的层面，即科学技术与实业教育。

洋务教育思想的这个超越在中华教育思想上是值得重视的，因为它毕竟在封建教育的制度与内容上首次打开了一个缺口，毕竟在中国创办了各种新型的学校（语言学校、军事学校、工艺与农务学校、师范学校），把“西学”付诸教育实践，为中国社会的近代化奠定了基础，因此也为中国近代教育思想的诞生准备了条件。洋务教育思想在中国古代教育思想向近代教育理论的过渡中，起了不可忽视的作用。

（二）从洋务派到维新教育：近代教育思想的第二次超越

甲午战争的失败宣告了洋务运动的破产，也表明“中学为体，西学为用”的教育模式解决不了中国的问题。在灾难深重的民族危机面前，中国的教育又面临着新的选择，成为近代教育思想实现第二次超越的契机。

维新教育家是实现第二次超越的主体。维新教育是近代资产阶级的一种教育思潮，主要包括王韬、郑观应等早期改良派，康有为、梁启超等资产阶级改良派以及孙中山、蔡元培等资产阶级革命派的教育思想。他们的共同主题是在中国建立一种新的资产阶级的教育制度。

维新教育家认为，中国不能富强的根本原因，并不在于没有坚船利炮，

① 张之洞：《劝学篇·外篇·会通第十三》。

也不是因为没有“制器之器”和“制器之法”，而是由于政治黑暗、制度腐败。在甲午战争前，中国经过洋务派的惨淡经营，已拥有了自己的水师、自己的军舰、自己的枪炮，但结果仍被打得一败涂地。所以，向西方学习，绝对不能只停留在“坚船利炮”的物质、技术层次上，而必须学习它们的政治制度，进行变法维新。正如梁启超所说：“要而论之，法者，天下之公器也；变者，天下之公理也。大地既通，万国蒸蒸，日趋于上，大势相迫，非可阏制。变亦变，不变亦变。变而变者，变之权操诸已，可以保国，可以保种，可以保教。不变而变者，变之权让诸人，束缚之，驰骤之，呜呼，则非吾之所敢言矣！”[①]维新派不仅有着强烈的变法维新的愿望，而且进行了具有资产阶级性质的教育改革。

维新教育对于洋务教育的超越是制度上的超越，政治教育领域的超越。维新派与洋务派虽然都讲“兴学校，育人才”和“废八股，改科举”，但论述的深度与内容是大不相同的。如洋务派只是强调兴办各种学堂，以培养洋务事业所需要的人才，以及改变科举内容与形式，以选拔具有真才实学的人才。这些人才都是为封建统治者服务的。但维新派则棋高一着，他们已明确地把教育变革与政治变革联系起来，已明确地向封建教育制度提出了挑战。如早期改良派指出了科举制度与学校制度的根本对立，认为“不修学校，则人才不出；不废帖括，则学校虽立，亦徒有虚名而无实效也”[②]！资产阶级改良派则用民权、平等的理论，抨击封建教育的等级观念和不平等现象。资产阶级革命派则进一步把政治革命作为推进传统文化教育变革的先决条件，提出了“今日之民智，不必恃他事以开之，而但恃革命以开之”[③]的命题。

维新教育的这次超越在近代教育史上有着十分重要的意义。如果说洋务教育的第一次超越是为近代教育的诞生准备了条件的话，那么，维新教

---

① 梁启超：《论不变法之害》，载葛懋春、蒋俊编选《梁启超哲学思想论文选》，北京大学出版社，1984，第9页。

② 郑观应：《盛世危言·学校附录》，载夏东元编《郑观应集（上册）》，上海人民出版社，1982，第261页。

③ 章太炎：《驳康有为论革命书》，载太炎文录初编《章太炎全集（四）》，上海人民出版社，1985，第180页。

育的第二次超越则直接导致了近代教育的产生，并实现了由中国古代的教育思想向近代教育理论的过渡，封建教育思想向资产阶级教育体系的过渡。

近代教育学的诞生，在维新教育时期有几个重要的标志。一是进行了两次重大的教育改革。在戊戌维新流产后不到三年，清政府迫于形势进行了自上而下的教育改革。1901 年 1 月，光绪宣布实施“新政”，在教育方面的内容主要是颁布学制、废除科举和宣布教育宗旨。1901 年 8 月，清政府颁布《兴学诏书》，把各地书院一律改为学堂；1902 年，清政府颁布了《钦定学堂章程》，史称“壬寅学制”，但未及实行；1903 年，由张百熙、张之洞和荣庆依据日本学制，对“壬寅学制”进行了修订，于 1904 年 1 月 13 日由清政府作为《奏定学堂章程》公布实行，史称“癸卯学制”。这个学制把整个学校系统分为三段七级，第一段为初等教育，分蒙养院四年，初小五年，高小四年；第二段为中等教育，不分级，共五年；第三段为高等教育，分高等学堂或大学预科三年，分科大学堂三至四年，通儒院五年。与上述系统并列，还设有师范学堂和实业学堂。

这个学制包括从小学到大学的完整体系，是中国近代教育史上第一个以政府法令的形式公布的新学制。尽管这个学制还有浓厚的封建性、买办性，但毕竟终结了中国古代的官学、私学、书院等办学形式，为中国近代学校教育制度的建立奠定了基础。

1905 年 8 月，清政府发布“立停科举以广学校”的谕令，“废科举”终于从 19 世纪末的口号，变成了 20 世纪初的现实。虽然洋务派的代表人物张之洞等也为此付出了努力，但它毕竟是在维新教育思潮的影响下，并且在维新时期最终完成的事业。“废科举”可以视为中国封建教育崩溃的象征。

在教育宗旨方面，1904 年的《奏定学堂章程》首次提出：“至于立学宗旨，无论何等学堂，均以忠孝为本，以中国经史之学为基。俾学生心术一归于纯正，而后以西学瀹其智识，练其艺能，务期他日成材，各适实用，以仰副国家造就通才、慎防流弊之意。”[①] 1906 年清政府成立了中央教育行政机关“学部”后，又拟定了更为简明的“忠君、尊孔、尚公、尚武、尚实”的教育宗旨，并在《学部奏请宣示教育宗旨折》中解释说，前两条是“中

---

① 舒新城编《中国近代教育史资料（上册）》，人民教育出版社，1981，第 195 页。

国政教之所固有，而亟宜发明以距异说者”，后三条则是“中国民质之所最缺，而亟宜箴砭以图振起者”。不难看出，上述教育宗旨仍是洋务教育“中学为体，西学为用”纲领的翻版而已，其封建色彩是相当浓厚的，已明显地落后于时代。

第二次重大的教育改革也是自上而下进行的，但领导者已变为资产阶级，所以矛头直指封建教育。首先颁布了《普通教育暂行办法》，规定初等小学可以男女同校，各种教科书必须符合民国宗旨，小学读经科一律废止，废除旧时奖励科举出身，学堂一律改称学校等。接着又提出了新的教育宗旨:“注重道德教育，以实利教育、军国民教育辅之，更以美感教育完成其道德。”彻底否定了1906年清末教育宗旨。1912年，临时教育会议颁布了《学校系统令》，1913年又进行了修改、补充和完善，形成了“壬子癸丑学制”。这个学制把清末“癸卯学制”的26年学习期限缩短为18年（大学院未包括在内，实际上缩短学制3年），而且在设立女校、取消贵胄学堂、改革课程内容等方面也有了实质性的变化。如果说“癸卯学制”是中国近代第一个学制的话，那么，“壬子癸丑学制”则是中国近代第一个真正意义上的近代化的学制，即具有资产阶级性质的学制。

经过上述两次重大的教育改革，终于逐步把封建教育制度赶出了历史舞台，完成了古代教育制度到近代教育制度的变革。

二是创建和创办了一批教育团体和教育刊物，在宣传革命教育思想、介绍西方教育学说、探索中国教育之路等方面做了大量工作。1901年，罗振玉、王国维创办了《教育世界》，这份杂志在介绍西方教育学方面起了重要作用。如王国维的译著《教育学》和《教育学教科书》，就是在《教育世界》连载发表的。卢梭的《爱弥儿》、裴斯泰洛齐的《贤伉俪》等西方教育名著，也在《教育世界》上节译刊出。1909年，商务印书馆创办了“以研究教育、改良学务为宗旨”的《教育杂志》，这份杂志分图画、主张、社说、学术、教授管理、教授资料、史传、教育人物、教育法令、章程、文牍、纪事、调查、评论、文艺、谈话、杂纂、质疑问答、绍介批评、名家著述等二十余个栏目，是一份很有影响的综合教育刊物。其他如《中华教育界》《教育今语杂志》《直隶教育杂志》《教育公报》等也刊发了大量教育论文和译文，为繁荣教育理论、活跃学术气氛提供了阵地。

与此同时，一些教育学术团体也开始成立。1890 年，以西方传教士为主体的中华教育会在上海成立。该会章程规定其目的是“促进中国教育的利益和增强从事教育工作者的兄弟般的合作”，并称要“领导中国产生一个完整的教育体系，使中国教育符合基督教的利益”。可见，中华教育会的根本目的是要用基督教文化取代中华文化，是西方资本主义国家对华教育侵略的团体。

中国人自己创办的教育学术团体，最早的是 1902 年 4 月成立于上海的中国教育会，由蔡元培任会长，主要成员有章太炎、蒋维乔等人。中国教育会不仅组织力量进行教育研究，而且开展教育实践活动，如开办了具有补习学校性质的通学所，分外文、理化、代数、几何、博物等科，由马相伯等任教员。1911 年 4 月，全国教育联合会在上海举行会议，并在此基础上于 1914 年 3 月发起成立了全国教育会联合会，其目的是“邀集各省教育会推选教育家、富于学识经验者，共同讨论，各抒心得，庶几离娄鲁班，各输长策，为教育界稍助螳臂之力”。该会从 1915 年开始每年召开一次会议，讨论研究中国教育的重要问题，对中国教育的发展，尤其是各省教育工作的推进，起了很大的作用。如1915年4月的天津会议，有13个议决案，其中《请将义务教育列入宪法案》呈请宪法起草会及国民会议，《请设各省教育厅案》呈大总统和教育部，另有《军国民教育施行方法案》《请改三学期为二学期案》《实业教育进行计划案》《社会教育进行计划案》《拟设教育讲演会案》和《学校教员宜专任案》呈送教育部，《小学教育注意要项案》《各学校宜利用日曜日讲演道德激励人心案》《征集义务教育意见案》和《征集学校系统应否改革意见案》等通告各省区教育会。

三是出现了不同的教育思想流派，形成了一些教育思潮。在清末民初，中国近代教育思想出现了一个比较活跃的时期，在大量介绍和引进西方教育理论和教育制度的同时，各种教育思潮也纷至沓来。

1. 军国民教育思潮

1902 年，留日学生奋翮生（蔡锷）在《新民丛报》上发表了《军国民篇》，蒋百里也发表了《军国民之教育》的文章，正式提出了军国民教育。四年以后，清政府把“尚武”列入教育宗旨，规定“凡中小学堂各种教科书，必寓军国民主义，俾儿童熟见而习闻之”[①]，使军国民主义教育形成了一个小小的高潮。1911 年全国教育联合会的上海会议和清政府的中央教育会议，也都把军国民教育作为重要议题，说明军国民教育在清末已成为风气。民国元年，蔡元培发表《对于教育方针之意见》，进一步阐明了军国民教育的主张，随后军国民教育被正式列入民国政府的教育宗旨。1915 年，全国教育会联合会议制定的《军国民教育施行方法案》，进一步论述了施行军国民教育的目的、内容和方法，把军国民教育推向了高潮。在第一次世界大战结束后，随着公理战胜强权呼声的高涨，军国民教育的思潮也渐趋低落。

2. 实利主义教育思潮

甲午战争后，国内出现了学习西学和兴办实业的热潮，从而对实业教育提出了要求。1904 年的“癸卯学制”，就将实业教育列为一个独立的、由初级到高级的学校系统。1906 年颁布的教育宗旨，也把“崇实”“尚实”作为重要内容，实业学校开始有较大幅度的发展。1912 年，蔡元培根据清末实业教育的发展状况和各国经验，提出了“实利主义教育”的方针。1913 年 10 月，黄炎培在《教育杂志》发表《学校教育采用实用主义之商榷》一文，指出发展实业教育已是“潮流所趋”。《教育杂志》还辟出“实用主义教育商榷专号”，来宣传实业教育的主张。实利主义教育的思潮在 1915 年后演变为职业教育的思潮。陈独秀在《青年杂志》第 2 号发表《今日之教育方针》，提出了教育的“职业主义”；1917 年由蔡元培、黄炎培、蒋梦麟、郭秉文、钱永铭、宋汉章等教育界和实业界的名流发起成立了中华职业教育社，把职业教育推向了高潮。

3. 科学教育思潮

这是由清末“西艺”教育发展而来的一种教育思潮。1914 年，以留美学生为主体成立了中国科学社，创办了《科学》杂志。他们针对中国科学不振、实业不兴的状况，试图通过科学教育来普及科学知识，培养科技人才。当时的蔡元培也非常重视科学教育，认为只有科学的进步，才能保证生活的改良、社会的改革、艺术的创造。由于对科学的大力提倡，社会上出现了教育科学化、科学教育化的新趋势，在教育界开始提倡调查、实验

① 国民政府教育部编《第一次中国教育年鉴 · 甲编》，开明书店，1934，第 2 页。

等实证性研究。20 世纪 20 年代以后中国教育科学化的呼声渐高，智力测验、教育测验、学务调查、社会调查蔚然成风，与科学教育思潮的影响是分不开的。

4. 义务教育思潮

清末民初，资产阶级改良派和革命派都提出过效法西方实行义务教育的要求。1904 年的《奏定学堂章程》把义务教育年限规定为五年，并指出："外国通例，初等小学堂，全国人民均应入学，名为强迫教育；除废疾、有事故外，不入学者罪其家长。中国创办伊始，各地方官绅务当竭力劝勉，以求入学者日益加多，方不负朝廷化民成俗之至意。"这是自上而下的首倡义务教育。1911 年，清政府在北京召开的中央教育会，提出了《试办义务教育章程案》。1912 年 9 月民国颁布的学制也明确规定："小学四年毕业，为义务教育。"在整个维新教育时期，义务教育思潮均产生了很大影响。但由于当时中国社会仍然缺乏普及义务教育的政治、经济基础，统治阶级也并没有彻底推行的决心和热情，所以只是停留在"思想"的阶段，并没有真正地付诸实践，直到 21 世纪初，中国才得以彻底解决这个课题。

5. 平民教育思潮

平民教育在资产阶级改良派的"开民智"的主张中已初见端倪。如梁启超把"开民智"与"兴民权"联系起来，认为不改变人民的愚昧无知就谈不上民权，更谈不上民主。他说："然民权非可以旦夕而成也。权者生于智者也，有一分之智，即有一分之权；有六七分之智，即有六七分之权；有十分之智，即有十分之权。"[①] 1910 年，章太炎在日本东京创办《教育今语杂志》，他提出的办刊宗旨之一，就是"提倡平民普及教育"。1915 年陈独秀在《青年杂志》发表的《今日之教育方针》中，除提出"职业主义"外，也提出了"唯民主义"，认为要建立"以人民为主人，以执政为公仆"的民主国家，就必须给人民以各种权利，包括教育权在内。1915 年全国教育会联合会还通过了《注意贫民教育案》，送交教育部并通知各省区教育会注意平民教育。在新文化运动以后，"平民教育"更成为各阶层的共同口号，成

---

① 梁启超：《上陈宝箴书论湖南应办之事》，载中国史学会主编《中国近代史资料丛刊·戊戌变法（二）》，上海人民出版社，1957，第 551 页。

为五四运动前后中国最有影响的教育思潮。

（三）从维新教育到新文化运动：近代教育思想的第三次超越

辛亥革命取得了推翻帝制，建立民国的胜利，但随后袁世凯就复辟帝制，张勋、段祺瑞又竭力复古，辛亥革命的成果得而复失。中国的知识分子再一次对传统的文化教育进行反思，他们认识到，从器物的学习到制度的学习虽然是一种进步，但仍没有把握问题的实质；如果没有大多数国民精神文化素质的提高，自强图存只能是一句空话，现代化也只能是梦想。因此，他们强调应该进行思想启蒙，改造愚昧落后的国民精神。这样，近代教育就实现了第三次超越，即在国民精神、个性心理层次上的超越。

梁启超在总结戊戌变法失败的教训时已初步涉及这种超越的必要性。他说："求文明而从形质入，如行死港，处处遇窒碍，而更无他路可以别通，其势必不能达其目的，至尽弃其前功而后已。求文明而从精神入，如导大川，一清其源，则千里直泻，沛然莫之能御也。"①

鲁迅也大力张扬个性教育，强调精神因素对于富国强兵的意义。他说："诚若为今立计，所当稽求既往，相度方来，掊物质而张灵明，任个人而排众数。人既发扬踔厉矣，则邦国亦以兴起。"②蔡元培更明确地把中国的前途诉诸教育，认为通过教育改造国民性，培养人才是根本的出路，只是靠少数人"弋取"政权，必然是阳春白雪，形单势绌，没有广泛的社会基础。他说："我国输入欧化，六十年矣，始而造兵，继而练军，继而变法，最后乃始知教育之必要。"③在这种认识的基础上，新文化运动应运而生。新文化运动的重要主题，就是在文化的层面、心理的层面，对以往的教育进行反思与超越。新文化运动的提倡者们，通过各种形式揭露了封建教育压抑人的个性的本质，并提出了个性解放的要求。这种要求在五四运动以后，成为时代的最强音，成为五四运动前后教育思想的主旋律。在这种要求下，教育思想自身的解放也开始出现，教育理论的争鸣和教育思潮的涌

① 梁启超：《国民十大元气论》，载《饮冰室合集·文集（第二册）》，中华书局，1941，第62页。

② 鲁迅：《文化偏至论》，载《鲁迅全集（第一卷）》，人民文学出版社，1981，第46页。

③ 蔡元培：《告北大学生暨全国学生书》，载《蔡元培全集（第三卷）》，中华书局，1984，第312页。

现，可谓百花争艳。近代教育思想也跃进过渡为现代教育思想。新文化运动的个性教育思想，在这个跃进和过渡中起了中介性的作用。

中国近代教育学的诞生是中华教育思想史的重大事件，中国终于有了自己的近代形式的教育理论，中国人终于开始用近代的思维方式和实证手段来研究教育现象，中国的教育终于能够用自己的语言与西方“对话”，这自然是历史的进步。但我们也必须看到，中国教育近代化的历程也并不是完美无缺的，中西文化教育的会通过程中，并没有很好地实现融合的任务，而呈现出破坏多于建设、批判多于创新、抄袭多于继承的势态，传统教育中的优秀遗产并没有得到很好的认识与重视，而是在反传统的吼声中同传统教育中的封建糟粕一起被埋葬了。如古代书院精神中自由讲学、教训合一、门户开放、自学为主、百家争鸣等内容，以及古代教育特有的若干范畴、概念，都遭到了空前的冷落和忽视。对于西方的教育理论，往往也缺乏较深入的剖析和思考，匆匆地介绍给国人，盲目地付诸实践，虽然“主义”与“思潮”风起云涌，但大多为过眼烟云，并没有对中国教育产生多大影响。由于政治形势激荡多变，近代教育思想家也无意或不可能用很大的精力构建自己的教育理论体系，所以，除蔡元培留下了若干教育演说和论文外，近代中国并没有多少理论体系完备的教育著作，显示出这一时期教育理论思维的政治化特点。这一特点在现代乃至当代，都不同程度地存在着。

三、现代教育思想的发展

现代教育思想是以五四运动为开端的。从 1919 年五四运动爆发，到 1949 年中华人民共和国成立，中国现代教育思想的发展经历了整整三十个春秋。这三十年的教育思想发展，大致可分为以下五个时期。

（一）五四运动时期（1919—1921 年）

五四时期，中国现代教育思想一方面继续新文化运动个性教育的主题，教育家们仍然以民主、科学和个性解放为旗号，猛烈抨击旧礼教、旧道德、旧教育；另一方面显现出理论的多元化格局，教育家们用自己的信仰去宣传和团结青年学生，马克思主义的教育思想也开始得到传播。

马克思主义教育思想的传播是中国现代教育思想史上的一个重大事件，也是中华教育思想发展过程的一个重要转折点。在五四运动前夕，李大钊就发表了《庶民的胜利》与《布尔什维主义的胜利》两篇论文，并组织了“马尔格斯（马克思）学说研究会”，给俄国的十月革命以很高评价，认为它是20世纪世界革命的先声。1919年5月，在李大钊主持的《晨报》副刊上，首次开辟了《马克思研究》专栏，陈独秀主持的《新青年》随之也设立“马克思主义研究专号”，马克思主义的经典著作如《共产党宣言》《〈政治经济学批判〉序言》等开始译介到中国，李大钊还发表了《我的马克思主义观》，系统地宣传马克思主义。

就在马克思主义教育思想开始在中国传播的同时，美国的杜威、英国的罗素等相继来华，使实用主义的教育思想和改良主义的教育万能论影响了不少人，“教育救国”再次成为许多教育家的“光荣梦想”。中国早期的马克思主义者对此进行了不妥协的思想斗争，试图用历史唯物主义的观点阐述教育改造与社会改造的辩证关系、个性塑造与社会改造的内在统一。李大钊在《再论问题与主义》一文中，明确地把社会的“经济的构造”作为包括教育在内的一切社会上层建筑的“基础”，认为只有工人的联合实际运动和经济的革命，才能谋求中国社会制度的根本改造。陈独秀在致罗素的信中说，中国固然面临着发展教育与工业的问题，因为中国的“知识方面物质方面都这样不发达”，但中国不能走资本主义的道路，而应当“用社会主义来发展教育及工业”。[①]青年毛泽东也认识到，想用教育的方法来解决中国的问题，“使有产阶级觉悟，可不至要妨碍自由，兴起战争，革命流血”，无异于与虎谋皮，是根本行不通的；只有夺取政权，才是“现世革命唯一制胜的方法”。[②]这场论争似乎是严复与孙中山关于教育救国与革命救国论争的重演，但实际上有着不同的性质，因为论争的双方都有了自己的思想武器。

---

① 陈独秀：《独秀致罗素先生底信》，《新青年》第8卷第4号。

② 中共中央党校党史教研室选编《毛泽东给肖旭东、蔡林彬并在法诸会友信》，载《中共党史参考资料（第1册）》，人民出版社，1979，第490页。

中国早期的马克思主义者还积极地参与各种教育活动，如平民教育、工读教育等，并在这些活动中坚持马克思主义的方向，开始了具有新民主主义教育性质的初步实践。

五四时期，中国教育界曾刮起了一阵杜威实用主义教育思想的飓风。1919年5月1日，杜威应北京大学、南京高师、尚志学会、江苏省教育会和浙江省教育会的共同邀请，来到了上海。在胡适的陪同下，杜威先后在江苏、浙江、直隶（河北）、奉天（辽宁）、山东、山西、江西、湖南、湖北、福建、广东等14个省市作了公开演讲，前后历时两年多。由于舆论的推波助澜，杜威的实用主义教育思想一时风靡全国。《新教育》杂志第一至三卷各期均宣传杜威学说，甚至出了“杜威专号”。他在中国各地的演讲分别被记录整理，汇编成书，如《杜威五大讲演》《杜威教育哲学》《平民主义与教育》《杜威在华演讲集》等，其中《杜威五大讲演》在两年内竟印行十余次之多。杜威的“教育即生活”“学校即社会”“儿童中心主义”“从做中学”以及“平民主义教育”等一系列教育观点，成为当时教育理论界使用频率最高的概念，几乎每一个教育思想家都程度不同地受到了杜威实用主义教育思想的影响。

当然，杜威实用主义教育思想之所以受到中国教育界的欢迎与赞赏，之所以在中国产生如此的轰动效应，还有着更为深刻的原因。首先，当时的中国军阀混战，民不聊生，封建专制的政治并未真正改变，人民需要真正的民主制度，而杜威提出的“进步”与“民主”，恰恰适合于中国社会对于民主的迫切要求。其次，当时的中国虽然在形式上实行了新的教育制度，但教学方法基本上还是“先生讲，学生听”的注入式，师生关系仍是“师道尊严”那一套；而杜威反对传统教育对青少年的束缚、禁锢，主张儿童个性的自由发展以及教学上的民主，自然给中国教育界吹来一阵清风，受到了教师和教育思想界的支持。再次，当时的德国是第一次世界大战的罪魁祸首，日本军国主义又加紧了对中国的侵略与掠夺，曾经向德国和日本学习的中国教育界，由于民族和政治的情绪，而对它们彻底失望，从而把希望寄托于美国，从政治制度到教育制度都以美国马首是瞻。杜威的实用主义教育思想，正是在中国社会对美国的好感与希望中传入的。最后，当时的中国已基本接受了经验论的哲学，为实用主义教育思想的输入铺平了道路。早在实用主义传入中国之前，洛克的唯物主义经验论和斯宾塞的实证主义，就由梁启超、严复、王国维等介绍到中国。“实用主义是经验论的亚种，是一种向唯心论转变的时髦的经验主义，不免有人错把杜威当洛克，把他推到中国的讲坛上来。”[①]加上胡适等名声已噪的哥伦比亚大学学生和校友的推广与讲解，杜威的实用主义教育学成为对中国影响最大的学说。杜威的弟子克伯屈根据杜威的教育思想所创造的“设计教学法”也同时传入，成为1920—1921年在中国影响最盛的教学法。如1921年召开的第七届全国教育会联合会议决案中，就明确要求全国研究、实验和推广“设计教学法”。该决议说:“按近今教育先进国，对于小学实施设计教学法，教材教法纯取活动的，准儿童心理发达之程序，取社会环境接触之事物，因势利导，以发展其固有之本能，学者既饶兴味，教育亦无扞格，法良意美，无逾于此；现在吾国试用其法者，渐见成绩，宜指定各省区师范学校将设计教学法加以研究，并由师范附属小学及城市规模较大之小学先行实施，作为模范，俾资仿效；庶教学良法，可逐渐推及全国矣。”

五四时期，中国现代教育思想还有一些事件是值得书上一笔的。一是蔡元培在北京大学推行了大刀阔斧的改革，使北京大学成为新思潮的摇篮和五四运动的首倡者，为新教育思想的传播和发展创造了良好的氛围。二是平民主义教育思潮的广泛流传。在杜威来华之前，中国的平民主义教育思潮已粗具规模，如1919年3月北京大学的“平民教育讲演团”宣告成立，同年4月教育调查会召开第一次会议，在《教育宗旨研究案》中，提出了“养成健全人格，发展共和精神”的宗旨。在杜威来华之后，尤其是在南京作《平民主义的教育》讲演之后，进一步刺激了中国的平民主义教育思潮，北京高师成立了“平民教育社”，并发行社刊《平民教育》，积极宣传和实施平民教育；南京高师学生也创办了《少年社会》杂志，推行平民教育。全国各地纷纷创办“平民学校”，对平民进行识字教育与文化补习。工读运动与工读思潮也异军突起。五四时期的赴法勤工俭学运动和工读互助运动交相辉映，形成了有一定影响的工读教育思想。虽然主张工读教育的人有不同的背景和信仰，既有马克思主义者、空想社会主义者，也有国家主义者、

① 陈元晖:《中国教育学七十年》,《北京师范大学学报（社会科学版）》1991年第5期。

资产阶级民主主义者，还有无政府主义者，但在把“工”与“读”相结合这一点上是相同的，在脑力劳动与体力劳动相结合、知识分子与工农群众相结合、教育与生产劳动相结合方面的尝试也是有益的。

（二）从中国共产党成立到第一次国内革命战争结束时期（1921—1927年）

1921年7月1日，中国共产党在上海成立。这是现代中国最重大的事件，也是现代教育思想发展史的重大事件。从成立之日起，中国共产党就十分重视文化教育工作，把它作为革命斗争的重要组成部分。1922年7月，中国共产党第二次全国代表大会宣言，就把“改良教育制度，实行教育普及”和“废除一切束缚女子的法律，女子在政治上、经济上、社会上、教育上一律享受平等权利”①等，作为党的任务和近期的奋斗目标。

为了领导广大工农群众进行革命斗争，中国共产党成立了中国劳动组合书记部，并先后办起了一批工人补习学校和农民学校，如长辛店劳动补习学校、安源煤矿工人补习学校、广东海陆丰地区的农民学校等。为了培养革命的领导骨干，中国共产党还创办了湖南自修大学、上海大学、上海平民女校、湘江学校和劳动学院等，并在广东和武汉创办了数期农民运动讲习所。在教育思想方面，中国共产党还开展了反对帝国主义奴化教育与封建复古主义教育的斗争，对中国教育的发展方向和前景提出了令人信服的观点。在这一时期，毛泽东和恽代英对许多重大教育问题提出了自己的见解，并进行了理论上的阐发。

在这一时期，教育界围绕着学制改革问题进行了一系列讨论和争鸣。1921年10月，全国教育会联合会第七届年会通过了《学制系统草案》，并请各报刊发表草案全文，公开向全国征询意见。草案发表后，教育理论界立即展开了讨论。余家菊在《时事新报》连载《评教育联合会之学制改造案》，认为草案以儿童身心发育阶段作为划分学制之大体标准，并顾虑各方情形而采富有弹性之方案，是“国民新精神之觉醒”的体现，但也认为小学由七年改为六年“恐不足以达到完成国民生活上必需之知识与技能之目

① 李桂林主编《中国现代教育史教学参考资料》，人民教育出版社，1987，第3页。

的”。舒新城、陶行知、李石岑、黄炎培、庄启、俞子夷、吴研因、廖世承、周予同等也纷纷在《教育杂志》《教育与职业》等杂志上著文，发表自己对于学制问题的看法。1922 年 11 月，经过全国学制会议和全国教育会联合会审议修改后的新学制，以北洋政府大总统令公布，这个《学校系统改革案》称为“新学制”或“壬戌学制”。“新学制”提出了七项标准，即：“1. 适应社会进化之需要；2. 发挥平民教育精神；3. 谋个性之发展；4. 注意国民经济力；5. 注意生活教育；6. 使教育易于普及；7. 多留各地方伸缩余地。”[①]“新学制”缩短了小学年限，单设三年制初中，有利于普及小学和初中教育；在中等教育方面，规定初、高中都可设职业科，强化了职业教育的内容；大学实行选科制，重视学生的学习主动性。这是中国教育史上第一次经过教育理论界广泛参与讨论后制定出来的学制，虽然有受杜威实用主义教育思想影响的痕迹，但毕竟在教育政策制定的民主化方面开了先河。而“新学制”对于职业教育的重视，与中华职业教育社同人对于职业教育的宣传和推行是分不开的，它反过来也进一步促进了职业教育思潮的传播和职业教育思想的发展。黄炎培的“大职业教育主义”就是在这一时期提出来的。

在这一时期，教育独立、教育测验与反奴化教育的运动与思潮也颇具声势，在现代教育思想史上也是不容忽视的事件。

1922 年 2 月，蔡元培发表了著名的《教育独立议》一文，明确提出了“教育应该脱离政治、脱离宗教而独立”的主张。他认为，教育应该是一种共同的、进步的、谋个性与群性协调发展的工具，教育的根本目的是发展人的能力，完成人的人格，而“不是把被教育的人，造成一种特别器具，给抱有他种目的的人去应用的”。所以他指出：“教育事业当完全交与教育家，保有独立的资格，毫不受各派政党或各派教会的影响。”[②]教育独立的具体内容主要有：教育经费的独立，即要求拨出专门经费，不得挪作他用；教育行政的独立，即要求教育行政机构不附属于政治，教育官员不随政局而变更；教育思想的独立，即执行一定的教育方针，进行独立自由的教育；教育内容的独立，即学校不得举行祈祷式，不得有宣传教义的课程。

---

① 《学制：颁布施行之学校系统改革案》，《新教育》1922 年第 5 卷第 5 期。

② 高平叔编《蔡元培教育文选》，人民教育出版社，1980，第 145 页。

在蔡元培的倡导下，教育独立产生了很大的社会反响。全国教育独立运动会随即在北京高师召开，并发表了《教育独立宣言书》，《教育杂志》等也纷纷发表文章，主张教育独立。教育独立虽然在很大程度上反映了教育界的普遍要求，并具有反帝反封建的意义，但它毕竟是一种不现实的幻想，是教育家的一厢情愿。所以早期马克思主义者毫不留情地质问说："所谓教育独立，是不是离开社会把教育界搬到空中去独立或是大洋中去独立？"并指出，在军阀横行的政局之下，政府指定的独立的教育经费，是不可能有力量"保证不被军阀拿去"①的。

1922 年开始，教育测验与心理测验在中国兴起。虽然 1920 年廖世承和陈鹤琴就出版了《智力测验法》，但大规模地介绍、编制教育与心理测验，是从 1922 年秋应中华教育改进社之邀来华的麦柯尔的宣传开始的。他在中国两年，编制了五十多种测验。随后，陆志韦修订的"比奈—西蒙"智力量表以及俞子夷、廖世承、刘廷芳、陈鹤琴等编制的中小学各种测验，也在各学校推广使用。测验的兴起使围绕测验的争鸣与讨论也渐趋激烈。

关于测验的论战，是由张师石在 1923 年 11 月 17 日《学灯》上发表的《德尔满氏来沪"测验各小校"的我见》一文引起的。这篇文章从测验的方法和试题内容两方面，列举了德尔满在上海的教育测验中的失误，如指导语不明了、禁止学生休息活动、不注意儿童的猜测等。11 月 21 日，该报又发表了周志超、陆并谦、启人以及徐剑缘的四篇文章和《测验讨论上编辑者的弁言》，对测验问题展开了争鸣。1923 年 12 月 7 日，李清悚又在《学灯》上发表《柏格莱对于智力测验之批判》，介绍了测验的历史以及 W. 柏格莱提出的《平民教育与 IQ》一文的基本观点，从理论的层次对测验进行了反诘。关于教育与心理测验的论战，其实是科学教育思潮发展的必然结果，也是教育科学化的一种尝试。虽然直到 80 多年后测验还不是那么尽善尽美，但 20 世纪 20 年代的争论对于在中国普及测验知识，完善中国的教育与心理测验，提高测验的效度与信度，还是功不可没的。

反对奴化教育的思潮集中体现在收回教育权的运动上。从 1906 年清政府学部发布《学部咨各省督抚为外人设学无庸立案文》开始，西方各国开

① 戚谢美、邵祖德编《陈独秀教育论著选》，人民教育出版社，1995，第 317 页。

始在中国开办教会学校，到 1925 年初，仅基督教在华创办的小学就有 5928 所，学生 160991 人；中学 962 所，学生 22569 人；高等以上学校 38 所，学生 11790 人。[①]这些教会学校中有不少进行奴化教育，在“学校内不许中国人自由”。如英国圣公会在广州创办的“圣三一”学校的英籍校长，不仅禁止学生组织学生会与参加爱国活动，而且一再开除学生。这些行径引起了青年学生的义愤，他们掀起了罢课斗争，并公开发表宣言，提出了“与其为奴，毋宁失学”，“绝对不容许帝国主义者，趾高气昂于中国教育界”[②]的口号。1924 年 6 月 18 日，广州学生会也发表《广州收回教育权运动委员会宣言》，揭露和抨击了帝国主义侵犯中国教育主权的事实，并要求收回所有外国人在华所办学校之教育权。同年 7 月，中华教育改进社第三届年会在南京举行，着重讨论收回教育权问题，著名学者、教育家陶行知、马寅初、范源濂、章太炎、丁文江、马君武等都在会上作讲演，并通过了收回教育权的提案。东北地区也广泛展开了反对日本侵略者殖民教育的收回教育权运动。

收回教育权的运动开展后，中国共产党的教育思想家恽代英、陈独秀、邓中夏、萧楚女、杨贤江等也及时发表文章推动运动的进行。如恽代英在《打倒教会教育》一文中指出：“我们天天怕色彩，怕党派；然而帝国主义者已经借教堂、学校青年会的帮助，在中国造成这样一个伟大的党派了。我们愿意永远这样一盘散沙地屈服于他们这种党派行动之下么？还是我们应当为反对他们而即刻组织起来？”他在文章的最后还呼吁关闭教会学校，驱逐教会教育家，联合教会学校的青年，里应外合去“扑灭教会教育的毒焰”。

这里应当提及的是国家主义的教育思潮。国家主义教育是国家主义派在教育上的表现，余家菊在 1925 年由中华书局出版的《国家主义教育学》中对国家主义教育进行了说明：“简言之，即以国家主义为依归之教育也。其涵义可随时伸缩。就中国目前言之，则莫急于：（一）培养自尊精神以确立国格；（二）发展国华以阐扬国光；（三）陶铸国魂以确定国基；（四）拥护国权以维国脉矣。”虽然国家主义教育在反对共产主义、主张阶级调和方面

① 恽代英：《打倒教会教育》，《中国青年》1925 年第 60 期。

② 《广州“圣三一”学生宣言》，《向导》1924 年第 62 期。

有其错误的一面，但若完全否定它在收回教育权方面的理论贡献，那也是片面的。如国家主义教育的另一代表人物陈启天，就发表论文明确断定“教会学校是外人在中国实行宗教教育的侵略的机关”，指出教会教育既与“教育的根本原理不合”，又与“教育的历史趋势不合”，并要求收回教育权，实施“本国教育”和“不含宗教臭味的教育”。[①]这无疑是反奴化教育的正确言论。

（三）第二次国内革命战争时期的教育思想（1927—1937 年）

1927 年蒋介石在上海发动的政变和汪精卫的“分共会议”后，中国共产党开始把革命斗争的重心转向农村，并建立了农村革命根据地，1931 年成立了中华苏维埃共和国。这样，中国就同时存在着两个政权，一是共产党的政权，一是国民党的政权。中国的教育也就同时存在着两种模式，一种是中国共产党领导的解放区的教育模式，一种是中国国民党领导的国统区的教育模式。在教育思想方面，情况则稍复杂一些，也表现出若干的差异。

在第二次国内革命战争时期，为了土地革命的成功和反对国民党军事“围剿”的胜利，中国共产党和苏维埃政府在“一切苏维埃工作服从革命战争要求”的总方针指导下，对教育的性质与教育工作的基本要求，通过《宪法大纲》的形式进行了明确的规定：中华苏维埃政权以保证工农劳苦民众有受教育的权利为目的。在进行国内革命战争所能做到的范围内，应开始施行完全免费的普及教育，首先应在青年劳动群众中施行并保障青年劳动群众的一切权利，积极地引导他们参加各种文化革命生活，以发展新的社会力量。1934 年 1 月，毛泽东在概括和总结革命根据地教育经验和教训的基础上，提出了苏维埃文化教育的总方针。这就是：“在于以共产主义的精神教育广大的劳苦民众，在于使文化教育为革命战争与阶级斗争服务，在于使教育与劳动联系起来，在于使广大中国民众都成为享受文明幸福的人。”这个方针对解放区的教育产生了重要影响，而且成为以后各个历史时期中国共产党的教育方针的原型，是毛泽东对于现代中国教育思想的重要贡献。

---

① 陈启天：《我们主张收回教育权的理由与办法》，《中华教育界》1925 年第 14 卷第 8 期。

在苏维埃文化教育总方针的引导下，解放区的教育事业有了较大发展，干部教育、工农业余教育、儿童教育及师范教育都办出了特色，并形成了依靠群众办学、多种形式办学、开拓新路办学、艰苦奋斗办学等系统的办学思想。在教学与德育理论方面，解放区的教育思想家也提出了许多颇具创见的观点，如毛泽东提出的“十条教授法”，就是很有特点的教学法理论。

国民党在政变后不久，于 1927 年 9 月在南京成立国民政府，并于 1929 年 3 月通过了《中华民国教育宗旨及其实施方针》:“中华民国之教育，根据三民主义，以充实人民生活，扶植社会生存，发展国民生计，延续民族生命为目的。务期民族独立，民权普遍，民生发展，以促进世界大同。”[①]《教育宗旨》还附有八条实施方针，对课程与作业、普通教育、社会教育、大学及专门教育、师范教育、男女教育机会平等、体育和农业教育进行了具体说明与规定。这个教育方针是以“三民主义”为旗帜的，但有拉大旗做虎皮之嫌，因为孙中山先生在《中国国民党第一次全国代表大会宣言》中解释的新三民主义，是民族独立、民权自由、民生幸福，以及实行联俄、联共、扶助农工三大政策的三民主义，而蒋介石发动的政变本身是违反三民主义之举，他的三民主义教育的宗旨，自然也不过是漂亮的口号罢了。

在这一时期，蒋介石对于教育问题发表了大量讲演，如《中国教育的思想问题》(在教育部纪念周上的讲话)、《惟有教育与经济方可救国家与民族》(在长沙党政军学扩大纪念周上的讲话)、《救国必须实施文武合一之教育》(在四川省党部扩大纪念周上的讲话)等，对教育问题表明了国民政府的官方态度。他强调以三民主义为教育的指导思想，并认为三民主义就是“继承尧、舜、禹、汤、文、武、周公、孔子以来的仁义道德思想，将之发扬光大”而来的，“是从仁义道德中生发出来”的。这其实是用封建教育的内容偷换了三民主义的实质。他反复阐述教育的意义，如认为“如果一个国家或一个社会没有好的教育，就无由造成完善之人才和优良的风习文化，也无从建设新的社会和强盛的国家”[②]。他又认为国家的生命力由“教育、经济、武力三个要素所构成”，而“教育差不多是一切事业的根本，而

① 国民政府教育部编《第一次中国教育年鉴·甲编》，开明书店，1934，第 8 页。

② 蒋介石:《教育人民与转移风尚的要点》，1935 年 6 月 24 日在成都扩大纪念周上的讲话。

与经济、武力的连环关系尤为密切，必须互相联络，互相贯通。亦可以说，教育是经济与武力相联系的总枢纽”[①]。他甚至说：“我们建国的基本要务就是教育。教育乃国家民族精神与文化，亦即永久生命之所托。所以教育之优劣成败，即国家民族之兴亡盛衰的最大关键。”[②]这些言谈本身是无可挑剔的，但蒋介石理解的教育，并不是真正的现代意义上的教育，而是以仁义道德、礼义廉耻为基本内容的旧教育，用旧教育来建设现代化的国家，只能是缘木求鱼；用来钳制人们的思想，却是再合适不过的工具。所以，这一思想影响下产生的教育救国、读书救国和读经救国的教育思想，不管主观动机如何，在当时的消极作用是显而易见的。

这一时期，在国民党政权下也产生了一些具有一定进步意义或具有革命色彩的教育思想与学说，其代表人物有晏阳初、梁漱溟、陶行知、鲁迅、杨贤江等，他们的学说与教育实践，在沉闷的社会氛围中分外引人注目，也极大地丰富了现代中国教育思想的内容。

晏阳初于 1923 年参与筹建并成立了中华平民教育促进会，并于 1926 年把河北定县作为平民教育的实验中心，1929 年与许多学者一起定居于定县，把平民教育的理论与实践紧密结合起来，系统提出了调查统计、四大教育（文艺教育救愚、生计教育救穷、卫生教育救弱、公民教育救私）、三大方式（学校教育、家庭教育与社会教育）的平民教育的内容与方法。他总结出若干平民教育的经验，为中国的农村教育闯出了一条路。但是，平民教育并没有摸准中国社会的根本问题，它试图在不涉及现存社会秩序与政治制度的前提下进行改良主义的平民教育，是难以取得真正的成功的。

梁漱溟于 1929 年在河南辉县的村治学院开始了他的乡村建设实验，在实验中形成并总结出比较系统的乡村教育理论，对乡村教育的功能、精神陶炼和组织结构进行了详细的阐述。但由于与平民教育同样的原因，乡村教育也产生了无法解决的困惑，即“高谈社会改造而依附政权”和“号称乡村运动而乡村不动”。它画地为牢，不愿越出改良的条条框框，终究使乡村教育自生自灭。梁漱溟的困惑也是所有试图通过教育来改造社会，而又

① 蒋介石：《现代国家的生命力》，1935 年 9 月 8 日出席峨眉军训团总理纪念周训词。

② 蒋介石：《建国的行政》，1936 年 5 月 16 日。

想不涉及政治的教育家的共同困惑。这个“困惑”最终为中国共产党人所解决。

陶行知领导的生活教育运动在这一时期有三个发展阶段，即 1927—1930 年的乡村教育运动，1931—1935 年的普及教育运动和 1936—1937 年的国难教育运动。在这一时期，他提出要创造健康的、劳动的、科学的、艺术的、有计划的生活，并通过改善生活、改善社会来改善教育，同时提出了社会即学校、生活即教育、劳动即生活、教学做合一等生活教育的基本原则，指出了国难教育与普及大众教育、争取民族解放的内在关系，使生活教育在理论与实践上有了新的发展。

鲁迅在这一时期度过他生命的最后十年。1927 年 10 月，因营救被捕学生无效，他愤而辞去了广州中山大学的职务来到上海，直至 1936 年 10 月 19 日逝世。在这一时期，他提出了培养和教育革命人的思想，认为要改造社会就必须培养“敢于直面惨淡的人生，敢于正视淋漓的鲜血”的战士。1933 年，他曾发表《智识过剩》一文，指出当时的教育唯恐人们的智识太多，所以“要用‘严厉的’会考制度，像铁扫帚似的刷，刷，刷，把大多数的智识青年刷回‘民间’去”，从而揭露了当局愚民政策的实质。他对于青年教育，尤其是儿童教育的论述，是现代中国教育思想的重要财富。

杨贤江也在最后的岁月中竭尽全力从事教育理论的研究与翻译工作。1927 年后，他撰写了《教育史 ABC》和《新教育大纲》等用马克思主义教育观指导的著作，并翻译出版了《苏维埃共和国新教育》和恩格斯的《家族私有财产及国家之起源》。他对中国马克思主义教育理论的创建起了奠基者的作用，他对青年教育的原则、方法与内容等，也有颇多理论上的建树。

（四）抗日战争时期的教育思想（1937—1945 年）

卢沟桥事变后，以抗日为目的、以国共合作为基础的民族统一战线形成。中国共产党领导的人民武装，除巩固陕甘宁根据地外，还深入敌后，并陆续建立了许多抗日民主根据区。为适应抗日救亡的需要，毛泽东及时作出“伟大的抗战运动，必须有伟大的抗战教育运动与之相配合”的战略决策，并具体制定了抗战教育的四项政策：“第一，改订学制，废除不急需与不必要的课程，改变管理制度，以教授战争所必需之课程及发扬学生的学习积极性为原则。第二，创设并扩大增强各种干部学校，培养大批的抗日干部。第三，广泛发展民众教育，组织各种补习学校、识字运动、戏剧运动、歌咏运动、体育运动，创办敌前敌后各种地方通俗报纸，提高人民的民族文化与民族觉悟。第四，办理义务的小学教育，以民族精神教育新后代。”毛泽东还对这一时期的干部教育问题、实行以抗日救国为目标的新教学制度与新课程问题、知识分子与工农群众相结合的问题、学习方法与学习态度问题、群众办学问题等，阐述了抗战时期根据地办教育的途径与方法，为抗日民主根据地教育发展指明了方向。

这一时期，根据地的教育进行了许多创造性的尝试，如高等教育机构以办新型的短训班为主，不向正规大学看齐。如中国人民抗日军政大学、陕北公学、鲁迅艺术文学院、中国女子大学、华北联合大学、延安自然科学院等，基本上都采用了这种形式；中小学教育和群众业余教育的教材与教法等，也都围绕抗日的主题进行了改革和灵活的安排。徐特立、吴玉章等教育思想家在根据地这一时期的教育理论与实践的建设方面，也做了大量工作。

在国民政府方面，为了应付抗日战争爆发后急剧变化的形势，在教育上也采取了一定措施，先后颁布了《总动员时督导教育工作办法纲领》《战时各级教育实施方案纲要》和《各级教育设施之目标及施教对象》等法令。蒋介石也多次发表讲话，提出了“平时要当战时看，战时要当平时看”的办学方针；规定要以“忠孝仁爱信义和平”八德和“礼义廉耻”四维作为各级学校的训育标准和校训；并要求教育要文武结合，一切都要适合于军事，培养学生的爱国思想。他的教育思想，一方面有抗日救国的先进性，一方面又有控制教育、思想奴役的反动性。

在蒋介石教育思想指导下的国统区的教育，也呈现出上述矛盾的特点。在初等教育方面，国民政府在抗战期间推行“政教合一”的国民教育制度，制定了强迫入学条例，改革了初等教育行政管理制度，修订了小学课程标准和训育标准，改善和提高了小学教师的待遇。这一系列措施使国民政府的初等教育事业有了较大发展，从1938年到1946年，小学从217394所增加到290617所，入学儿童从1228183人增长为23813705人，经费从

64932910元上升到608821682759元。[①]在中等教育、高等教育，以及师范教育、职业教育等方面，也进行了若干重大的改革。应该说，这一时期在同仇敌忾、共御外侮的旗帜下，国民政府的教育事业取得了不少成绩，其中关于提高教师待遇、补助困难学生、发展职业教育等方面的经验，直到今天还是可资借鉴的。

在抗战时期，陶行知的生活教育又有了进一步的发展，经历了战时教育（1937—1939年）与全面教育（1940—1945年）两个阶段。他与生活教育社的同人先后在上海组织战时教育服务团，在武汉组织抗战教育研究会和全国战时教育协会，并出版《战时教育》月刊，动员和教育人民与青年学生为打倒日本帝国主义，建设自由平等、和平互助的新中国而奋斗。在抗战中，他坚持抗战与建国相统一的教育，创办了育才学校，着手为未来的社会培养具有旺盛的创造能力与全面发展的人才。这一时期，他提出了著名的“六大解放”的创造教育思想。

（五）第三次国内革命战争时期的教育思想（1945—1949年）

1945年8月15日，日本宣布无条件投降。中国人民经过多年的浴血奋战，终于赶走了侵略者。中国共产党及时提出了和平、民主和团结、统一的建国方针，但国民党却违反人民重建家园的意愿，在美国的支持下燃起了内战烽火。中国共产党人在千百万人民群众的支持下进行了自卫战争，并取得最后胜利，建立了中华人民共和国，使中国教育又进入了一个新的发展时期。

在抗战胜利的前夕，中国共产党在延安召开了第七次全国代表大会。毛泽东在大会上作了《论联合政府》的报告，明确指出在抗战胜利后，必须建立一个新民主主义的独立、自由、民主、统一、富强的中国。在教育上，毛泽东也指出：“中国国民文化和国民教育的宗旨，应当是新民主主义的；就是说，中国应当建立自己的民族的、科学的、人民大众的新文化和新教育。”[②]为此，必须采取适当而坚决的步骤，清除一切奴化的、封建主义

① 熊明安：《中华民国教育史》，重庆出版社，1990，第230-249页。

② 《毛泽东选集》第三卷，第1083页。

的和法西斯主义的文化与教育。毛泽东的上述思想成为这一时期解放区教育的纲领性指示，在全面内战爆发后，解放区正是以建立民族的、科学的、大众的教育，作为教育工作的基本立足点的。

在内战爆发后，中国人民解放军很快粉碎了国民党部队的大规模进攻，并转入了全国性的反攻，取得了辽沈、淮海和平津三大战役的胜利。为了巩固胜利的成果，为了胜利后建设人才的准备，解放区及时提出了“干部教育第一”的方针。毛泽东为中央起草了关于九月会议的通知，提出要准备好大批干部，注意解放区的干部教育，并设法从国民党统治的大城市中吸收人才。1948 年东北行政委员会发布的《关于教育工作的指示》也指出：在新形势下教育工作的首要任务，就是培养大批有文化知识、科学技术和革命思想的各种知识分子，以应建设之需。在这个思想的指导下，解放战争时期的干部教育蓬勃发展。如在东北区，先后建立了东北大学、东北军政大学、辽宁公学、辽北民主学院、东北行政干部学校、哈尔滨大学、铁路学校、邮电学校、农业专科和商业专科学校等；在华北区，先后建立了华北联合大学、白求恩医科大学、铁路学院、华北工业交通学院、北方大学、内蒙古学院、建国学院等；在陕甘宁边区，先后创办了延安大学、西北军政大学，以及工业、财经、艺术等专科学校；在苏北区，先后有苏中公学、江海公学、苏北公学和华中大学等。在硝烟弥漫的岁月，这些学校不仅及时为革命战争输送了干部，也为中华人民共和国培养了建国初期的建设人才。

与蓬勃发展的解放区教育相比，国民党统治区的教育却显得日薄西山、气数已尽。这一时期虽然蒋介石也提出了“建国时期教育第一”的口号，并提出注意发展国民教育与师范教育，重视中学教育，以及注意西部地区的文化教育建设等主张。但这都不过是表面文章，障人眼目，真正实行的是战争第一。所以，从抗战胜利到南京解放，国民政府的教育经费严重短缺，教育事业大幅度滑坡，教师生活朝不保夕。国民政府对要求民主、自由、和平、反对内战的师生进行严厉的制裁与残暴的镇压。这一切终于使国民政府失去了民心，失去了群众，最终导致了失败的命运。

这一时期，在国统区中的民主教育思潮进一步发展。陶行知及时地把生活教育发展到民主教育的阶段，并详细提出了民主教育的目的、方法、教材、课程、学制、行政等具体内容。生活教育社于 1945 年 11 月 1 日创刊的《民生教育》，先后发表陶行知、翦伯赞、邓初民等人的文章，反对国民党的党化教育。

在民主教育的浪潮中，陈鹤琴于1946年12月出版了《活教育理论与实施》一书，系统地总结了活教育的理论体系，提出了“做人，做中国人，做现代中国人”的活教育目的论，“大自然、大社会都是活教材”的活教育课程论和“做中教，做中学，做中求进步”的活教育方法论。他在儿童教育、家庭教育领域的理论探索与实验研究，在中国现代教育思想史上也具有非常重要的地位。

中国现代教育思想的发展，使中国现代教育理论缩短了与西方国家的差距。西方教育学的进一步广泛传播，教育理论界的争鸣与讨论，一批中国人自己的教育理论与实验著作的出版，教育研究的学术团体与组织机构的形成与发展，陶行知、晏阳初等具有世界性影响的教育界代表人物的出现，鲁迅、杨贤江、恽代英等进步教育家的战斗精神，解放区革命教育的理论与实践，都为现代教育思想增添了丰富的内容与绚丽的色彩。当然，由于现代中国社会变化剧烈、战火不断，教育理论的建构也受到很大程度的影响，对于教育的内部规律的研究相对显得比较单薄，这都是现代教育思想很难形成真正具有中国特色、融古今优秀教育思想为一体、熔中外优秀教育成果于一炉的原因所在。

第二章　中国近代的洋务教育思想

1862年，中国第一所新式学堂——京师同文馆在风雨飘摇的北京城正式成立，洋务教育家登场，揭开了中国教育近代化的序幕。

在中国近现代教育思想史上，洋务教育历来是一个比较敏感的话题。人们对洋务教育思想往往毁誉交错、褒贬不一，有人认为它“具有浓厚的封建性和买办性”，“其结果只能是祸国殃民，加深了中国半殖民地化”[①]；也有人指出它是“中国新教育的萌芽，开中国近代新教育之风，是资本主义教育制度在中国实施的先声，为中国以后建立新学制奠定了基础，是有重要影响和历史意义的”[②]。其实，意见的分歧正是由洋务教育思想的两面性所致，只要平心静气地剖析其思想的缘起及内在结构，是可以比较客观地评价洋务教育思想的实质及其在中国教育思想史上的地位的。

一、洋务教育思想的缘起

鸦片战争的惨败和城下求和的耻辱，粉碎了古老帝国不可战胜的神话，极大地震撼着“天朝”的人们。西方列强在用大炮轰开中国大门的同时，中国人也第一次睁眼看到了外面的世界。

林则徐、魏源就是开眼看世界以探求救国救民之道的先驱人物。在失败面前，他们没有陷入狭隘的憎恶与畏惧的消极情感之中，而是冷静地反思，提出了一整套了解西方、学习西方，师夷长技、以夷制夷的自强御侮、

① 陈景磐编《中国近代教育史》，人民教育出版社，1979，第97页。

② 毛礼锐、沈灌群主编《中国教育通史（第四卷）》，山东教育出版社，1988，第105页。

安邦治国之策。如林则徐不仅“日日使人刺探西事，翻译西书，又购其新闻纸”[①]，而且还提出了“器良、技熟、胆壮、心齐”的剿夷八字要言和“尽转外国之长技为中国之长技”的思想。林则徐的挚友魏源，不仅把林则徐请人翻译的《四洲志》《华事夷言》《各国例律》等介绍西方史地、政法方面的书籍增补为《海国图志》，全面介绍西方的科学、政治、历史、地理、经济、技术，而且在该书序言中把林则徐“尽转外国之长技为中国之长技”的思想，发展为“师夷长技以制夷”的著名命题。魏源指出：西方的“有用之物，即奇技而非淫巧，今西洋器械，借风力、水力、火力，夺造化，通神明，无非竭耳目心思之力以为民用”[②]。中国人的聪明智慧不在人下，曾创造出灿烂的古代文明，“中国智慧，无所不有，历算则日月薄蚀，闰余消息，不爽秒毫；仪器则钟表晷刻，不亚西土；至罗针、壶漏，则创自中国，而后西行”[③]，为世界科技的发展做出过重要贡献。只要善于向西方学习，就会“风气日开，智慧日出，方见东海之民，犹西海之民”[④]。

魏源还分析了鸦片战争失败的原因，认为中国的最大问题是内政不修、人才不竞。他说：“财用不足，国非贫，人才不竞之谓贫；令不行于海外，国非羸，令不行于境内之谓羸。故先王不患财用而惟亟人才，不忧不逞志于四夷，而忧不逞志于四境。官无不材，则国桢富；境无废令，则国柄强。桢富柄强，则以之诘奸，奸不处；以之治财，财不蠹；以之搜器，器不窳；以之练士，士无虚伍。如是，何患于四夷，何忧乎御侮！”[⑤]认为国以人兴，功无幸成，只要励精淬志，培英育才，就能富国强兵，制服外夷。

以林则徐、魏源为代表的地主阶级改革派，提倡开眼看世界，“师夷长技以制夷”，在某种程度上成为洋务运动的前奏。洋务教育的思想家们，正是在继承林则徐、魏源向西方学习的传统的基础上，逐渐形成和发展起自成体系的洋务教育思想的。

第二次鸦片战争以后，清王朝统治集团内部分化出顽固派与洋务派两大阵营。顽固派盲目地认为，中国是世界上的“天朝大国”，拒绝与所谓“夷狄小邦”的西方资本主义国家来往，对洋人、洋物、洋文化采取“深闭固

---

① 魏源：《道光洋艘征抚记》，载《魏源集（上册）》，中华书局，1976，第174页。

②③④⑤ 魏源：《海国图志》卷二。

拒”的态度，一概排斥。如同治年间的文渊阁大学士倭仁，公开咒骂一切“夷务”；光绪年间的大学士徐桐，八十老翁见洋人、洋物，竟以扇遮面，以示与夷狄不共戴天。至于铁路、电讯等近代化设施以及兴办新式学堂等，更遭到这帮人的强烈抵制。他们幻想着以“忠信为甲胄，礼义为干橹”，去抵挡西方文明的来袭。

洋务派则主张在保存封建制度的前提下，“变器不变道”，提倡“留心西人秘巧”，学习“西技”“西艺”，并在他们主持的部门和地区兴建近代化的军事和民用工业，修造铁路，创办学堂，组训新式的陆海军。有人把洋务运动中的“洋务”主要概括为“交涉”“制造”“教案”“通商”，与之相应，这“四务”对培养人才的基本要求分别是“通语言”“精算学”“谙外交”和“通商情”。其实，洋务运动的范围远远不止上述内容，尤其是洋务教育，是洋务运动的重要组成部分。洋务运动的代表人物，主要有19世纪60年代初出任总理各国事务衙门大臣的恭亲王奕䜣，军机大臣桂良、文祥，汉族疆吏则有曾国藩、李鸿章、左宗棠、张之洞等。

洋务教育家继承了魏源“国以人兴”的思想，再次疾呼兴办教育、力兴“西学”。李鸿章严厉批评了以八股取士为目的的教育体制，认为“试帖小楷，丝毫无与于时务”[①]，所用非学，太蹈虚饰，不可能培养出有用的人才。所以，他主张“另开洋务，进取一格，以资造就”，如设立“洋学局”，系统传授格致、测算、舆图、火轮、机器、兵法、炮法、化学、电气等。[②]

洋务教育思想的第一个“物化产品”是京师同文馆。1861年，在设立总理各国事务衙门时，奕䜣就上奏折说：“查与外国交涉事件，必先识其性情。今语言不通，文字难辨，一切隔膜，安望其能妥协！”[③]建议挑选“天资聪慧”的少年学习外国语言文字。1862年，奕䜣再次奏陈设立外语学校：“欲悉各国情形，必先谙其语言文字，方不受欺蒙。各国均以重资聘请中国人讲解文义，而中国迄无熟悉外国语言文字之人，恐无以悉其底蕴。”[④]

---

① 李鸿章：《复刘仲良中丞》，载《李文忠公全集·朋僚函稿》。

② 李鸿章：《筹议海防折》，载《李文忠公全集·奏稿》。

③ 《筹办夷务始末（咸丰朝）》，卷七十一，中华书局，1979，第2679页。

④ 中国史学会主编《中国近代史资料丛刊·洋务运动（二）》，上海人民出版社，1961，第7页。

为了培养清王朝急需的外交和翻译人才，京师同文馆于同年正式创办。接着，在1863年、1864年，上海的广方言馆和广州的同文馆也应运而生，它们也是以学习外国语言文字为主的学堂。

作为洋务教育思想的“物化产品”，京师同文馆在其发展的过程中，不断地向传统的封建教育发起猛烈的冲击，使传统的教育观念与教育制度受到了严峻的挑战。1866年，总理衙门奏请在京师同文馆增设天文算学馆，学习天文、算学、西方制造技术等内容，“招取满汉举人及恩、拔、岁、贡、副、优贡”并“正途出身五品以下满汉京外各官”入馆学习。奕䜣在奏折中说：“现在上海、浙江等处讲求轮船各项，若不从根本上用着实功夫，即习学皮毛，仍无裨于实用。”他还认为：“盖以西人制器之法，无不由度数而生，今中国议欲讲求制造轮船、机器诸法，苟不藉西士为先导，俾讲明机巧之原，制作之本，窃恐师心自用，徒费钱粮，仍无裨于实际”，故“议于同文馆内添设一馆”。[①]这立即在清廷朝野上下引起了一场轩然大波，表面上看争论的焦点是能否让“正途科甲人员习为机巧之事”和能否“奉夷人为师”，实质却是华夷之辨和道器之争。结果，天文算学馆最终在顽固派的诋毁声中设立了。由于奕䜣的主张适应了当时时代的需要，又得到了地方实力派和曾国藩、左宗棠、李鸿章等人的支持，洋务派在论争中占了上风，洋务教育的若干主张也得以贯彻实施。

自天文算学馆设立后，西方近代的若干自然科学课程在京师同文馆正式开设了。从京师同文馆的教学计划，我们可以大致了解当时的课程概况：

第一年：认字写字，浅解辞句，讲解浅书。

第二年：讲解浅书，练习文法，翻译条子。

第三年：讲各国地图，读各国史略，翻译选编。

第四年：数理启蒙，代数学，翻译公文。

第五年：讲求格致、几何原本、平三角、弧三角，练习译书。

第六年：讲求机器、微分积分、航海测算，练习译书。

第七年：讲求化学、天文测算、万国公法，练习译书。

第八年：天文测算、地理金石、富国策，练习译书。

---

① 中国史学会主编《中国近代史资料丛刊·洋务运动（二）》，上海人民出版社，1961，第22页。

至于中文和经学，则贯彻始终，初学者每日以半天学习中文。

尽管这个计划还有不少保守的成分，但毕竟改变了传统教育狭隘的教学内容，把近代科学技术知识列入了正式课程，给封建的旧教育注入了新鲜血液。为了配合教学，京师同文馆还译著了不少基础理论的书籍，如丁韪良（William Alexander Parsons Martin）著的《格物入门》和《格物测算》，毕利干译的《化学指南》和《化学阐原》，联芳、庆常译的《星轺指掌》，以及《算学课艺》《星学发轫》《电理测微》《坤象究原》等约二十种，对介绍西方科学技术起了重要作用。由于科学技术知识的传播，出现了科学渗透科举的构想与行动，为最终废除科举制度奠定了基础。如洋务教育家们一方面为洋务学堂的学生争得仕途上的席位，一方面又奏请在传统的科举考试中增设算学、艺学、经济等科，从而在很大程度上改变了科举制度的性质。

伴随着京师同文馆中天文算学馆的设立，一批具有近代学校意义的工业技术学堂和军事学堂也相继诞生，这是洋务教育思想家的又一批“物化产品”。1866 年，左宗棠率先在马尾造船厂创办了中国第一所专门研究技艺、培养匠人的学校——福建船政学堂（求是堂艺局）；接着，李鸿章、刘坤一、张树声等又陆续创办了江南制造局附设操炮学堂、广东实学馆、福州电气学塾、天津电报学堂、上海电报学堂、山海关铁路学堂、湖北矿务局工程学堂、天津水师学堂等。这些学堂的成立，体现了洋务教育思想把自强、人才和学堂视为一体的教育观，即所谓“自强之道，以作育人才为本。求才之道，尤宜以设立学堂为先”[①]。通过办学堂来培育人才，从而实现自强之道，这是洋务派办教育的真正目的。

随着洋务教育运动的不断深入，洋务教育家已不满足于仅仅在国内开办学堂，而要求打破樊篱，向西方国家派遣留学生，“实地”去取“真经”。1871 年 7 月 19 日，曾国藩、李鸿章奏请选派幼童赴美国留学。奏折说：“或谓天津、上海、福州等处，已设局仿造轮船、枪炮、军火，京师设同文馆，选满汉子弟，延西人教授，又上海开广方言馆，选文童肄业，似中国已有基绪，无须远涉重洋。不知设局制造，开馆教习，所以图振奋之基也；远适

① 盛宣怀：《拟设天津中西学堂章程禀》，载《皇朝经世文新编》第六册。

肄业，集思广益，所以收远大之效也。”[①]在洋务教育家看来，派遣留学生的事业与兴办学校同样重要，由于中国与西方的科学技术差距比较大，中国欲取其长，“此中奥窔，苟非遍览久习，则本源无由洞彻，而曲折无以自明”，只有亲临考察、深入虎穴，才可能探得本源、辨明曲折，所以“远适肄业”的留学事业，是真正收“远大之效”的事业。后期洋务派的代表人物张之洞也对留学教育表现出极大的热情，认为“出洋一年，胜于读西书五年”，“入外国学堂一年，胜于中国学堂三年”[②]，留学教育是最能收速效而济急用的。在洋务派的努力下，中国近代的首批官费留学生，于 1872 年由容闳率领渡太平洋赴美国留学。这不仅开近代留学之风，对中国社会和中国教育也产生了重要影响。

洋务教育思想的集大成者是后来当上军机大臣的张之洞。他不仅在实践上拓展了早期洋务教育家的“西文”“西艺”“留学”三大领域，在理论上也进行了比较系统的研究与阐述，从而把洋务教育思想发展到一个新的阶段。张之洞的洋务教育思想与实践集中表现在以下几个方面。

第一，改书院为学堂，促进了近代书院改制和新式学堂的兴办。张之洞在湖北、四川学政任内和山西巡抚任内分别建立了经心书院、尊经书院和令德堂，在任两广总督和湖广总督期间，又设立了广雅书院和两湖书院，对书院教育表现出极大的热忱。随着时代的发展和早期洋务派兴办各种学堂的成功，张之洞意识到改书院为学堂的必要，并提出了“照学堂办法，严立学规，改定课程，一洗帖括词章之习，惟以造真才济时用为要归”[③]的书院改制方针。以两湖书院为例，张之洞先后对它进行了三次较大的改革。初期以改革课程为主要内容，引进了西方的科学知识，“凡天文、舆地、兵法、算学等经世之务，皆儒生分内之事”；后又把它改为包括文、理、法三科的高等学堂；最后又改两湖高等学堂为两湖师范学堂。清政府正是在张之洞两湖书院改革的基础上，并在张之洞的奏请下于 1901 年下诏，将全国的

① 曾国藩、李鸿章:《奏选派幼童赴美肄业酌议章程折》，载陈学恂、田正平编《中国近代教育史资料汇编·留学教育》，上海教育出版社，1991，第 87 页。

② 张之洞:《劝学篇·外篇·游学第二》。

③ 张之洞:《两湖、经心两书院改照学堂办法片》，载《张文襄公奏稿》卷二十九。

书院改为学堂。

第二，创办各种新式学堂，兴办洋务教育，为确立近代教育的体系做出了贡献。在军事教育方面，张之洞创办了广东水陆师学堂、湖北武备学堂；在职业技术教育方面，张之洞先后在广东创办电报学堂，在湖北设方言商务学堂、矿务局工程学堂和工艺学堂，在南京设江南储才学堂，在江西设蚕桑学堂，此外还设有铁路学堂、农务学堂、化学学堂、工艺学堂等；在外国语教育方面，张之洞认为不通外语、知中不知外与“聋瞽”无异，只能是“人胜我而不信，人谋我而不闻，人规我而不纳，人吞我而不知”[①]，所以创办了以西学、西语为主的方言学堂；在师范教育方面，张之洞认为“师范学堂为教育造端之地，关系至重”[②]，所以他一方面选派留学生去日本学习师范，一方面又创设湖北师范学堂，后又开办了三江师范学堂、两湖总师范学堂，并创立师范传习所、女子师范学堂等。这些新学堂几乎涉及了现代新教育的各个方面，为形成粗具规模的中国近代教育体系奠定了基础。

第三，参与并推动废除科举、制定学制，为建立近代学制和教育行政管理体制立下了汗马功劳。通过科举入仕的张之洞，在社会生活中逐渐认识到科举制度的腐败：“中国仕宦出于科举，虽有他途，其得美官者、膺重权者，必于科举乎取之。”但其实科举考试往往文体佻薄，不通古今，不切经济，可谓“文胜而实衰，法久而弊起”。所以，他得出结论：“救时必自变法始，变法必自变科举始。”[③]张之洞从主张变科举到最终废科举，大致经历了三个阶段：初期提出分场考试，力图改变考试内容专重时文、诗赋和小楷的做法，强调中学与西学并重；中期试图通过递减科举取士名额，渐次以学校毕业替代科举取士之额，使科举与学堂合并为一；晚期则强调“欲补救时艰，必自推广学校始，而欲推广学校，必自先停科举始”[④]，认为“科举一日不停，士人皆有侥幸得第之心，以分其砥砺实修之志”，所以向政府提

① 张之洞：《劝学篇·广译》。

② 张之洞：《筹定学堂规模次第兴办折》，载《张文襄公全集·奏议五十七》。

③ 张之洞：《劝学篇·变科举第八》。

④ 黄新宪：《张之洞与中国近代教育》，福建教育出版社，1991，第147-152页。

出了《请立停科举推广学校暨清帝谕立停科举以广学校折》。奏折被批准，在中国历史上实行了1300年的科举制度终于土崩瓦解。

张之洞也是近代中国学制的制定者之一。他在《劝学篇》中曾比较系统地提出过关于学制的设想："各省各道各府各州县皆宜有学。京师省会为大学堂，道府为中学堂，州县为小学堂。中小学以备升入大学堂之选。府县有人文盛、物力充者，府能设大学、县能设中学尤善。小学堂习'四书'，通中国地理、中国史事之大略，算数、绘图、格致之粗浅者。中学堂各事，较小学堂加深，而益以习'五经'，习《通鉴》，习政治之学，习外国语言文学。大学堂又加深加博焉。"1902年，由管学大臣张百熙拟定的史称"壬寅学制"的《钦定学堂章程》流产，张百熙遂会同张之洞、荣庆重新拟定史称"癸卯学制"的《奏定学堂章程》，从而为张之洞创造了把自己的学制设想付诸实施的机会。由张之洞主持拟定的"癸卯学制"包括二十多个文件，即《学务纲要》《大学堂章程》《通儒院章程》《高等学堂章程》《中学堂章程》《高等小学堂章程》《初等小学堂章程》《蒙养院章程》《家庭教育法章程》《优级师范学堂章程》《初级师范学堂章程》《实习教员讲习所章程》《高等农工商实业学堂章程》《中等农工商实业学堂章程》《初等农工商实业学堂章程》《实业补习普通学堂章程》《艺徒学堂章程》《译学馆章程》《进士馆章程》《各学堂管理通则》《实业学堂通则》《任用教员章程》《各学堂考试章程》《各学堂奖励章程》等。这个学制包括初等、中等、高等三级的普通教育系统，并另有师范教育系统和实业教育系统，对各级各类学校的性质、任务、入学条件、修业年限、考试等都做了规定。这个学制于1904年1月13日由清政府明令颁布。

张之洞还系统总结洋务教育的理论，提出了"中学为体，西学为用"的洋务教育思想纲领。1898年，张之洞撰写了《劝学篇》一书，此书分内、外两篇。内篇九篇，讲中学；外篇十五篇，讲西学。"中学治身心，西学应世事"①，"内篇务本，以正人心；外篇务通，以开风气"②。随后，在《两湖、经心两书院改照学堂办法》中，他正式提出了"以中学为体，西学为

① 张之洞：《劝学篇·会通》。

② 张之洞：《劝学篇·序》。

用，既免迂陋无用之讥，亦杜离经叛道之弊”的命题，系统概括了洋务教育的思想纲领和洋务运动的基本特色。洋务教育思想至此成为一种内容比较丰富、体系比较完备、思想比较系统、纲领比较明确的教育思潮。不过，洋务教育思想很快从峰巅状态一落千丈，并被维新思潮所取代，中国近代教育思想又进入了一个新的历史发展时期。

二、洋务教育思想的体系

洋务教育思想的产生、发展经历了一个不断丰富、完善的过程。早期洋务教育家与后期洋务教育家对于教育问题虽不尽相同，但对于教育基本问题的认识并无轩轾之分，有共同的倾向性，是统一在“中学为体，西学为用”这面旗帜之下的。这里主要就洋务教育的体用论与人才观作一评述。

（一）洋务教育思想的体用论

“中学为体，西学为用”，是洋务教育的指导思想和基本纲领。洋务教育思想的这种体用观虽然由张之洞在1898年正式提出，但实际上，从洋务运动产生之日起，这种体用观就一直是洋务教育家的共识。

洋务教育的所谓“中学”与“西学”，又称为“旧学”与“新学”。张之洞对此作了界说：“四书五经、中国史事、政书、地图为旧学，西政、西艺、西史为新学。旧学为体，新学为用，不使偏废。”[①]可见，所谓“中学”，就是中国传统文化，是中国的封建典章制度与伦理道德，其中以四书五经与三纲五常为核心内容。所谓“西学”，包括“西政”与“西艺”两个方面，其主要内容是：“学校、地理、度支、赋税、武备、律例、劝工、通商，西政也；算、绘、矿、医、声、光、化、电，西艺也。”[②]指西方的法制规章与自然科学知识。

在洋务教育中，“中学”的内容始终处于主导的地位。早期洋务派所办的学校都非常重视儒家经典的学习，并把这种学习视为“植根”的大事。如李鸿章在《请设外国语言文字学馆折》中就提出：外国语言文字的学馆，

①② 张之洞：《劝学篇・设学》。

既要聘西人教授外语，也要“兼聘内地品学兼优之举贡生员，课以经史文艺”；学生学成之后，既要能“精通番语”，但更要能“读书明理”，方可担任外交、洋务人才。[①]除外语学堂外，其他军事、专业学堂也很强调“中学”的内容，加强忠君尊孔的封建道德教育，如福州船政学堂规定学生要读《圣谕广训》《孝经》等。李鸿章在《天津水师学堂请奖片》中写道:“教之经，俾明大义，课以文，俾知论人；瀹其灵明，即以培其根本。”[②]即把儒家经典作为教学之根本。

在洋务派所办的留学教育中，“中学”也具有十分重要的地位。1872年，曾国藩等在关于留学生出国“应办事宜”中就明确规定:“查考中学、西学，分别教导，将来出洋后，肄习西学，仍兼讲中学，课以《孝经》、《小学》、‘五经’及《国朝律例》等书”，在国外也必须定期“宣讲《圣谕广训》，示以尊君亲上之义，庶不至囿于异学”[③]。在留学生们踏上异国的土地后，他们的整个生活小环境也笼罩着“中学”的气氛。在美国留学生大楼的至圣殿，设立了“大成至圣先师”孔子的牌位，两壁厢曾陈列着曾国藩、李鸿章、丁日昌等人的肖像，每逢初一、十五，事务所的最高职官率领全体教职员和留美幼童“朝阙行礼”，遥祝皇太后和皇上“万寿无疆”。[④]为了防止留学生们“腹少儒书，德性未坚，尚未究彼技能，已先沾其恶习”，除规定讲解儒家经典与《圣谕广训》外，还对留学生的行为做了多种限制。

张之洞从理论上阐明了“中学”在洋务教育中的地位与作用。他认为，教育的关键是培养能够为封建统治服务的卫道之士，而只有具备丰富的“中学”知识，才能自觉地遵圣教之伦纪，既无离经叛道之言，又无犯上作乱之事。他说:“如中士而不通中学，此犹不知其姓之人，无辔之骑，无柁之舟，其西学愈深，其疾视中国亦愈甚，虽有博物多能之士，国家亦安得而用之哉！”[⑤]在洋务派看来，“中学”就是“中国之宗教”，是中国的立国之根本。所以，即使在20世纪初出台的“癸卯学制”中，张之洞也仍然强调

① 《李文忠公全书·奏稿》卷三。

② 高时良编《中国近代教育史资料汇编·洋务运动时期教育》，上海教育出版社，1992，第435页。

③ 中国史学会主编《中国近代史资料丛刊·洋务运动（二）》，上海人民出版社，1961，第158页。

④ 黄新宪:《中国留学教育的历史反思》，四川教育出版社，1991，第11页。

⑤ 张之洞:《劝学篇·循序》。

"中小学堂宜注重读经，以存圣教"[①]。该学制规定：初等小学中《孝经》、"四书"、《礼记》节本为必读之书；高等小学堂的经学教材则为"四书"、《诗经》、《易经》及《仪礼》之丧服经传等；大学堂则规定学生必须学习周易学、尚书学、毛诗学、春秋三传学、周礼学、仪礼学、论语学、孟子学及理学。据统计，该学制中读经课占全部教学时数的25%，加上中国文学，则"中学"占全部时数的35%左右。

洋务派所理解的"西学"也经历了一个发展过程。早期洋务教育家的所谓"西学"，主要还是指西方的语言文字与科学技术；随着洋务运动的不断发展，洋务教育思想家的视野不断开阔，对"西学"的理解也更为宽泛，"西学"在洋务教育的内容中的比例不断增大。早期洋务教育提倡学习"西学"，主要目的是"师夷长技以制夷"，是为了"制外国而不为外国所制"。如李鸿章在谈到创设武备学堂的动机时就指出："我非尽敌之长，不能致敌之命，故居今日而言武备，当以其人之道还治其人。若仅凭血气之勇，粗疏之才，以与强敌从事，终恐难操胜算。"这里所谓的"尽敌之长"，就是指学习西方的军事知识与技术，以"备国家干城御侮之用"。[②]张之洞在《劝学篇》中提到的"西学"，已远远超出了早期洋务教育所理解的范围，不仅有外国语言文字和船坚炮利的军事技术，更包括"算、绘、矿、医、声、光、化、电"等自然科学知识与"赋税""律例"等西方的规章制度。不过，张之洞的所谓"西政"，与后来维新运动中的所谓"西政"，有着本质的区别，是不包括西方的社会政治制度以及自由民主学说的；非但不包括，张之洞还认为，凡提倡这种政治制度与自由民主学说的人，都是"蔑先正而喜新奇，急功利而忘道谊"，是"籍谈自忘其祖，司城自贱其宗"的行为。[③]可见，洋务教育家的所谓"西学为用"，只不过是要求人们不以效法西人为耻，努力学习西方的科技与实业知识，学习某些外在的管理形式，以补"中学"之不足。

---

① 张之洞等：《学务纲要》，载朱有瓛主编《中国近代学制史料》第二辑（上册），华东师范大学出版社，1987，第83页。

② 中国史学会主编《中国近代史资料丛刊·洋务运动（五）》，上海人民出版社，1961，第120页。

③ 张之洞：《创立存古学堂折》，载《张之洞全集（第三册）》，河北人民出版社，1998，第1766页。

洋务教育家认为，人们对待“西学”有三种典型的弊端：一是“恶西法者”，他们泥古傲慢，因弊自寒，是自陷危亡；二是“略知西法者”，他们往往穿凿附会，以为皆中学所有，空言争胜，不知实事讲求，是自欺欺人；三是“弱于西法者”，他们糅杂中西之学，以为无别，是眩惑自扰，而丧其所守。而正确的办法应该是全面明确地了解“西学”，在贯彻中学为内、西学为外，中学为体、西学为用，中学为主、西学为从，“中学治身心，西学应世事”的原则的前提下，实现“中学”与“西学”的会通，用“西学”弥补“中学”之不足。

在教育实践中，怎样体现并遵循洋务教育思想的体用观呢？洋务教育家的基本做法是“讲西学必先通中学”，即先打好“中学”的根基，再接受“西学”的教育，循序而渐进。对此，张之洞有比较深入的阐释。他说：“今欲强中国，存中学，则不得不讲西学，然不先以中学固其根柢，端其识趣，则强者为乱首，弱者为人奴，其祸更烈于不通西学者矣。”又说：“今日学者，必先通经，以明我中国先圣先师立教之旨；考史，以识我中国历代之治乱，九州之风土；涉猎子、集，以通我中国之学术、文章。然后择西学之可以补吾阙者用之，西政之可以起吾疾者取之，斯有其益而无其害。”[①]这里不但说明了学校教育中按先“中学”后“西学”的顺序进行教学，也阐明了“中学”以务本，“西学”以补阙的相互关系。

（二）洋务教育思想的人才观

如果说“中学为体，西学为用”是洋务教育的指导性纲领的话，洋务教育思想的人才观则是这一纲领的具体展开，是洋务教育的基本出发点。

“中学为体，西学为用”的体用观，具体化在人才问题上，就是一种德才兼备、以德为主的人才观，就是注重培养和发现中西学兼通的洋务人才。早期的洋务教育家曾国藩在论述其人才观时说：“德与才不可偏重。譬之于水，德在润下，才即其载物溉田之用；……德而无才以辅之，则近于愚人；才而无德以主之，则近于小人。”[②]这就是说，德与才是相辅相成的关系，

---

① 张之洞：《劝学篇·循序》。

② 《曾文正公杂著》卷一。

两者不可偏废。但如果论轻重，则以德更为重要，因为德可以主才，才只能辅德，有德而无才只是“愚人”，而有才而无德则是“小人”。如果在德才不能兼顾时，则“与其无德而近于小人，毋宁无才而近于愚人”。这同把“中学”作为固本而把西学作为补阙的体用观，是完全一致的。

张之洞在办洋务的过程中，也深感德才兼备、学贯中西的人才难得，曾发出“中国不贫于财，而贫于人才”的感叹。为此，他多次向清政府上奏《荐举人才折》《保荐人才折》《保荐经济特科人才折》《胪举人才折》等，以推荐保举经世济用的洋务人才。从他这些奏折对于荐举人才的评语中，我们大致可以看出洋务教育思想的人才观。如在两江总督任内，他曾向朝廷推荐了一批人才，并称“其间才器虽不尽相同，而要必以人品端谨切实有用者为归，以期无拂于以人事君之议”①。这里所说的“人品端谨”就是德，所谓“切实有用”则是才。在八国联军入侵北京后，张之洞又上疏推荐数名官吏，并称：“窃惟方今时事日棘，外患内忧，交发并至，和局未定，兵弱财殚，事变日多，迥非前数年之时局，需才甚多，待用甚急，然必须心术端正、品行修饬而又识能知时、才能干事者方为切于世用。”②在《胪举贤才折》中，张之洞也向清廷举荐了不少循吏。如称翰林院侍讲张佩纶“内行纯美，秉性忠贞，清鲠不阿，能谋能断，诚挚可以共艰危，警敏可以应急变，内政外事皆所优为，论其志节才略实为当代人才第一”，仍把“志节”（德）与“才略”作为人才的标准。

洋务教育家所说的“才”，主要是指精通洋务之才，是在精通“中学”的基础上掌握“西学”的才。为了使洋务事业有充足的人才，他们一方面大力举荐和延揽洋务人才，一方面又兴办各种学堂培养洋务人才。如张之洞在山西巡抚任内，就曾在太原创办了山西省城洋务局，并发布了《延访洋务人才启》。该启事写道：“盖闻经国以自强为本，自强以储材为先，方今万国盟聘，事变日多，洋务最为当务之急。……查中外交涉事宜，以商务为体，以兵战为用，以条约为章程，以周知各国物产、商情、疆域、政令、学术、兵

① 张之洞：《保荐人才折》，载《张文襄公全集》卷四十二。

② 同上，卷五十二。

械、公法律例为根柢，以通晓各国语言文字为入门。”[①]并表示只要是“习知西事、通达体用”之人，无论是天文、算学、水法、地舆、格物、制器、公法条约、语言文字、兵械、船炮、矿学、电气诸端，只要“有涉于洋务，一律广募；或则众美兼备，或则一艺名家，果肯闻风而来，无不量才委用”。

洋务运动的实践使洋务教育家认识到，要从根本上解决洋务人才匮乏的问题，仅靠广延招揽是不够的，关键在于通过教育来培养。正如张之洞在《创设江南储才学堂折》中所说：“窃维国势之强由于人，人材之成出于学，方今时局孔亟，事事需材，若不广为培养，材自何来？”[②]他认为，国势之强弱，在人才之盛衰；而人才之盛衰，其表在政，其里在学。正是基于这样的认识，洋务教育家对兴办学堂倾注了大量的心血，从创办培养外语人才的同文馆，到设立培养军事人才的武备学堂；从开办培养掌握西方“机巧之原”“制作之本”的专业学堂，到建立培养人才“母机”的师范学堂，再到向国外派遣留学生，无不体现了洋务教育惨淡经营的良苦用心。

三、洋务教育思想的评价

黄新宪先生在评价洋务教育的代表人物张之洞时，曾认为“中体西用”思想具有双重内涵，从而使其像一把双刃剑，向顽固派和维新派左杀右砍；又像一个和事佬，左右逢源，迎合了各个阶层、各种势力的基本要求，在半殖民地半封建社会中产生了强烈的共振，成为洋务派调停新旧、维护自身利益的一个范例。[③]这里所说的双重内涵，恰恰反映了洋务教育的两重性质，揭示了洋务教育思想的内在矛盾。

（一）洋务教育思想从一开始就陷入了思维逻辑的二律背反和动机与效果脱节的困境，显示了错综复杂的多元性

在1840年鸦片战争之后，中国主权被侵，山河破碎，社会危机加剧，

① 张之洞：《延访洋务人才启》，载《张文襄公全集》卷八十九。

② 张之洞：《创设江南储才学堂折》，载《张文襄公奏稿》卷二十六。

③ 黄新宪：《张之洞与中国近代教育》，福建教育出版社，1991，第142页。

亡国险象环生，这对于社会各阶层都是一个极大的刺激。以林则徐、魏源为代表的爱国知识分子和开明官吏，悲愤于章句小儒无补于世，憧憬于赫赫天公重新抖擞，提出了“师夷长技以制夷”的方策，但天不假年于他们，他们在悲愤忧郁之中离开了人世。以洪秀全、洪仁玕为代表的农民阶级，则怒举长缨，挥师北上，替天行道，踞半壁江山，试图走变换政教制度的道路，但由于种种主客观的原因，在中外势力的共同镇压下悲壮地失败。

枪与炮、血与火教训了中国人：靠身心性命之学和仁义道德等纯粹的“中学”，再也抵御不住洋枪洋炮的轰击。早期洋务派的代表人物曾国藩等终于发现：“洋人论势不论理，彼以兵势相压，我等欲以笔舌胜之，此必不得之数也。”因此，他们设计了一个美好的梦想：“轮船之速，洋炮之利，在英、法则夸其所独有，在中华则震于所罕见。若能陆续购买，据为己物，在中华则见惯而不惊，在英、法则渐失其所恃。”[①]在购船梦破灭后，他们又想到了造船，想到了造武器，并进而想到了办学堂。洋务教育正是在这样的背景下产生的。这同时也表明，洋务教育思想是在迫不得已的外患内忧的压力下产生的，是在中国的传统文化无法抵御外来势力冲击的情况下的不自觉选择。

因此，洋务教育家们一方面执着地维护在头脑中已根深蒂固的传统的“中学”，另一方面又不太情愿地主张学那些不得不学的“西学”，他们的内心中民族自尊心与民族危机感并存。内心矛盾的冲突导致了一种畸形的思想的产生：“中学为体，西学为用。”中国第一批洋务学堂中的福州船政学堂的高才生，后来成为中国资产阶级启蒙思想家的严复，曾剖析过洋务教育思想的体用观的内在矛盾。他引用无锡人裘可桴的话说：“体用者，即一物而言之也。有牛之体则有负重之用，有马之体则有致远之用，未闻以牛为体以马为用者也。”也就是说，“体”与“用”是就同一事物而言的，牛有牛的体与用，马有马的体与用，如果想要求牛体有千里马的用，恐怕是不可能的事。所以严复得出结论：“中学有中学之体用，西学有西学之体用，分之则两立，合之则两亡。议者必欲合之而为一物，且一体而一用之，斯

① 中国社会科学院近代史研究所资料室编《曾国藩未刊往来函稿》，岳麓书社，1986。

其文义违舛，固已名之不可言矣，乌望言之而可行乎！”[①]然而，这个内在矛盾的两方在洋务运动期间竟然相安并存下来，“中学”并未丢弃，“西学”也在引进，这在某种程度上反映了当时封建经济崩溃、资本主义经济萌芽的趋势。

洋务教育思想的动机与效果之间也出现了明显的脱节。洋务教育主张学习西方，是力图利用西方的“器”“技”“艺”及部分“政”，来加固受到动摇的“中学”，挽狂澜于既倒。但事实恰恰相反，随着西学的传入，西学之“用”在中学之“体”内发生了吐故纳新的变化，“用”逐渐危及“体”的存在，并自发地要以西方民主制度之“体”来改变封建专制之“体”，[②]以适应不断发展的西学之“用”了。所以，在洋务运动的后期，要求打破束缚社会发展的封建之“体”的呼声日益高涨，人们公开指责墨守“祖宗成法”，并指出洋务派“不知中国之患，患在政事不立，而泰西所以治平者，固不专在格致也”[③]，认为“中学为体，西学为用”只能学西方的皮毛，是不揣其本而求其末。从洋务派分化出的改良主义者也公开表示出倾向西方民主政治。一时间，兴民权、行议院，改变封建专制政体的舆论广为流传，并形成了全国性的思潮，发展成为戊戌维新运动。其实，维新运动正是洋务运动发展的必然结果。

（二）洋务教育思想为中国教育的近代化准备了多种条件，促进了中西教育的会通与融合

教育领域的核心问题是培养什么样的人的问题。洋务教育的一大突破就是将教育目标由培养封建士大夫、君子转向造就懂“西学”“西艺”的洋务人才。如前所述，中国教育的近代化是从洋务教育开始的。京师同文馆的创立以及此后各种专业学堂的创办，打破了中国两千多年的封建教育模式，成为中国新教育的胚胎。尽管洋务教育的根本目的是为维护封建统治服务，仍残留着浓厚的旧教育的色彩，但毕竟在从旧教育向新教育过渡中

---

① 严复:《与外交报主人论教育书》，载陈学恂主编《中国近代教育文选》，人民教育出版社，1983，第218页。

② 徐启彤:《洋务教育与“中体西用”》，《苏州大学学报（哲学社会科学版）》1988年第4期。

③ 《皇朝经世文统编》卷一。

起了重要的作用。首先，从教育内容上，洋务教育改变了传统的旧教育只读“四书”“五经”等陈旧内容，在课程中增加自然科学知识，近代的科学技术知识与技能是首先出现在洋务派所办的新式学堂中的。其次，在教育的组织形式与方法手段上，洋务教育也移植了西方的体系，如制订完整的教学计划、班级授课制、考试办法等，在很大程度上造成了办学目的的保守性和办学手段的先进性之间的矛盾。再次，洋务教育培养了中国近代化的科学技术人才、企业管理人才、海军人才、外交人才、教育人才，这些人才在中国社会和中国教育走向近代化的过程中起了排头兵和生力军的作用。

值得一提的是，由洋务教育所开创的留学教育事业，为中西教育的会通与融合做出了重要贡献。[①]第一，留学生在翻译、介绍西方教育理论、教育学说方面发挥了积极作用，为国内教育界提供了批判封建旧教育的理论武器，也为中国教育科学的近代化做出了贡献。中国早期出版的东西方教育名著，基本上是由留学生们翻译的。其中如英国斯宾塞的《教育论》，法国卢梭的《教育论》，美国安诺的《教育论》，日本熊谷五郎的《教育学》、富山房的《教育学新书》《教授法问答》和《学校管理问答》及成濑仁藏的《女子教育论》等，都是全文译出。此外，留学生们还在《东方杂志》《浙江潮》《直说》《湖北学生界》《游学译编》等刊物上发表译介文章，对洛克、斯宾塞、福泽谕吉等人的教育思想进行了比较全面的介绍。留学生还编著了一批教育理论著作，如《浙江潮》曾连载署名不戆子的《教育学》，这是一部内容比较丰富、体系比较完备的著作。作者对教育所下的定义是：“教育者对被教育者定一贯之目的，立美善之方法，施实行之制度，而举被教育者之身体、之心意、之胆力、之智慧，发达之，陶冶之，而持之以悠久者也。”从该著作的总体情况来看，虽带有明显的编译痕迹，但毕竟是我国近代最早的教育专著之一。

第二，留学生成为各种重要教育思潮、教育理论的提倡者、宣传者和实践者。随着留学教育事业的不断发展，也随着国外教育理论的不断发展，留学生们逐步从简单地介绍和宣传某些教育理论，发展为比较系统地提倡

① 田正平：《留学生派遣与中国教育近代化》，载丁钢主编《文化的传递与嬗变》，上海教育出版社，1990，第191–220页。

和实践某种教育思潮或教育理论，融入了自己的价值判断。当时曾有人评论：“今之所谓新教育者亦多端矣。曰练习主义之教育，曰试验主义之教育，曰实用主义之教育，曰勤劳主义之教育，曰人格主义之教育，曰新理想主义之教育，曰自学辅导主义之教育，曰杜威之教育，曰蒙台梭利之教育，曰欣斯凯泰奈之教育，曰爱伦凯之教育。纷纷呈说，各有优异，如临百戏斗巧之场，如入万花争妍之圃。”[①]留学生们把理论上的宣传倡导与实际教育工作中的改革实验结合起来，开了中国近代的教育实验之先河。

第三，留学生们成为各级学校的主要师资力量和各级教育行政部门的核心人物，对传播近代教育观念和发展近代教育事业起了积极作用。与早期留学生大多从业于机器、船坞、开矿、铁路、电报等实业部门不同，戊戌变法以后的留学生大多从事教育事业。他们或者亲自创办新式学校，如胡元倓创办了湖南第一所私立新式中学明德学堂，张伯苓创办了南开中学等；或者受聘于各地新式学堂。留学生不仅形成了高等教育的基本队伍，也是农、工、商各种实业学堂的师资来源，或者担任各级教育行政部门的主管。据田正平先生统计，仅在1912年至1922年的10年间，全国最高教育行政机构负责人教育总长曾24次易人，其中至少有12人次具有明确的留学生身份，其著名者有蔡元培、范源濂、董鸿祎、王宠惠、汤尔和等。同一时期的教育部次长曾18次易人，其中至少有9人次具有明确的留学生身份，如吴生、王章祐、马邻翼、陈宝泉等。教育部的其他重要职官如参事、司长、科长和主要办事人员，也大多由归国留学生担任，尤其是一些业务性较强的部门，如专门教育司，历任司长几乎是清一色的归国留学生。他们在不同的职位上，为传播近代教育观念，创建近代教育事业做出了孜孜不倦的努力，推动了中国教育近代化的步伐。洋务教育思想在促进中西教育的会通与融合方面产生了重要影响。

（三）洋务教育思想具有一定程度的民族主体意识，对于强化民族教育，反对全盘西化具有一定的积极意义

洋务教育家在办教育的过程中，虽然具有维护封建制度和封建教育的

① 《新教育》第1卷第4期。

意向，但在客观上却起到了保存中国传统教育中合理成分的作用。洋务教育思想家清醒的民族主体意识，在中西文化教育激烈碰撞，传统文化教育面临挑战的关头，具有强化民族教育，反对全盘西化的功能。

事实上，洋务教育家“中学为体，西学为用”的思想，在明治维新时期前后的日本也有类似的国情和相似主张。日本明治政府在保留天皇制度和武士精神的情况下，进行了破除封建体制，向西方学习资本主义的维新改革，并取得了巨大的成功，顺利地实现了国家的近代化。直到今天，“和魂洋才”仍是日本国民能够接受的口号。

洋务教育家们的最大失误，并不在于他们坚持中国的传统文化，因为在民族利益与帝国主义之间发生矛盾时，这种坚持具有抵御外来势力的进步意义。如张之洞所说的“知外不知中，谓之失心”[①]，比那些自暴自弃和主张全盘西化的人要高明得多。他们的失误，主要在于对传统文化中腐朽糜烂的糟粕与灿烂辉煌的瑰宝辨别不明，而盲目地加以肯定。中学为体的“体”，他们几乎没有严格的界说，所以不同的人对“体”有不同的理解，许多不合时宜的封建糟粕都在“体”的保护伞下得以生存，并成为我国近代化的羁绊。相反，西学为用的“用”，他们却毫不含糊地规定着，不得越雷池半步。虽从早期洋务派到后期的张之洞，“用”的范围在不断扩大，但“用”始终依附在中国的封建专制政体和思想意识形态的“体”上，只能是收效甚微。

意大利著名历史学家克罗齐认为：“历史也像从事工作的个人一样，‘一次只做一件事情’，对于当时来不及照顾的问题，则加以忽视或临时稍加改进，任其自行前进，但准备在腾出手来的时候给予充分的注意。”[②]洋务教育思想把封建社会千余年的文教政策“罢黜百家，独尊儒术”改换为“中学为体，西学为用”的新的文教政策，使中国教育和教育思想进入了一个新的历史阶段，无疑有其进步的一面。但由于洋务教育思想内在的矛盾和历史本身的规定性，洋务教育始终没有超越自身发展的困境。因此，在向西方学习的初始阶段，它为中西文化教育的接触和交流创造了条件，也是

① 张之洞：《劝学篇·广译》。

② 克罗齐：《历史学的理论与实际》，商务印书馆，1982，第229页。

当时可能达到的中西结合的唯一形式，对中国人了解世界起了开阔视野的作用，中国近代的科技、教育、管理、工程等，无不得益于洋务教育。但洋务教育思想始终没有也不可能超越自己，所以，当它的“一件事情”已经完成，而历史老人迫不及待地要求做下一件事情时，洋务教育思想就不得不退出历史的舞台了。

洋务教育运动的发起者是从晚清封建专制统治集团中分化出来的具有买办倾向的地主、官僚、军阀，其主观上当然是为了维护摇摇欲坠的封建政权和自身的阶级利益，但其客观上对中国近代教育所产生的深远影响也许是他们当初没有料到的。

第三章　中国近代的维新教育思想

在甲午战争中，中国的失败对洋务改革派的打击极大，也使洋务教育思想的幻梦彻底破灭。但洋务教育所播下的“西学”之种，却茁壮成长，蓬勃发展，“为用”的“西学”不断地势头愈来愈猛地冲击着“为体”的“中学”。改革弊政、维新变法、救亡图存，成为新的历史时代的最强音，代表着新兴资产阶级利益的维新教育思想就是在这样的背景下产生的。

与学术界一般把维新教育分为早期改良派和资产阶级改良派有所区别，笔者试图把资产阶级革命派的教育思想也列入维新教育思潮，这样有助于我们从整体上观照中国近代资产阶级教育思想产生与发展的全过程，也有助于我们从文化学的层次把握中国近代教育思想的行进历程。

一、早期改良派的教育理念

早期改良派的教育思想，是直接从洋务教育思想中分化出来的。它的主要代表人物有王韬、马建忠、薛福成以及稍后的郑观应、陈炽等。

早期改良主义经历了一个由认识和要求学习西方资本主义经济制度，到认识和要求学习西方资本主义政治制度，由要求发展民族工商业，到进而要求有一套政治法律制度来保证它的发展的过程。[①]早期的改良主义者都曾一度是“船坚炮利”方案的拥护者。如王韬就说过：“今日急务在平贼，平贼在治兵，治兵必先习西人之所长，使之有恃无恐，兵治贼平而已器精

① 李泽厚:《中国近代思想史论》，人民出版社，1979，第 57 页。

用审矣，威敌强国而后有备无患矣。”[①]完全是洋务派的主张。到19世纪70—80年代，他们开始意识到仅靠“船坚炮利”只是“徒袭皮毛”，只有“民生既足，国势自张，而后一切乃可以有为”。[②]认为只有发展工商业，使国家富强，方可真正地抵御外侮，从而提出了“习兵战不如习商战”[③]的命题。

1884年中法战争的不败而败，更使早期改良派对洋务派的主张彻底绝望，内心深处出现了改革窳败昏昧的封建政治制度的萌动。与此同时，封建的官僚体制已成为民族资本发展的阻力，资本主义经济的发展也要求变革已不适应的封建上层建筑。他们终于提出了改革封建君主专制制度，建立资产阶级参与政治的代议制度的要求。郑观应在《盛世危言》的自序中摹写了自己的探索轨迹：

> 六十年来，万国通商，中外汲汲，然言维新，言守旧，言洋务，言海防，或是古而非今，或逐末而忘本。求其洞见本原，深明大略者有几人哉？孙子曰：“知彼知己，百战不殆。”此言虽小，可以喻大。应虽不敏，幼猎书史，长业贸迁。愤彼族之要求，惜中朝之失策。于是学西文，涉重洋，日与彼都人士交接，察其习尚，访其政教，考其风俗利病得失盛衰之由。乃知其治乱之源，富强之本，不尽在船坚炮利，而在议院上下同心，教养得法。兴学校，广书院，重技艺，别考课，使人尽其才；讲农学，利水道，化瘠土为良田，使地尽其利；造铁路，设电线，薄税敛，保商务，使物畅其流。凡司其事者，必素精其事：为文官者必出自仕学院，为武官者必出自武学堂。有升迁而无更调，各擅所长，名副其实。

这里不仅勾勒了改良派的思想发展历程，也明确提出了早期改良派的政治主张和文化教育、社会经济观点。他们的教育思想就是在上述主张和观点的基础上展开的。

---

① 王韬：《操胜要览·仿制西洋船炮论》。

② 王韬：《弢园文录外编·补起废药痼议》。

③ 郑观应：《盛世危言·商战》。

（一）对培养人才的重视

早期改良派的教育思想首先表现在对人才的重视方面，这是他们在教育上的出发点。和洋务派一样，早期改良派也清醒地意识到人才培养对于救国图存的意义，把自己的社会理想诉诸通过教育来培养实用型人才。如王韬说："故今日我国之急务，其先在治民，其次在治兵，而总其纲领则在储材。"[①]陈炽也认为，"天有非常之变，必生非常之才"，如果重视培养人才并恰当地使用人才，就一定能为"宏大业"而"奠丕基"，"修内政而息外患"，总之，"得人则治"。[②]

早期改良派也把兴办学校作为培养人才的主要途径。如何启、胡礼垣在《新政论议》中提出："一国之人才，视乎学校。学校隘则人才乏，学校广则人才多……是宜下令国中各府、州、县俱立学校。"郑观应则明确地提出："学校者，造就人才之地，治天下之大本也。"[③]又认为："学校者人才所由出，人才者国势所由强，故泰西之强强于学，非强于人也。然则欲与之争强，非徒在枪炮战舰也，强在学中国之学，而又学其所学也。"[④]既然人才是国家兴衰存亡的关键，培养人才的学校当然是根本之根本了。郑观应为培养人才还专门设计了一整套系统的学校制度，对近代学制提出了改良派的构想。

与洋务教育思想的人才观有所不同的是，早期改良派着重从发展资本主义工商业的角度来观察人才的作用和教育的功能，是他们资产阶级改良思想的组成部分；而洋务派的人才观主要受制于他们的军事目的，是封建教育思想在近代的合理延伸。[⑤]所以，早期改良派教育思想的人才观，主要是表现在对人才标准的理解上，这是它区别于洋务教育思想的人才观的特色所在。如果说洋务教育在评价人才时仍坚持传统的道德文章的伦理尺度，并表示宁要有德而无才的"愚人"，也不要有才而无德的"小人"的话，早

---

① 王韬：《变法》下，载《弢园文录外编》卷一。

② 陈炽：《庸书·名实》。

③ 郑观应：《盛世危言·学校》。

④ 郑观应：《盛世危言·西学》。

⑤ 徐书业：《论早期改良派的教育思想》，《华东师范大学学报（教育科学版）》1990 年第 1 期。

期改良派则更侧重于通今致用的社会功利尺度。薛福成就明确地把技才、将才、译才、外交人才、经济人才和通才纳入了人才的结构，把人才的概念延伸到社会生活的方方面面，从而打破了人才的单一结构。早期改良派已不满足于洋务人才观以抵御外侮为目的培养外交翻译和军工技术人才，而更强调以发展民族资本主义工商业为目的，培养大量精通科学技术的人才。如郑观应说："夫泰西诸国富强之基，根于工艺，而工艺之学不能不赖于读书，否则终身习之而莫能尽其巧。不先通算法，即格致诸学亦苦其深远而难穷。"[①]当然，这还不只是能"开工商之源"，也能"济国家之用"。

（二）对传统教育的批评

洋务教育的"中学为体，西学为用"的纲领，不仅给中国的传统教育输入了新鲜血液，也使人们发现传统教育具有许多致命的缺陷，尤其是作为传统教育的中枢系统的科举制度，严重阻碍着早期改良派的人才培养，阻碍着他们教育理念的实现。

早在 1861 年，尚在洋务派阵营中的冯桂芬就发出了"时文取士，所取非所用"的感叹，认为科举制度的根本目的"意在败坏天下之人才，非欲造就天下之人才"，[②]并提出了改革科举的设想。1876 年，已具有比较鲜明的改良思想的王韬，对旧式科举的内容进行了根本性的否定。他说："国家以时文取士，功令綦严，士之抡才负奇者，非此一途莫由进身。其以一日之长猎名科第者，则不复稍试其能，尽取而官之。取士之途严，用士之途宽，泥沙与珠玉莫辨也。近日各省广额日增，取求更滥，皆所谓有士之名无士之实者也。士习之坏，于今为烈，然则取士之道当奈何？曰不废时文，人才终不能古若。"[③]认为以时文取士的科举制度带有很大的偶然性，其结果必然不能真正客观地甄选人才，造成泥沙与珠玉混杂的局面。

郑观应也尖锐地指出，以八股时文取士不能选拔真正的有用人才，是一种极不实事求是的制度。他写道："中国文士专尚制艺，即本国之风土、

---

① 郑观应:《盛世危言・技艺》。

② 冯桂芬:《校邠庐抗议・改科举议》。

③ 王韬:《弢园尺牍・上丁中丞》。

人情、兵刑、钱谷等事亦非素习。功令所在，士之工此者得第，不工此者即不得第。虽豪杰之士亦不得不以有用之心力，消磨于无用之时文。即使字字精工，句句纯熟，试问能以之安国家乎？不能也。能以之怀柔远人乎？不能也。一旦业成而仕，则又尽弃其所学。呜呼！所学非所用，所用非所学，天下之无谓，至斯极矣。”[①]可见，科举制度不但不能培养有用人才，而且会造成极大的人才浪费，使人们把宝贵的光阴消磨在无用的时文上。

更值得一提的是，早期改良派与洋务派对科举制度的批评起初都局限于桎梏人才，还比较少涉及科举制度与学校的对立。正如有人所指出的那样，科举制度与学校存在着本质的对立[②]：科举的精神是提倡读书做官，用富贵荣华使天下士子奔竞于一途，把眼光盯在宝塔尖上的少数人身上，而学校教育的精神则着眼于多层次人才的培养，强调全民素质的提高；科举的内容比较单一而陈旧，系死记硬背之功而非经世济用之学，而学校教育的内容则相对丰富而实用。所以，兴学校必然要废科举。在19世纪70—80年代，科举与学校的对立关系基本还处于隐蔽状态。但改良派的代表人物郑观应已隐约地认识到这种对立：“不修学校，则人才不出；不废帖括，则学校虽立，亦徒有虚名而无实效也。”[③]这说明，他已看到了科举制与新教育的冲突，看到了科举取士对于学校教育的限制。这就从一个崭新的视角对科举制进行了致命的审判，从而使早期改良派对于传统教育的批判具有更高的层次与境界，也从根本上预示了科举制度寿终正寝将是历史的必然。

在对科举制度提出尖锐批评的过程中，早期改良派的教育家们也在积极寻找“废时文而别以他途取士”的新办法。如王韬就提出，可以以行、学、识、才四个标准来评价和录用人才。他说：“行为孝悌廉节、贤良方正，由乡举里选，达之于官，官然后贡之于朝。学区古今两门，古则通经术，谙史事；今则明经济，娴掌故。凡舆图算术，胥统诸此。识如询以时事、治民、鞫狱、理财、察吏。才为文章、辞令、策论、诗赋，足当著作之选。其以植典型、懋廉耻者，尤在乎立品为先，用以表率闾阎，所谓端士习者

① 郑观应：《盛世危言·考试》。

② 徐书业：《论早期改良派的教育思想》，《华东师范大学学报（教育科学版）》1990年第1期。

③ 郑观应：《盛世危言·学校》附录《英、法、俄、美、日本学校规制》。

此也。”[①]这里提出了“由乡举里选”的推荐与“足当著作之选”的以成果评价两种形式。郑观应在谈到议员选举时，也希望“能本中国乡举里选之制，参泰西投匦公举之法，以遴议员之才望，复于各省多设报馆，以昭议院之是非，则天下英奇之士、才智之民，皆得竭其忠诚，伸其抱负”。[②]这里都谈到“乡举里选”的问题，这已不是简单地抬出历史的亡灵，而在潜台词中已表明了他们初步的民权意识。早期改良派人为地赋予乡举里选制度以有效的选才职能和公平的形式，认为它能代表民众意志，所举之人也受到民众监督，“贤否难逃公论”，反映了他们的初步民主要求。

（三）对近代学制的倡导

早期改良派最初并未超越洋务教育家兴办学堂的条框，主要是提倡设立各种专门学堂以培养专门的应用人才。在这期间，虽然没有明确提出近代学制的设想，但已有近代学制设想的萌芽。如马建忠在留法期间曾上书李鸿章，提出了小学与大学院相互衔接的两级水师教育体制。王韬在他的变法方案中也主张，应在各省、郡、州、邑普遍设立学校，“以为储才之地”。这些学校或由国家设立，或由书院改建，这就首次提出了书院改制和普遍立学的思想。这一思想不仅给后来的何启、胡礼垣、陈炽和郑观应等以很大启发，也给执政的洋务派迫不得已地顺应历史潮流进行书院改制的实践以理论依据。戊戌变法后，书院改学堂终成现实。

在早期改良派中，郑观应对倡导近代学制最为尽力。在 19 世纪 80 年代初，他就较为系统地介绍了西方的教育制度。郑观应认为，西方各国学制大略相同，而以德国最为完备。“其学堂自乡而城、而郡、而都，各有层次。初学乡塾，分设各处，由地方官捐建经理。国中男女无论贵贱，自七八岁起皆须入学，至十五岁为小成。”[③]这实际上是义务教育阶段的小学教育。在乡塾之上有郡学院、实学院、大学院和仕学院，循序渐进，相互衔接。他较为详细地介绍了西方学校的教学组织形式。如“塾中分十余

① 王韬：《弢园尺牍·上丁中丞》。

② 郑观应：《盛世危言·议院上》。

③ 郑观应：《易言·论洋学》。

班，考其勤惰以为升降”，这是班级教学的基本特征。乡塾之上的“郡学院”，主要采取“因材授学”的方式，专门教授格致、重学（力学）、史鉴、历学、算法、他国语言文字及艺术等课程，这实际上是指职业中学的教育。在1893年出版的《盛世危言》中，郑观应更为详细地介绍了西方主要资本主义国家的教育制度，特别是对西方的三级制学校系统表示了浓厚的兴趣，专门分析了英国的书塾、学堂和大学院，美国和法国的小书院、中书院和大书院，日本的小学校、中学校和大学校等三级制学校模式。

在此基础上，他试图按照西方资本主义的教育制度和学校模式来改造中国的旧教育，提出了中国近代学制的设想。他主张中国的文、武学堂可分为大、中、小三等，“设于各州、县者为小学，设于各府、省会者为中学，设于京师者为大学”[①]。其中文学堂可分为六科：一是文学科，包括诗文、词赋、章奏、笺启等内容；二是政事科，包括吏治、兵刑、钱谷等内容；三是言语科，包括各国语言文字、律例、公法、条约、交涉、聘问等内容；四是格致科，包括声学、光学、电学、化学等内容；五是艺学科，包括天文、地理、测算、制造等内容；六是杂学科，包括商务、开矿、税则、农政、医学等内容。武学堂分为两科：一是陆军科，包括枪炮利器、兵律营制、山川险要、陆战攻守各法等；二是海军科，包括测量、测星、风涛、气候、海道、沙礁、驾驶、海战攻守各法等。各种学堂中“每科必分数班，岁加甄别以为升降。延聘精通中、西之学者为学中教习。详订课程，三年则拔其尤者，由小学而升中学。又三年拔其尤者，由中学而升大学，然后分别任使进用之阶”[②]。这样的学校教育体制，能做到“一科有一科之用”“一人有一人之能”，培养出来的学生学有所长，以之制物则物精，以之制器则器利，以之治国则国富，以之治兵则兵强，以之取财则财足，以之经商则商旺，政无不理，事无不举，国富民强。

二、昙花一现的教育改革与改良派的教育蓝图

如果说鸦片战争还只是西方列强侵略中国的开端，那么，甲午战争

①② 郑观应：《盛世危言·考试下》。

则是帝国主义奴役中国的开始。西方列强对中国进行了公开的军事掠夺，它们强行割地，强占路矿，租借港湾，划分势力范围，中国处在空前的危难之中。康有为在“保国会”上的演说如泣如诉地反映了国难当头的惨况：

吾中国四万万人，无贵无贱，当今日在覆屋之下，漏舟之中，薪火之上，如笼中之鸟，釜底之鱼，牢中之囚，为奴隶，为牛马，为犬羊，听人驱使，听人割宰，此四千年中二十朝未有之奇变，加以圣教式微，种族沦亡，奇惨大痛，真有不能言者也。

在这样的背景下，早期改良派那种单纯地向社会宣传自己的变法思想的做法，已不能适应时代的要求。以康有为、梁启超、谭嗣同、严复等为代表的改良派的先进人物，进入了由宣传走向实践的阶段。他们正式地向皇帝提出了自己的要求，创办了宣传变法维新的报纸，成立了各种以士大夫为主体的学会组织，从而冲破了清朝严禁士人集会结社、议论政治的传统法令，吹进了资产阶级民主生活的新风。如果说早期改良派的维新主张以变革经济为主，那么，这时的改良派已把矛头直指封建政治，并形成了一整套具有资产阶级性质的社会政治理论，如三权分立、民权平等，他们的教育思想因而也更具有资产阶级的色彩。由于这一时期的改良派教育家具有更为深厚的理论修养和更强的宣传鼓动能力，他们的教育主张得到了更为广泛的社会认同。

1895 年，清政府与日本签订了丧权辱国的《马关条约》。消息传来，举国愤慨。康有为、梁启超联合各省来京会试的举人一千三百多人，联名上书请愿，要求清帝下诏鼓天下之气，迁都定天下之本，练兵强天下之势，变法成天下之治。这就是有名的“公车上书”，它标志着改良派已自觉登上政治舞台。此后，康有为又多次上书陈述变法维新的建议。1898 年 6 月 11 日，光绪皇帝终于采纳了康有为的意见，下了“明定国是”的诏书，开始了近代史上著名的“百日维新”。在“百日维新”期间，康有为通过光绪皇帝发布了不少教育改革诏谕。根据不完全的统计，其间康有为自己上奏或代人草拟的68件奏折中，涉及教育改革的就有21件。[①]其主要内容有以下数端：

1. 废八股，变科举。主张凡国家的会试、省级的乡试及府县的生童岁科（考秀才），均废除八股文，改为策论。各级考试仍定为三场，一场考政治、历史，一场考时务，一场考四书五经。取士以讲求实学实政为主，不凭楷法好坏。同时开设“经济特科”，以选拔经世致用的人才。

2. 在北京设立京师大学堂，将原设书局和译书局并入大学堂。大学堂的课程分普通学与专门学，并遵循“中西并用”“讲求实务”的方针。各省学堂归大学堂管辖。

3. 改书院为学堂。要求各地旧有的书院一律改为兼习中学和西学的学堂，其中省会的书院改为高等学堂，府城的书院改为中等学堂，州县的书院改为小学堂。地方捐办的义学、社学，亦令中西兼习，鼓励绅民兴学。

4. 筹建专门学堂。规定在各通商口岸和生产茶丝的各省设立茶丝、蚕桑学堂。另外，设立铁路、矿务、农务、医学等专门学堂。

5. 建立译书局、编译局，编译外国教科书和其他书籍。

6. 改《时务报》为官办，鼓励自由创立报馆、学会。各省士民著作新书，创行新法，制成新器，合于实用的，均给奖赏，或量才授予实职。

7. 选派学子出国游学。令各省督抚从学堂中挑选聪颖有志深造者，派赴日本等国游学。

上述内容是改良派教育改革的主要项目，反映了新兴资产阶级要求从根本上改变封建教育的愿望。正当这些教育改革项目在积极筹办、实施时，顽固派突然发动政变，他们囚禁了光绪帝，杀害了谭嗣同等六君子，康有为、梁启超等逃亡国外。昙花一现的教育改革终于失败。但是，维新改良派所描绘的理想教育蓝图和他们在近代教育思想史上的启蒙作用，却对中国教育的近代化发挥了极为重要的作用。“青山遮不住，毕竟东流去。”改良派所提出的诸项教育改革内容，不到三年就付诸实施了：1901年6月，清廷迫不得已诏开经济特科，8月诏废八股文程式，9月诏令各省设立学堂；1902年管学大臣令切实办理京师大学堂；1905年诏自丙午年（1906年）始

① 沈灌群、毛礼锐主编《中国教育家评传（第三卷）》，上海教育出版社，1989，第213页。

废除科举。中国近代教育体系至此粗具规模，从洋务派到改良派，两代人为之奋斗的理想总算初步实现。

当然，戊戌变法中教育改革的主张还只是改良派教育蓝图中微不足道的一小部分，改良派真正渴望的理想教育是更为激动人心的“大同世界”。

（一）康有为的教育平等理想

强调历史进化，要求改革封建专制政体，是康有为戊戌变法的重要纲领之一。他明确地否定了封建统治阶级“天不变，道亦不变”的观点，并依据“公羊三世说”，把社会分为据乱、升平、太平三世，宣布整个封建统治秩序只是人类历史的一个阶段，它将必然被资产阶级民主制所代替。这是康有为的历史进化论。这一社会历史哲学推广到教育思想上，就是对“据乱世”教育不平等现象的深深慨叹和愤愤不平。康有为写道：

> 同为人类，等是男身，而生落边蛮，僻居山穴，片布蔽体，藜藿果腹，不识文字，蠢如马鹿，不知服食之美为何物，不知学问之事为何方；其与都邑之士，隐囊麈尾，裙屐风流，左图右书，古今博达，不几若人禽之别欤！①
>
> 子子孙孙，世袭为隶。虽有圣智，不许宦仕，抑不得学，不能识字。……上天之生，奴婢亦人，以何理义，降此苦辛！②

同是上天之子，皆为人类同胞，为什么要有贵贱之别？为什么不能享受同样的教育权利？这些问题的提出，标志着康有为理论上的成熟：他已不拘于抨击旧科举、旧学堂之类的琐碎形式了，而是用民权、平等的观念来衡量一切、审度一切了。我们知道，等级制是封建制度的基石，这块基石动摇了，封建制的大厦也就行将倾覆了。康有为比冯桂芬、郑观应、胡礼垣等早期改良派高明的地方，正在于他掌握了资产阶级民权平等的理论武器，所以教育平等的思想也独高一步，揭露了封建社会教育不平等现象的

---

① 康有为：《大同书》，中华书局，1959，第12页。

② 同上，第17页。

要害所在。

值得指出的是，康有为对旧教育不平等现象的猛烈抨击，达到了他自己几次上书和戊戌变法时期的奏折所没有达到的高度。这反映了康有为思想和行动的矛盾。国难当头，社会危机严重，迫使康有为去观察、去思考；对真理的追求迫使他接近了对问题本质的把握。这里，资产阶级改良派的胆识得到了充分体现，他们不再纠缠于个别枝节的教育问题，而是从根本上反对旧教育制度，反对教育的不平等现象了。但是，思想的"自由"，不等于行动的"自由"，缺乏"公开咒诅"的勇气和力量，只能以"腹诽"的形式倾吐在"秘不示人"的《大同书》中。恩格斯对歌德"思想的巨人，行动的侏儒"的分析完全适用于康有为。这种矛盾现象正说明了资产阶级改良派的软弱性和时代病。

对地狱的否定，导致他设想对理想天堂的建立。在"据乱世"不平等的教育废墟上，康有为建筑了高耸入云的"太平世"的新教育大厦。建筑师的工具正是往日摧毁旧教育的武器——民权、平等理论。根据他的理想，代之而起的是一个"至平、至公、至仁、至治之型"的社会。这里没有封建宗法制度、等级制度和君主专制制度，甚至没有国家、阶级和家庭（但还保留警察）。而《大同书》中描绘的教育图景则更为激动人心：

> 太平世以开人智为主，最重学校。自慈幼院之教至小学、中学、大学，人人皆自幼而学，人人皆学至二十岁，人人皆无家累，人人皆无恶习。图书器物既备，语言文字同一，日力既省，养生又备，道德一而教化同，其学人之进化过今不止千万倍矣。……若其公理乎，则德教、智教、体教之外，以实用教为最重，故大学科专行之。①

在康有为、梁启超认为"全书数十万言……其最要关键"的"去家界为天民"一部分中，康有为系统详尽地展示了这样一幅教育图景：儿童归属社会公有，母亲怀孕即入公办的"人本院"，进行胎教；婴儿断乳后，就送进公办的"育婴院"，教歌教言，"使之浸渍心耳"；3 岁转入"慈幼院"，6

① 康有为：《大同书》，中华书局，1959，第 278 页。

岁进“小学院”，11岁进“中学院”，16岁进“大学院”，经过20年的“公养”“公教”，然后去为社会服务。书中关于早期教育、学校系统、教育环境、教师标准等问题都有许多颇有价值的见解。他设想的这套教育制度，是改良派最详细的具有资产阶级色彩的学校教育体系之一。

总之，在“大同”社会中，人人都有享受教育的权利和义务，这种“天下为公”的“公养”“公教”的确无情地斩断了教育领域中“家庭和宗法制度的复杂的封建的羁绊”。“天下为公”的思想与民权平等思想交相辉映，织成《大同书》的主题：“大同之世，天下为公，无有阶级，一切平等”。

应该指出，康有为所指的“人”，也只是抽象的人，是离开现实社会环境的人。他所推崇的“天下为公”自然也就是一种抽象的超阶级的人道主义，并与其“仁”的哲学思想相结合，形成了改良主义立场。在戊戌变法后，他坚决反对阶级斗争，最终成为保守反动的力量。他所说的“大同”社会，也不真如他想象的那么美妙，实际上是一个以自由平等为原则，有资产阶级的大“私产”存在的，由“富人”统治的社会。在这样的社会里，要真正实现教育的平等，也只能是一纸空谈。

这里要特别提到康有为对女子教育的平等态度。恩格斯非常赞赏空想社会主义者傅立叶的一句名言：“在任何社会中，妇女解放的程度是衡量普遍解放的天然尺度。”[①]同样，主张妇女解放的程度，往往也是衡量一个思想家民主程度的尺度。历史上，许多具有强烈民主倾向的思想家，在女子教育的问题上，却常常与历史的前进方向背道而驰，如古代中国的孔子、古希腊的亚里士多德，甚至连启蒙运动时期的先驱者卢梭，对女子教育都非常忽视。康有为在描绘他的那个乌托邦，宣传他的教育平等理想时，却是充满激情地把该书的巨大篇幅献给了妇女。

《大同书》列举了古往今来女子“可惊、可骇、可嗟、可泣”的悲惨处境：“不得任宦”“不得科举”“不得充议员”“不得为公民”“不得预公事”“不得为学者”“不得自立”“不得自由”，以及“为囚”“为刑”“为奴”“为私”“为玩具”。其中女子教育问题占显赫位置。康有为不平地指出，上述现象违背

① 中共中央马克思恩格斯列宁斯大林著作编译局编《马克思恩格斯选集（第三卷）》，人民出版社，1995，第727页。

了民权、平等的人类公理，也不符合生理、心理学的科学知识。他说：

既得为人，其聪明睿哲同，其性情气质同，其德义嗜欲同，其身首手足同，其耳目口鼻同，其能行坐执持同，其能视听语默同，其能饮食衣服同，其能游观作止同，其能执事穷理同，女子未有异于男子也，男子未有异于女子也。……故以公理言之，女子当与男子一切同之；以实效征之，女子当与男子一切同之。①

因此，康有为在《大同书》中大声疾呼："救女当如救奴之风，同发兵以拯溺。"②他设计了一系列解放女子的方案，其中以教育为根本之计。他认为，女子自立的根本，在于"以其学问才识备足公民之人格"③。"升平世"的教育"宜先设女学，章程皆与男子学校同"，女子"选举、应考、为官、为师"皆"与男子无别"。④

（二）梁启超的"新民"教育思想

在改良派描绘的教育蓝图中，梁启超的"新民"教育思想别具特色。作为康有为的得力助手和得意门生，梁启超的"新民"教育思想丰富了维新改良派的教育理论。

梁启超曾写了一部洋洋十万余言的《新民说》，认为中国问题的根本解决在于塑造新的国民。他在论述"新民"教育的意义时说："苟有新民，何患无新制度，无新政府，无新国家？"因此，他把培养"新民"视为"今日中国第一急务"。

梁启超对"新民"进行了界说："所谓新民者，必非如心醉西风者流，蔑弃吾数千年之道德学术风俗，以求伍于他人；亦非如墨守故纸者流，谓抱此数千年之道德风俗，遂足以立于大地也。"又指出："新民云者，非欲吾民尽弃其旧以从人也。新之义有二：一曰淬厉其所本有而新之，二曰采补其所

① 康有为：《大同书》，中华书局，1959，第126-127页。

②④ 同上，第162页。

③ 同上，第167页。

本无而新之。二者缺一，时而无功。先哲之立教也，不外因材而笃与变化气质之两途，斯即吾淬厉所固有，采补所本无之说也。一人如是，众民亦然。”可见，梁启超所说的“新民”，是学贯中西、德性坚定的人，是具有资产阶级政治信仰和道德修养的新一代人。

为了培养这种“新民”，梁启超模仿日本的学校教育制度，按照儿童身心发展的次序，设计了一个国民教育制度体系。这个体系把教育分为四个时期：5 岁以下的幼儿在幼稚园或家庭接受教育，6—13 岁的儿童在小学接受 8 年义务教育，14—21 岁的青少年在中学或与中学程度相等的师范学校或各种实习学校接受教育，22—25 岁的成人在大学接受教育。大学分文、法、医、理、工、农、商、师各科。大学之上还有“自由研究，不拘年限”的大学院。①

在这个国民教育制度体系中，梁启超特别青睐于义务教育阶段的小学教育。在中国近现代教育思想史上，梁启超首次提出了实施义务教育的主张。他说：

义务教育者何？凡及年者皆不可逃之谓也。故各国之兴小学，无不以国家之力干涉之，盖非若此，则所谓义务者必不能普及也。而今之当事者，只欲凭口舌劝说，使民间自立之而已；非惟紊乱不整，他日不能与官立之中学高等学相接，且吾恐十年以后，而举国之小学，犹如星辰也。②

也就是说，义务教育是面向所有适龄儿童的教育，为了真正地实施义务教育，不能仅凭口舌劝说，还必须用政府的行政力量加以干预。同时必须注意处理好中小学的衔接问题。在《教育政策私议·学校经费议第二》中，梁启超对义务教育的学校设置、经费、管理、教科书等问题进行了详细的规定：

1. 在千人以上的市镇村落设小学一所；在大镇大乡则可划为数区，每

---

① 梁启超：《教育政策私议》，载陈学恂主编《中国近代教育文选》，人民教育出版社，1983，第 161-162 页。

② 同上，第 163 页。

区一所。大约每两千人或三千人递增一校，不满千人的小村落则合数村共设一校。

2. 学校经费由本校本镇本区自筹。对于有公产者，则以公产所入支办；对无公产或公产不足者，则征学校税，如田亩税、房屋税、营业税、丁口税等，或因其地所宜设特别税，依法征收，以创设和维持学校。

3. 在每一学校的所在区域（市、乡，或大乡镇内所分小区），皆设教育会议所，由本地居民公举若干人为教育议员，并由教育会议所处理学校所有重要事务，长官不得干预。

4. 国家制定小学章程，详细规定管理办法及所授课目。

5. 根据国家所定的课目，由官方或民间编纂教科书。

6. 学校可适收少量学费，但必须在国家规定的限额以内。“其有贫窭子弟，无自备修金之力，经教育会议所查验属实者，则豁免之。子弟及岁不遣就学，则罚其父母。”

7. 对于抗不交纳教育税者，由教育会议所禀官究取。

8. 各省设置视学官 3—4 人，每年巡视全省各学区一遍。视学官的职责是指导办学、督察管理、奖赏师生。

应该肯定，梁启超关于义务教育的见解，主要是实现他培养“新民”的理想，是企图通过教育使人民成为具有国家观念的公民，来实现中国的富强，它客观上有利于劳动群众的子女获得接受最低教育的权利，有利于从整体水平上提高民族素质，所以具有进步的历史意义。

梁启超还对培养“新民”的教育方法进行了深入研究。他非常重视学习西方资本主义国家的教育方法，并把它介绍给中国的教育界：

其为道也，先识字，次辨训，次造句，次成文，不躐等也。识字之始，必从眼前名物指点，不好难也。必教以天文地学浅理，如演戏法，童子所乐知也。必教以古今杂事，如说鼓词，童子所乐闻也。必教以数国语言，童子舌本未强，易于学也。必教以算，百业所必用也。

多为歌谣，易于上口也。多为俗语，易于索解也。必习音乐，使无厌苦，且和其血气也。必习体操，强其筋骨，且使人人可为兵也。日授学不过三时，使无太劳，致畏难也。不妄施扑教，使无伤脑气，且养其廉耻也。

父母不得溺爱荒学，使无弃材也。[①]

这里，对儿童学习的各个科目及各科教学的意义、课程的安排与儿童身心发展特点作了比较详细的说明。梁启超进而阐述了自己的教学法主张：

一是教学必须循序渐进。在《教育政策私议》中，梁启超说："求学譬如登楼，不经初级，而欲飞升绝顶，未有不中途挫跌者。"为此，他还吸收了日本教育心理学教科书的成果，列出了儿童身心发展的详表，并认为"教育之次第"，必须根据儿童身心发展之次第，"其不可以躐等进也明矣"。

二是教学必须培养兴趣。梁启超认为："教育事业，从积极方面说，全在唤起趣味；再从消极方面说，要十分注意不可以摧残趣味。"为了调动学生的学习兴趣，梁启超主张在教学的空闲时间，让学生"或游苑以观生物，或习体操以强筋骨，或演音乐以调神魂"。他认为如果"立监佐史以莅之，正襟危坐以圉之，庭内湫隘，养气不足，圈禁拘管，有如重囚，对卷茫然，更无生趣，以此而求其成学，所以师劳而功半，又从而怨之也"。当然，他也指出了问题的另一方面，即教学不能为兴趣而兴趣，只有给学生以一定的压力，使其努力学习，才能使其智力得到较充分的发展。"故教育儿童，徒以趣味教育，俾其毫无勉强，必不能扩张儿童之可能性也。"[②]

三是教学必须使记忆与理解相结合。梁启超对此阐释颇为精详。他指出："教童子者，导之以悟性甚易，强之以记性甚难。何以故？悟性主往（以锐入为主），其事顺，其道通，通故灵。记忆主回（如返照然），其事逆，其道塞，塞故钝。是故生而二性备者上也。若不得兼，则与其强记，不如其善悟。何以故？人之所异于物者，为其有大脑也，故能悟为人道之极。凡有记也，亦求悟也，为其无所记，则无以为悟也。悟赢而记绌者，其所记恒足以佐其所悟之用（吾之所谓善悟者指此，非尽弃记性也，然其所记者实多从求悟得来耳，不可误会）。记赢而悟绌者，蓄积虽多，皆为弃材。惟其顺也，通也，灵也，故专以悟性导人者，其记性亦必随之而增。惟其

① 梁启超：《论幼学》，载陈学恂主编《中国近代教育文选》，人民教育出版社，1983，第148–149页。

② 梁启超：《中国教育之前途与教育家之自觉》，载舒新城编《中国近代教育史资料（下）》，人民教育出版社，1962，第948页。

逆也，塞也，钝也，故专以记性强人者，其悟性亦必随之而减。”[①]在他看来，记性与悟性（记忆与理解）是教学过程中两个重要的心理因素，两者相辅相成，不可分离。他尤重悟性，认为它是记性的基础，培养学生的记性，如果离开悟性也难有所成。如果强迫学生死记硬背，就是“窒脑”，使脑力一天天受到损伤。

四是教学必须重视品德发展。梁启超曾著《德育鉴》《新民说》《十种德性相反相成义》等文，对“新民”所必须具备的各种品德提出了明确要求，认为独立、合群、进取、冒险、自治、自信、自尊等品质是新兴资产阶级所需人才的基本素质。如关于自尊，梁启超认为是自爱、自治、自立、自牧、自任的前提，真正具有自尊心的人，就会有“皑皑冰雪之志节，然后能显其落落云鹤之精神；有谡谡松风之德操，然后能载其岳岳千仞之气概。自尊者，实使人进其品格之法门也”[②]。他强调人的自我教育。“故不待劝勉，不待逼迫，而能自置于规矩绳墨之间，若是者谓之自治。”[③]也就是说，必须自觉地运用社会的道德规范来约束自己，而不应在外在的压力下被动地做各种道德行为。为了锻炼自我教育的能力，他特别重视道德意志的培养。“人之生也，与忧患俱来，苟不尔，则从古圣哲，可以不出世矣。种种烦恼，皆为我练心之助。种种危险，皆为我练胆之助。随处皆我之学校也。”这里揭示了一个重要道理，即道德意志的培养应在日常生活中加以进行，从一件件小事着手。

（三）严复的教育救国思想

作为近代中国向西方寻找真理的代表人物和著名的资产阶级启蒙思想家，严复首先是以他的“译才”闻名于世的。他以西学中的进化论和天赋人权为理论依据的教育救国思想，在近代教育思想史上也是颇具特色的。

严复认为，中国当时的最大忧患是“愚”“贫”“弱”三字，所以中国最迫切的任务是“愈愚”“疗贫”“起弱”。三者之中，以“愚”最为严重，所以“尤以愈愚为最急”。因为“由愚而得贫弱”，贫弱是由愚昧造成的。

---

① 梁启超：《变法通义·论幼学》。

②③ 梁启超：《新民说》，载《饮冰室合集（第四册）》。

基于这个认识，他在《原强》一文中提出了“鼓民力”“开民智”和“新民德”的主张，而解决这三个方面的问题，又“惟急从教育上着手”。他认为，只要中国的教育能“著意科学，使学者之心虑沈潜浸渍于因果实证之间，庶他日学成，有疗病起弱之实力，能破旧学之拘挛，而其于图新也审，则真中国之幸福矣”[①]。

严复指出，无论就个体还是就社会而言，其强弱都主要表现在三个方面：“一曰血气体力之强，二曰聪明智虑之强，三曰德行仁义之强。”[②]所以，要真正地改变中国社会积弱积贫的落后局面，就在于从根本上解决民力、民智、民德的问题。“今日要政，统于三端：一曰鼓民力，二曰开民智，三曰新民德。”[③]从教育的角度来看，这就是体育、智育和德育的问题。

1.“鼓民力”与体育

严复认为，“民力”是国家的盛衰和民族的强弱的根本标志。“一国一种之盛衰强弱，民为之也。而民之性质，为优胜，为劣败，少成为之也。”[④]他认为，古代的希腊、罗马、突厥，以及晚近的峨特（哥萨克的异译）都是由于“壮佼长大”、耐苦善战而称雄一时。

严复指出，中国社会的积弱与中国的许多不良社会风俗、礼仪等有密切关系。“故中国礼俗，其贻害民力而坐令其种日偷者，由法制学问之大，以至于饮食居处之微，几于指不胜指。而沿习至深，害效最著者，莫若吸食鸦片、女子缠足二事。”[⑤]他认为，吸食鸦片与女子缠足是中国“种以之弱，国以之贫，兵以之窳”的根源所在，也是“鼓民力”的最大障碍。严复同时认为，要下决心改变这些败风陋俗是有可能做到的，而关键是各级官吏能纠察禁用，不再吸食鸦片，对于官兵士子的任用选拔要严格遴选，吸食鸦片者不能入选。这样，“官兵士子之染祛，则天下之民知染其毒者，必不可以为官兵

---

① 严复:《与外交报主人论教育书》，载陈学恂主编《中国近代教育文选》，人民教育出版社，1983，第224页。

② 严复:《原强》，载中国史学会主编《中国近代史资料丛刊·戊戌变法（三）》，上海人民出版社，1957，第41页。

③ 严复:《原强》，载陈学恂主编《中国近代教育文选》，人民教育出版社，1983，第172–175页。

④ 严复:《蒙养镜·序》，载陈学恂主编《中国近代教育文选》，人民教育出版社，1983，第230页。

⑤ 严复:《原强》，载陈学恂主编《中国近代教育文选》，人民教育出版社，1983，第176页。

士子也，则自爱而求进者必不吸食。夫如是，则吸者日少。俟其既少，然后著令禁之，旧染渐去，新染不增，三十年之间，可使鸦片之害尽绝于天下”[①]。至于女子缠足，严复认为这也是天下女子本所不愿为的事，只是“拘于习俗而无敢畔其范围而已”。只要通过教育讲明“缠足之害”，国家法令再严加禁止，也不是十分困难的事。所以，他竭力主张教育、用人、法律三管齐下，改变中国人的“东亚病夫”形象，用“鼓民力”培养健康强壮的新一代国民。

2.“开民智”与智育

严复认为，“民智”是国家富强的根本源泉，只有开发民众的智力，发挥他们的聪明才智，并把这种聪明才智运用于生活与生产实际，才能真正使国家走上富庶的现代化之路。

所谓“民智”，包括“学问”与“事功”两个方面，这两方面是相辅相成的。“今夫尚学问者，则后事功，而急功名者，则轻学问。二者交失，其实则相资而不可偏废也。”[②]他列举牛顿（奈端）、瓦特（瓦德）、法拉第、哈尔斐（哈维）等大科学家和发明家在“制器”“舟车”“用电”“民生”方面的贡献，说明只有将新的科学理论应用于实际，才能促进社会的进步与技术的发展，才能学运昌明。

严复指出，西方之所以能处理好“学问”与“事功”的关系，首先在于在教育上贯彻了“先物理而后文词，重达用而薄藻饰”的原则。“其教子弟也，尤必使自竭其耳目，自致其心思，贵自得而贱因人，喜善疑而慎信古，其名、数诸学，则藉以教致思穷理之术；其力、质诸学，则假以导观物察变之方，而其本事，则筌蹄之于鱼兔而已矣。”[③]也就是说，西方近代教育比较重视学生的独立思考，重视自然科学的教学，培养学生处理实际问题的能力，与这种把“聪明寄于实”的教育方式相比，中国的教育则把“智虑运于虚”。“中土之学，必求古训。古人之非，既不能明，即古人之是，亦不知其所以是。记诵词章既已误，训诂注疏又甚拘，江河日下，以至于今日之经义八股，则适足以破坏人才，复何民智之开之与有耶？且也六七龄童子入学，脑气未坚，即教以穷玄极眇之文字，事资强记，何裨灵襟！

①② 严复:《原强》，载陈学恂主编《中国近代教育文选》，人民教育出版社，1983，第176页。

③ 同上，第177页。

其中所恃以开濬神明者，不外区区对偶已耳。所以审核物理，辨析是非者，胥无有焉。以是为学，又何怪制科人十九鹘突于人情物理，转不若农工商贾之有时而当也。"[①]严复认为，中国传统教育强调"记诵词章"与"训诂注疏"，不仅不能起到"开民智"的作用，还会扼杀破坏人才的成长。尤其是对于少年儿童的智力，是莫大的摧残。也正因为如此，一些受过教育的人在处理实际问题时，还远远不如农工商贾之人。

因此，严复认为，"开民智"的关键是改造中国的旧教育，"变通学校，设学堂，讲西学"。他在《救亡决论》中说，要救亡，要富强，"则不容不通知外国事。欲通知外国事，自不容不以西学为要图。此理不明，丧心而已。救亡之道在此，自强之谋亦在此"。[②]这样，教育救国在本质上就是西学救国了。他主张，应该学习日本民族对待"西学"的态度。日本人在民族感情上对西洋人也是"深恶"的，但对于"西学"，"则痛心疾首，卧薪尝胆求之，知非此不独无以制人，且将无以存国也"[③]。正是基于这样的认识，严复用极大的热情介绍"西学"，翻译了大量的西方名著，如赫胥黎的《天演论》(1898)、亚当·斯密的《原富》(1902)、斯宾塞的《群学肄言》(1903)、穆勒的《群己权界论》(1903)、甄克思的《社会通诠》(1904)、孟德斯鸠的《法意》(1904—1909)、穆勒的《名学》(1905)、耶芳斯的《名学浅说》(1909)以及卫西琴的《中国教育议》(1914)等，为"西学"在中国的传播做出了重要贡献。

3."新民德"与德育

严复认为,"民德"是"三者之最难"的，但却是人们的精神支柱。"新民德"，就是要培养人们守信、奉公、爱国的品质，就是要用资产阶级的民主、自由等道德观念替代封建的伦理道德。

严复指出，西方道德教育的核心概念是"平等"。"人无论王侯君公，降以至于穷民无告，自教而观之，则皆为天之赤子，而平等之义已明。平等义明，故其民知自重，而有所劝于为善。"[④]正是由于主张上帝面前人人

---

① 严复:《原强》，载陈学恂主编《中国近代教育文选》，人民教育出版社，1983，第177页。

②③ 严复:《救亡决论》，载陈学恂主编《中国近代教育文选》，人民教育出版社，1983，第198页。

④ 严复:《原强》，载陈学恂主编《中国近代教育文选》，人民教育出版社，1983，第178–179页。

平等，使“民之心有所主”，才能使普通平民也能做到“内省不疚，无恶于志，不为威惕，不为利诱”，具有比较高尚的道德境界。也正是由于平等的观念，“故以公治众而贵自由。自由，故贵信果”①。而在追求与维护平等和自由的过程中，爱国主义的情感也随之产生：“其民皆若有深私至爱于其国与主，而赴公战如私仇。”②

相比较而言，由于中国大部分人缺乏道德教育，尤其是那些“穷檐之子”“编户之氓”，自襁褓至成人“未尝闻有孰教之者”，所以免不了产生“后义先利”“诈伪奸欺”的不良品德。因此，“进吾民之德”，才能真正地使中国人同力合志，“联一气而御外仇”，在爱国情感和自由平等观念的支配下建成新国家。而要从根本上完成“新民德”的道德教育任务，则需模仿资本主义的议会制度。“设议院于京师，而令天下郡县各公举其守宰。是道也，欲民之忠爱必由此，欲教化之兴必由此，欲地利之尽必由此，欲道路之辟、商务之兴必由此，欲民各束身自好而争濯磨于善必由此。”③他认为，资产阶级的道德观念只能构建于资产阶级的政治制度之上，学习西方的议会选举制度，是教化人民的必备条件。

三、资产阶级革命派的教育思想

资产阶级革命派的教育思想最初出现在戊戌变法运动高潮的同时，它显示着爱国运动的另一条路线，即不是走改良派的教育救国之路，而是用武力推翻清朝的封建统治，建立资产阶级民主共和国，来使国家独立富强。

当时，这条路线在国内还没有基础和影响，人们还沉浸在改良派变法维新的幻想之中，期望着进行自上而下的社会变革。戊戌变法的失败，昙花一现的教育改革流产，康有为、梁启超的逃亡，谭嗣同等六君子的惨死，终于使人们从幻梦中惊醒。谭嗣同的绝命诗“我自横刀向天笑，去留肝胆两昆仑”，启发了唐才常领导的自立军运动。接着，兴中会、华兴会、光复会、同盟会等资产阶级革命派的队伍不断壮大，以孙中山、黄兴、章太炎

①② 严复:《原强》，载陈学恂主编《中国近代教育文选》，人民教育出版社，1983，第178–179页。

③ 同上，第180页。

等人为首的革命派与以康有为、梁启超、张之洞（早年洋务派的代表）等为代表的君主立宪派展开了一系列思想上的冲突与斗争。最后，孙中山先生领导的辛亥革命，不仅粉碎了君主立宪的神话，而且从根本上结束了两千多年的封建专制制度。

资产阶级革命派无论是在准备革命时期还是在革命胜利以后，都开展了大量的教育活动，形成了比较丰富的教育思想。中国教育的近代化过程，最后正是在资产阶级革命派的手中完成的。

（一）革命派的教育双刃剑

革命派从产生之日起就面临着封建专制主义教育思想和改良派教育思想的双重夹击。在斗争中，革命派不得不高举教育的双刃剑，向反动、保守的教育思想奋力砍杀。

在镇压了戊戌变法运动后，清政府在政治上更加反动，教育上也明确把“忠君”“尊孔”定为宗旨，强化了纲常名教的教育。而改良派此时也投入反动势力的怀抱，公开提倡尊孔读经。康有为在1906年发表的《法国大革命记》一文中写道：“孔子之教，文明美备，万法精深，升平久期，自由已极。”他自任孔教会会长，哀叹中国社会“教化衰息，纪纲扫荡，道揆凌夷”；认为只有孔教才是中国的“国魂”，封建的伦理纲常是中国的“国粹”。

对此，革命派进行了无情的抨击。孙中山先生在揭露封建教育的实质时指出：“士人当束发受书之后，所诵习者不外于四书五经及其笺注之文字；然其中不合于奉令承教，一味服从之主义者，则任意删节，或曲为解说，以养成其盲从之性。”①而在这种教育环境下培养出来的“一般士子”几乎是不可能正确地使用其所学之“智识”来“做大事”的，而是把求学的主要目的放在“权力”上（“做大官”）。这样做的结果无疑就使学问成了“贼国贼民”的手段和工具。他认为，封建教育制度只能培养两种人：对上阿谀奉承与盲目服从者，对下剥害民权与助纣为虐者。读书的最高目的是入仕并从而谋取利权，不仅于民于国无益，而且成为祸国殃民的根源。

章太炎先生以他深厚的国学基础，从理论的深层揭示了儒家学说的致

① 孙中山：《伦敦被难记》，载《孙中山全集（第一卷）》，中华书局，1981，第51页。

命弱点。他除肯定孙中山的上述观点，认为“儒家之病，在以富贵利禄为心”[①]外，还批评了其脱离实际的弊病。他写道：“盖中国学说，其病多在汗漫。春秋以上，学说未兴。汉武以后，定一尊于孔子，虽欲放言高论，犹必以无碍孔氏为宗，强相援引，妄为皮傅，愈调和愈失其本质，愈附会愈违其解故。故中国之学，其失不在支离，而在汗漫。自宋以后，理学肇兴。明世推崇朱氏过于素王；阳明起而相抗，其言致良知也，犹云‘朱子晚年定论’。孙其逢辈遂以调和朱、陆为能，此皆汗漫之失也。”[②]在这里，章太炎言简意赅地批评了以孔子为代表的儒家学说，认为它的最大失误是“汗漫”，即牵强附会，不切实际，虚妄而无实。

在批判封建教育的斗争中，有“革命军中马前卒”之称的邹容出版了著名的《革命军》。这部以反封建为基调的著作翻印销行数量超过了100万册，可谓洛阳纸贵。在这部著作中，邹容不仅提出了“革命教育”的“三义”——推翻满族的黑暗统治，恢复天赋的自由平等的人权和培养政治法律的观念，而且对封建教育进行了痛快淋漓的鞭挞和辛辣深刻的讽刺。他认为，“中国所谓二十四朝之史，实一部大奴隶史也”，封建教育的考试制度“困之以八股试帖、楷折，俾之穷年矻矻，不暇为经世之学”，“辱之以童试、乡试、会试、殿试（殿试时无座位，待人如牛马），俾之行同乞丐，不复知人间有羞耻事”，“沽之以科名利禄，俾之患得患失，不复有仗义敢死之风”，“羁之以庠序卧碑，俾之柔静愚鲁，不敢有议政著书之举”，“贼之以威权势力，俾之畏首畏尾”。结果，培养出来的人“名为士人，实则死人之不若”。那些汉学者，不过是寻章摘句，笺注训诂，为六经之奴婢；宋学者，不过是冷猪头，高谈太极、无极、性功之理，以求身死名立；那些名士者，则“用其一团和气、二等才情、三斤酒量、四季衣服、五声音律、六品官阶、七言诗句、八面张罗、九流通透、十分应酬之大本领，钻营奔竞，无所不至”。所以他认为，“今日的中国实无教育之中国也”。

当革命派主张用暴力手段推翻清政府时，改良派终于发出了“呜呼，共和共和，吾与汝长别矣”[③]的哀叹。至此，改良派的教育思想也就与过去

①② 章太炎：《诸子学说略》，《国粹学报》第20、21期连载。

③ 梁启超：《开明专制论》。

曾具有的先进性质告别了。这时，革命派针对改良派教育救国的理论进行了深入的批评。章太炎在反对康、梁、严等以教育来“开民智”的教育救国论时，明确提出：“人心之智慧，自竞争而后发生。今日之民智，不必恃他事以开之，而但恃革命以开之。”①他对革命之渴望、之憧憬、之追求，可谓如痴如醉，他热情地呐喊道：“公理之未明，即以革命明之；旧俗之俱在，即以革命去之。”“革命非天雄大黄之猛剂，而实补泻兼备之良药矣。”②

孙中山先生在《改造中国之第一步》中，也把革命作为解决中国问题的前提条件。他说：“教育固是改造中国的条件，但还不能认为是第一步的方法。第一步的方法……只有革命。”③1905 年，孙中山与严复曾在伦敦进行了革命与教育的辩论。严复仍然持教育救国论。他说：“中国民品之劣，民智之卑，即有改革，害之除于甲者将见之于乙，泯于丙者将发之于丁。为今之计，惟急从教育上著手，庶几逐渐更新乎？”孙中山则不同意他的观点，反驳道：“俟河之清，人寿几何？君为思想家，鄙人乃执行家也。”④认为以教育来“开民智”从而救国，是一个长期的过程；只有通过革命，才能谈得上真正的教育发展。

（二）革命派的新教育宗旨

1911 年辛亥革命后，蔡元培应孙中山邀请参加临时政府工作，并于 1912 年被任命为教育总长。在担任教育总长的半年时间内，蔡元培领导和组织了对封建旧教育的改革，为在中国建立资产阶级新教育体制做了大量工作。

1912 年 2 月，蔡元培在《教育杂志》发表了题为《新教育意见》的论文，4 月经修改后又以《对于教育方针之意见》为题在《东方杂志》发表。这是他为教育改革所做的理论准备，也是新教育的宣言书。7 月，在全国教育会议上，他又作了《全国临时教育会议开会词》的报告，说明了新教育宗旨的基本出发点：

① 章太炎：《驳康有为论革命书》，载《太炎文录初编》，上海书店，1992，第 218 页。

② 同上，第 217 页。

③ 孙中山：《心理建设・不知亦能行》。

④ 严复：《侯官严先生年谱》，载《严复集（第五册）》，中华书局，1986，第 1550 页。

君主时代之教育方针，不从受教育者本体上着想，用一个人主义或用一部分人主义，利用一种方法，驱使受教育者迁就他之主义。国民教育方针，应从受教育者本体上着想，有如何能力，方能尽如何责任。

这就是说，新教育宗旨应从受教育者的本体出发，能体现资产阶级个性解放、自由发展的要求。蔡元培指出，所谓从受教育者的本体出发，就是要养成他们的健全人格；而健全人格的教育，应该包括军国民教育、实利主义教育、公民道德教育、世界观教育和美育五个部分，应该用这“五育”来取代清末“忠君、尊孔、尚公、尚武、尚实”的教育宗旨。

军国民教育实际上是指军事训练与体育方面的教育，这是清末由国外传入的一种教育思潮。蔡元培认为，它并不是一种非常理想的教育，因为它“与社会主义僢驰，在他国已有道消之兆”，但为了对外的自卫和对内反对军人强权政治，而为“今日所不能不采”。否则，在“强邻交逼，亟图自卫”的情况下，“历年丧失之国权，非凭借武力，势难恢复”。[①]同时，在“军人革命以后，难保无军人执政之一时期，非行举国皆兵之制，将使军人社会，永为全国中特别之阶级，而无以平均其势力”[②]。

军国民教育与体育有着密切关系，甚至是合而为一的，因为只有“提倡体育，国民身体既强”，才能“执干戈以卫国家”。蔡元培在《怎样才配做一个现代学生》一文中，进一步强调了体育对于人的发展的意义：“先有健全的身体，然后有健全的思想和事业，这句话无论何人都是承认的，所以学生体力的增进，实在是今日办教育的生死关键。”他指出，只有对学生进行体育训练，使学生有“狮子样的体力”，才能使他们去运用思想、创造事业。这样，才能使他们成为“明日的社会中坚、国家柱石”[③]。

实利主义教育是指“以人民生计为普通教育之中坚”[④]的智育。蔡元培

①② 蔡元培:《对于教育方针之意见》，载陈学恂主编《中国近代教育文选》，人民教育出版社，1983，第322页。

③ 高平叔编《蔡元培教育论集》，湖南教育出版社，1987，第477–478页。

④ 蔡元培:《对于教育方针之意见》，载陈学恂主编《中国近代教育文选》，人民教育出版社，1983，第322页。

认为，实利主义教育虽然创于美国，但对于积弱积贫的中国有其特殊意义。“我国地宝不发，实业界之组织尚幼稚，人民失业者至多，而国甚贫。实利主义之教育，固亦当务之急者也。”[①]所以，他主张让学生着重掌握发展实业的知识与技能，授以与人民生计密切相关的普通文化科学知识。如把普通学术寓于树艺、烹饪、裁缝及金、木、土工之中等。只有这样，才能增强国家的财力，使人们过上富庶的生活，在世界的竞争中立于不败之地。

公民道德教育简称为德育，这是蔡元培作为“五育”的“中坚”的教育内容。他指出，军国民教育与实利主义教育固然重要，为救时所必要，但如果仅重视二者的强兵富国功能，也会产生若干社会问题。“顾兵可强也，然或溢而为私斗，为侵略，则奈何？国可富也，然或不免知欺愚，强欺弱，而演贫富悬绝，资本家与劳动家血战之惨剧，则奈何？”[②]所以，蔡元培认为，只有“教之以公民道德”才能摆脱上述困境。

蔡元培所说的公民道德的具体内容，是资产阶级自由、平等、博爱的三大观念。他说：“何谓公民道德？曰，法兰西之革命也，所标揭者，曰自由、平等、亲爱。道德之要旨，尽于是矣。”[③]他认为，这些道德观念只是相悖于封建道德的伦理纲常，但与中国传统道德教育的精华并不矛盾。如孔子所说的“匹夫不可夺志”和孟子所说的“富贵不能淫，贫贱不能移，威武不能屈”的大丈夫精神，在蔡元培看来是“自由之谓”。孔子所说的“己所不欲，勿施于人”和《礼记·大学》所说的“所恶于前，毋以先后；所恶于后，毋以从前；所恶于右，毋以交于左；所恶于左，毋以交于右”，蔡元培认为是“平等之谓”。孟子所说的“鳏寡孤独，天下之穷民而无告者也”，以及张载所说的“凡天下疲癃残疾茕独鳏寡，皆吾兄弟之颠连而无告者也”等，蔡元培则认为是“亲爱之谓”。他给古代的义、恕、仁以新的内涵，让人们更容易理解、消化和吸收资产阶级的道德概念。

所谓世界观教育，蔡元培认为是一种哲理的教育，意在培养人们的科学世界观，使其具有远大眼光和高深见解。他解释说：“曰消极方面，使对

---

① 蔡元培：《对于教育方针之意见》，载陈学恂主编《中国近代教育文选》，人民教育出版社，1983，第322页。

②③ 同上，第322–323页。

于现象世界，无厌弃而亦无执着；积极方面，使对于实体世界，非常渴慕而渐进于领悟。循思想自由言论自由之公例，不以一流派之哲学一宗门之教义梏其心，而惟时时悬一无方体无始终之世界观以为鹄。如是之教育，吾无以名义，名之曰世界观教育。”[①]

世界观教育在中国近现代教育思想史上为蔡元培首创，是他把康德的学说应用于教育的产物。他把世界分为现象世界与实体世界，它们之间的区别在于：现象世界是相对的，受因果律制约的，与时间空间是不可分离的，是可以经验的，是以造成现世幸福为鹄的的；而实体世界则是绝对的，不受因果律制约的，无时间空间可言的，是离经验而全恃直觉的，是以摆脱现世幸福为作用的。所以，教育的根本作用，就是沟通现象世界与实体世界的关系，“立于现象世界，而有事于实体世界”[②]。也就是说，要教育人们不要沉溺于物质生活和现世幸福，而要站在实体世界的高度来判定现象世界的价值，以真正达到思想自由、意志自由、胸怀博大的“理想王国”。换言之，应培养“泯营求而忘人我”、为大多数人谋幸福的人。

美育又称美感教育，是“应用美学之理论于教育，以陶养感情为目的”[③]的教育活动。美育是蔡元培全力提倡的，近代教育思想中的美感教育思潮即肇始于他。他之所以如此钟情于美育，乃因为他认为美感教育是进行世界观教育的最好途径，是从现象世界通向实体世界所必经的桥梁。正如蔡元培所说：“世界观教育，非可以旦旦而聒之也。且其与现象世界之关系，又非可以枯槁单简之言说袭而取之也。然则何道之由？曰美感之教育。美感者，合美丽与尊严而言之，介乎现象世界与实体世界之间，而为津梁。”[④]美育之所以能达到这个目的，是因为人们一旦进入了美的世界，就会一无杂念，对现象世界“无厌弃而亦无执着”，形成与造物为友的“浑然之美感”。

---

① 蔡元培：《对于教育方针之意见》，载陈学恂主编《中国近代教育文选》，人民教育出版社，1983，第 325 页。

② 同上，第 324 页。

③ 蔡元培：《美育》，载高平叔编《蔡元培教育文选》，人民教育出版社，1980，第 195 页。

④ 蔡元培：《对于教育方针之意见》，载陈学恂主编《中国近代教育文选》，人民教育出版社，1983，第 326 页。

1917年，蔡元培在北京神州学会作了《以美育代宗教说》的著名演说，把美育提到一个更高的层次来认识。他指出，宗教起源于精神的三种作用——知识、意志和感情。在社会的未开化时代，初民“脑力简单”，视一切为不可思议之事，“于是有宗教家勉强解答之，如基督教推本于上帝，印度旧教则归之梵天，我国神话则归之盘古”，因而宗教在社会上具有特别之势力。但随着社会的进步，科学的发达，人们根据科学知识来解决生活中的难题，不再以宗教为知识。道德的规律，古人也托之于天命或神示，但在现代社会，道德习惯随时随地都在变迁，道德的意志也离宗教而独立。因此，宗教所余下的唯有情感的作用，即所谓美感。蔡元培认为，宗教中的山水之胜，花木之茂，峻秀之塔，崇闳幽邃的殿堂，精致瑰丽的壁画与造像，微妙入神的音乐与歌词等，都是美术的作用。但以此美术作用来附丽于宗教，则徒以刺激感情，束缚思想，所以美术的进化，也有脱离宗教的趋势。他指出：“鉴激刺感情之弊，而专尚陶养感情之术，则莫如舍宗教而易以纯粹之美育。纯粹之美育，所以陶养吾人之感情，使有高尚纯洁之习惯，而使人我之见、利己损人之思念，以渐消沮者也。”①

蔡元培还提出了从家庭教育、学校教育和社会教育全面实施美育的设想。他主张美育自胎教始，国家要在风景优美的地方设胎教院，让孕妇脱离都市的嘈杂与污染。儿童出生后入公共育婴院，院中设备要优雅，成人语言动作都要合乎美的要求。3岁入幼稚园，对儿童进行舞蹈、唱歌、手工、图画的教育。学校教育中不但设音乐、美术等美育课程，而且要在各科教学中渗透美育内容，并可举办音乐会、展览会、各种纪念会以实施美育。社会教育则要专设美育机构，如美术馆、剧院、影戏馆、博物馆、动植物园等，并利用建筑物、公园、道路、古迹等进行美育。

蔡元培指出，新教育宗旨中的这“五育”是一个有机的统一的整体。如果从心理学的角度来看，军国民主义属于意志，实利主义属于知识，美育属于情感，德育兼意志情感，而世界观则统三者而一之。他用人体各种机能的协调作用来解释“五育”的不可偏废：“譬之人身：军国民主义者，

① 蔡元培：《以美育代宗教说》，载陈学恂主编《中国近代教育文选》，人民教育出版社，1983，第338–339页。

筋骨也，用以自卫；实利主义者，胃肠也，用以营养；公民道德者，呼吸机循环机也，周贯全体；美育者，神经系也，所以传导；世界观者，心理作用也，附丽于神经系，而无迹象之可求。此即五者不可偏废之理也。”[①]他认为，在实际教学中，这“五育”是紧密联系的。如历史、地理，这是属于实利主义的教育，但“历史之英雄，地理之险要及战绩”，则属军国民教育；“记美术家及美术沿革，写各地风景及所出美术品”，属美育，但“记圣贤，述风俗”则属德育；而“因历史之有时期，而推之于无终始，因地理之有涯涘，而推之于无方体，及夫烈士、哲人、宗教家之故事及遗迹”，则“皆可以为世界观之导线”。[②]蔡元培肯定“五育”的内在联系，并认为某门课程具有多重教育功能，是符合教育的客观规律的。但他又机械地认为军国民主义教育当占10%，实利主义教育占40%，德育占20%，美育占25%，世界观教育则占其5%，这就不免流于形式之弊了。

（三）革命派的高等教育观

中国近代的大学严格地说是从北京大学开始算起的。而北京大学真正地成为严格意义上的近代大学，则是从1917年1月4日蔡元培就任校长开始的。在中国近现代教育思想史上，作为革命派的蔡元培是第一个比较长时间从事高等教育实践并系统地阐述高等教育理论的思想家，而且后来几乎无出其右者。

革命派的高等教育观首先表现在对于高等教育性质的认识上。在就任北京大学校长的演说中，蔡元培就明确指出：“大学者，研究高深学问者也。”[③]并要求学生抱定“为求学而来”，“以研究学术为天职，不当以大学为升官发财之阶梯”。这就从根本上改变了过去以猎取功名利禄为目的的办学指导思想，冲破了几千年来读书做官的积习。高等教育的性质决定了大学教学与科学研究并重的特点。蔡元培认为，大学教师不是仅仅向学生灌输一些知识，而必须对学问有浓厚的兴趣并注意引起学生的研究兴趣；大

---

①② 蔡元培：《对于教育方针之意见》，载陈学恂主编《中国近代教育文选》，人民教育出版社，1983，第327页。

③ 蔡元培：《就任北京大学校长之演说》，载陈学恂主编《中国近代教育文选》，人民教育出版社，1983，第333页。

学生也不是死记硬背教师的讲义，而应该在教师的指导下自动地研究学问。为此，他主张大学要创办研究院和研究所，并认为这对于教师、毕业生和在校高年级学生有三大好处。其一，“大学无研究院，则教员易陷于抄发讲义不求进步之陋习。盖科学的研究，搜集材料，设备仪器，购置参考图书，或非私人之力所能胜；若大学无此预备，则除一二杰出之教员外，其普通者，将专己守残，不复为进一步之探求，或在各校兼课，至每星期任三十余时之教课者亦有之。为学生模范之教员尚且如此，则学风可知矣”。其二，“自立研究院，则凡毕业生之有志深造者，或留母校，或转他校，均可为初步之专攻。俟成绩卓著，而偶有一种问题，非至某国之某某大学研究院参证者，为一度短期之留学；其成效易睹，经费较省，而且以四千年文化自命之古国，亦稍减倚赖之耻也”。其三，“惟大学既设研究院以后，高年级生之富于学问兴趣而并不以学位有无为意者可采德制精神，由研究所导师以严格的试验，定允许其入所与否，此亦奖进学者之一法”。[①]为此，1917 年底，北京大学成立了文、理、法三个研究所，这是中国高等学校创设研究所之首。

在办学的原则上，蔡元培提出了“思想自由、兼容并包”的方针。在《北京大学月刊发刊词》中，他明确地说：“大学者，囊括大典，网罗众家之学府也。”并认为这是《中庸》“万物并育而不相害，道并行而不相悖”境界的体现。思想自由、兼容并包的办学原则，集中表现在对待各家学说和教师两个方面。对待各家学说，蔡元培主张自由讨论，反对门户之见，认为“一己之学说，不得束缚他人；而他人之学说，亦不得束缚一己”[②]。他指出：“对于学说，仿世界各大学通例，循‘思想自由’原则，取兼容并包主义……无论为何种学派，苟其言之成理，持之有故，尚不达自然淘汰之运命者，虽彼此相反，而悉听其自由发展。”[③]他认为学术自由正是大学之所以为“大”的原因所在。对待教师，蔡元培主张以学术水平为

---

① 蔡元培：《论大学应设各科研究所之理由》，载高平叔编《蔡元培教育文选》，人民教育出版社，1980，第 230–231 页。

② 蔡元培：《在南开学校（敬业励学演说三会）联合讲演会上的演说词》，《敬业》学报 1917 年 6 月。

③ 蔡元培：《致〈公言报〉函并答林琴南函》，载高平叔编《蔡元培全集（第三卷）》，中华书局，1984，第 271 页。

重，采取不干涉主义。他指出："对于教员，以学诣为主。在校讲授，以无背于第一种之主张为界限。其在校外之言动，悉听自由，本校从不过问，亦不能代负责任。"[①]他认为人才是大学的命脉，如果求全责备，"则学校殆难成立"[②]。

正是由于蔡元培坚持了"思想自由、兼容并包"的办学方针，北京大学聚集荟萃了当时中国的众多学术精英，其中既有李大钊、陈独秀、鲁迅、胡适、钱玄同、刘半农、沈尹默、杨怀中等具有进步思想的名流，也有黄侃、刘师培、黄节、陈介石、陈汉章等旧学深沉但思想保守甚至反动的学者。此外，文科、法科还有马叙伦、陈垣、马裕藻、朱希祖、马寅初、陶孟和、周览、陈启修以及理科的李四光、颜任光、何杰、翁文灏、钟观光、李书华、夏元等，都是享誉海内外的名教授。

此外，在学科设置方面主张沟通文、理，废科设系；在教学制度方面主张选科制，在行政管理方面主张教授治校的思想，都是极有价值且具开创意义的高等教育观点。

四、维新教育思想概观

中国近代的维新教育思想也就是中国近代资产阶级教育思想，它的产生和发展经过了三个阶段：早期改良派是近代资产阶级教育思想的萌芽阶段，以王韬、马建忠、薛福成、郑观应、陈炽为主要代表人物；资产阶级改良派是近代资产阶级教育思想的形成阶段，以康有为、梁启超、严复为主要代表人物；资产阶级革命派则是近代资产阶级教育思想的发展阶段，以孙中山、章太炎、蔡元培等为主要代表人物。虽然在不同的发展阶段，资产阶级教育思想面临着不同的社会矛盾，有着不同的历史特点，但却有一个共同的主题——"维新"，即希望在中国建立一种新的教育制度，带有资产阶级性质的教育制度。

①② 蔡元培：《致〈公言报〉函并答林琴南函》，载高平叔编《蔡元培全集（第三卷）》，中华书局，1984，第271页。

（一）维新教育思想对封建教育制度进行了大胆的否定，突破了洋务教育思想的“中学为体，西学为用”的限制，从根本上动摇了封建教育的存在

如果说洋务教育思想只是在封建教育的内容上加进一些西学课程，至多也只是移植一些西方的教学组织形式的话，那么维新派则远远不能满足于此了。早期改良派慧眼识破了封建教育制度的根本弊端，提出了兴学校必废科举的主张；资产阶级改良派运用民权平等的理论武器，对封建教育的等级观念和教育不平等现象提出了尖锐的批判，并以“开民智”“鼓民力”“新民德”作为新教育的口号；资产阶级革命派则全面、彻底地否定了封建教育的“忠君”“尊孔”宗旨，从理论上揭示了封建教育的本质，从而敲响了封建教育制度的丧钟。如果说20世纪清政府迫不得已颁布的“癸卯学制”仍带有半封建、半殖民地性质的话，那么辛亥革命期间临时教育会议的“壬子癸丑学制”则进一步扫除了封建教育的残余。无论是在废除男女教育的不平等，废除中小学读经讲经，取消大学经学科，还是在缩短学制年限，加强自然科学和实业教育等方面，都取得了历史性的进步。封建教育从宗旨、内容到形式，都已土崩瓦解。尽管长期的封建教育思想还继续以某种形式存在，但毕竟没有多大市场了。

（二）维新教育思想积极地描绘理想教育的蓝图，在埋葬封建教育制度的同时，形成了真正意义上的资产阶级教育思想体系和形式上的资产阶级教育制度，加快了国家近代化的进程

如果说洋务教育思想在学习西方教育时还具有很大的被动性与不自觉性，并且总是不超越“体”与“用”的尺度的话，那么，维新教育思想已经具有比较强的主动性与自觉性了。虽然早期改良派和资产阶级改良派对于西方教育思想和教育制度还持某种程度的保留态度，但总体上是渴望和追求的。从何启、胡礼垣、郑观应，到康有为、梁启超、严复，他们几乎每一个人都提出了一整套理想中的教育制度，描绘了一幅幅动人的教育蓝图，但透视一下就不难发现，它们的蓝本大多是西方或日本教育制度的翻版，或添加若干自己的东西而已。

维新教育思想在建立资产阶级新教育体制的过程中起了基石和建筑师的作用，中国近代的资产阶级新教育体制，正是在维新派几代教育家的不懈努力之下，才得以建立的。他们不仅为这个新教育制度做理论上的宣传与呼唤，甚至贡献了自己的热血与生命。1902 年，近代中国第一个教育学术团体——中国教育会在上海成立。1912 年，中国第一个资产阶级管理教育的最高行政机构——中华民国南京临时政府教育部正式成立。同年，蔡元培先生拟定的中国第一个资产阶级的新教育宗旨问世，中国第一个资产阶级学校系统“壬子癸丑学制”颁布。“新桃换旧符”，经过半个多世纪的冲突与较量，资产阶级的教育制度终于在中国取代了封建的教育制度，中国教育从此进入了一个新的发展时期。

（三）维新教育思想是一种在资产阶级的旗帜下，由早期改良派、改良派和革命派组成的思想比较庞杂的体系，自身是一种不断超越和发展的教育思想，也存在着若干不可避免的缺陷

维新教育思想经过了萌芽、形成和发展三个阶段，它不满足于洋务教育思想的“皮毛”改革，而力图从制度层面上重建中国教育，但在不同的发展阶段，教育改革理论的力度是不相同的。早期改良派是从洋务派中分化出来的，对封建旧学还表现出很大的依恋和妥协；康、梁等改良派主张教育救国，主张向西方学习，但也不愿彻底否定旧学和科举，其软弱性终于导致他们从保守、落伍走向反动，最后倒退到“尊孔读经”的歧路；资产阶级革命派在革命成功后也逐渐丧失了锐气，主张“教育救国”“教育独立”，注重于形式上移植和学习西方资本主义的教育制度，而相对忽视了深层的心理改造，在教育理论的建构方面也显得生吞活剥等。尽管维新教育思想还有这样那样的缺陷，但维新教育思想的发展大致是合乎时代发展潮流的，在特定的历史阶段发挥了进步作用。比如，它对教育作用和地位的认识，就比以前诸流派及同时期其他人的认识为高。维新教育思想家们或者曾出国考察西方，或者接触了不少西方文明的书籍，或者与西人、传教士等有密切的交往，因而对西方的强大较他人理解得更为深刻。正因为如此，他们努力提升教育在“鼓民力”“开民智”“新民德”等方面的功能就不足为怪了。毕竟在当时的社会条件下，在马克思主义思想没有传入之前，这些主张已经显示了他们的觉悟和忧国之心。

第四章　中国现代的个性教育思想

辛亥革命因袁世凯的窃国而流产。一时间，帝制派的复辟活动甚嚣尘上，尊孔读经的阴霾弥漫。此时，日本帝国主义乘第一次世界大战西方列强无暇东顾的机会，再次把侵略的黑手伸向中国。一部分先进知识分子再一次在黑暗中摸索，进一步探讨救国救民的真理。他们终于超越了洋务派，也超越了资产阶级革命派，试图从国民的精神文化素质的更高层次来思考中国的出路。由《新青年》杂志所掀起的思想解放运动，与1919年五四反帝爱国运动相汇合，形成了群星灿烂、波澜壮阔的五四新文化运动。

五四的先驱们高扬个性的旗帜，批判封建主义，反思传统文化，呼唤民主、科学，主张文学革命，在中国学术界掀起了一场旋风。"个性主义""发展个性"的个性教育也成为这一时期教育界的主旋律。直到20世纪20年代甚至更晚的一段时间，仍有许多教育家拨动着个性教育的琴弦。

一、新文化运动与个性解放

1915年9月，在黑暗沉闷的中国升起了一颗新星：由陈独秀创办的《青年杂志》在上海创刊。在创刊号的《敬告青年》中，陈独秀以他热情奔放的文笔写道：

> 青年如初春，如朝日，如百卉之萌动，如利刃之新发于硎，人生最可宝贵之时期也。青年之于社会，犹新鲜活泼细胞之在人身。新陈代谢，陈腐朽败者无时不在天然淘汰之途，与新鲜活泼者以空间之位置及时间之生命。

他认为，新陈代谢是社会发展的普遍规律，是人体健康和社会隆盛的根本原因。所以，他呼唤着以下“六义”：自主的而非奴隶的，进步的而非保守的，进取的而非退隐的，世界的而非锁国的，实利的而非虚文的，科学的而非想象的。[①]这里虽然还没有明确张扬个性的主张，但已涉及民主与科学的问题了。

1916 年夏，李大钊从日本回国，适逢《青年杂志》改名为《新青年》。他参加了《新青年》的编辑工作，并积极投身到新文化运动之中。在他那脍炙人口的《青春》一文中，李大钊号召青年从封建礼教的束缚中解放出来，“冲决过去历史之网罗，破坏陈腐学说之囹圄”，为了世界的文明和人类的幸福，“以青春之我，创造青春之家庭，青春之国家，青春之民族，青春之人类，青春之地球，青春之宇宙，资以乐其无涯之生”[②]。事实上，陈独秀与李大钊对青年的召唤，也是对全中国人民的召唤。

面对国内尊孔读经的逆流，《新青年》义无反顾地提出了挑战。陈独秀率先对儒家的三纲五常进行发难：“儒者三纲之说，为一切道德政治之大原：君为臣纲，则民于君为附属品，而无独立自主之人格矣；父为子纲，则子于父为附属品，而无独立自主之人格矣；夫为妻纲，则妻于夫为附属品，而无独立自主之人格矣。率天下之男女，为臣，为子，为妻，而不见有一独立自主之人者，三纲之说为之也。缘此而生金科玉律之道德名词，曰忠，曰孝，曰节，皆非推己及人之主人道德，而为以己属人之奴隶道德也。”[③]李大钊在《孔子与宪法》《自然的伦理观与孔子》等文中，也猛烈抨击了以孔子为代表的封建主义的旧思想、旧道德和旧教育。他指出，如果把象征着“专制政治之灵魂”的孔子作为国民崇拜的偶像，作为“国民教育的修身大本”，就会压抑人的个性，萎缩人的能力，在生存竞争中被自然所淘汰，最后“迟早必归于消灭”。[④]新文学运动的旗手鲁迅也在《新青年》杂志上

---

① 《青年杂志》第 1 卷第 1 号。

② 《新青年》第 2 卷第 1 号。

③ 陈独秀：《一九一六年》，《青年杂志》第 1 卷第 5 号。

④ 李大钊：《自然的伦理观与孔子》，《甲寅》日刊 1917 年 2 月。

发表了他的小说处女作《狂人日记》，用形象的笔法揭露了封建礼教吃人的本质，指出中国几千年封建社会的历史就是一部吃人史，封建社会的人际关系就是吃与被吃的关系。他借小说中的“狂人”之口说：

> 我翻开历史一查，这历史没有年代，歪歪斜斜的每页上都写着“仁义道德”几个字。我横竖睡不着，仔细看了半夜，才从字缝里看出字来，满本都写着两个字是“吃人”！①

在这里，新文化运动的倡导者们已明显意识到封建教育的吞噬人的个性的本质，并把“独立自主之人格”作为新社会道德建构的标准。

也在这个时候，血气方刚、年方26岁的胡适从大洋彼岸给《新青年》寄来了一篇题为《文学改良刍议》的文章，提出了文学改革的八项主张：“1. 须言之有物；2. 不模仿古人；3. 须讲求文法；4. 不作无病之呻吟；5. 务去滥调套语；6. 不用典；7. 不讲对仗；8. 不避俗字俗语。”这看似平淡无奇的八条建议，居然成为五四时期声势浩大的白话文运动的第一枪。其实，这并不是历史的偶然，而是胡适把握了旧文学的形式对人们精神上的束缚的本质，反映了人们对于个性解放的渴求。1919年胡适在总结白话文的胜利原因的《谈新诗》一文中曾道破了个中奥秘。他说：“新文学的语言是白话文，新文学的文体是自由的，是不拘格律的。初看起来，这都是‘文的形式’一方面的问题，算不得重要，却不知形式和内容有密切的关系。形式上的束缚，使精神不能自由发展，使良好的内容不能充分表现。若想有一种新内容和新精神，不能不先打破那些束缚精神的枷锁镣铐。”可见，表面上看是文学问题，是白话文问题，实际上却是个性解放、精神自由的潜流所使然。

在新文化运动中，为了“打倒孔家店”，陈独秀等请来了“德先生”（民主）与“赛先生”（科学），并且认为“只有这两位先生，可以救治中国政治上、道德上、学术上、思想上一切的黑暗”②。陈独秀说：“欲建设西洋式

---

① 《新青年》第4卷第5号。

② 陈独秀：《“新青年”罪案之答辩书》，《新青年》第6卷第1号。

之新国家，组织西洋式之新社会，以求适今世之生存，则根本问题，不可不首先输入西洋式社会国家之基础。所谓平等人权之新信仰，对于与此新社会新国家新信仰不可相容之孔教，不可不有彻底之觉悟，猛勇之决心；否则不塞不流，不止不行。”[①]他认为只有用西方的民主与科学的精神，才能真正地瓦解封建的旧思想、旧文化、旧道德。其实，这里所说的民主与科学，首先就是指“平等人权之新信仰”，是一种破除迷信与个人崇拜，主张人与人平等、具有独立人格与思想自由的境界，而这在本质上也是个性解放的一种表述。

可见，新文化运动实质上是一首个性解放的交响乐。在交响乐团中，教育界是一个不容忽视的提琴手。

在对辛亥革命失败及中国贫穷落后进行文化教育的反思时，蒋梦麟曾一针见血地指出，“吾国文化，较诸先进之国，相形见绌”的主要原因即在于个性主义不发达。[②]罗家伦认为：“中国人不特在政治上有种奴性，而且在学问上也有极深刻的奴性。”[③]王光祈更明确地把辛亥革命的失败归咎于国民的素质，他说：“辛亥革命以前，运动革命的人只知道提倡三民主义，而对于民主国家的国民所需要的各种习惯未经训练。”国民的愚昧无知和心理惰性，使他们不自觉也不积极地参加革命，持消极观望态度。所以他认为：“专提倡一种主义（或制度）而不先行设法训练，使一般人养成习惯，自己感觉生活上有要求某种主义的必要，然后自动起来要求，是不能成功的。”[④]恽代英在《民治的教育》一文中也指出，民国虽然已经成立，但教育还是从前的教育，大家脑筋里的观念也还是旧脑筋里的观念，并没有意识到自己是民国的主人翁，并不知道自己应该做自己的主宰，应该自主自治，应该为民众服务。所以，“现在的中华民国，弄得这样糟，就是大多数

---

① 陈独秀：《宪法与孔教》，《新青年》第 2 卷第 3 号。

② 蒋梦麟：《个性主义与个人主义》，《教育杂志》第 11 卷第 2 期。

③ 罗家伦：《答张继》，载张允侯等编《五四时期的社团（二）》，生活 · 读书 · 新知三联书店，1979，第 90 页。

④ 王光祈：《少年中国学会之精神及进行计划》，载张允侯等编《五四时期的社团（一）》，生活 · 读书 · 新知三联书店，1979，第 311 页。

的民众，不尽了本分所致”[①]。只有每个国民具有自觉的政治参与意识，行使自己的民主权利，才能形成健全的民主社会。而蒋梦麟则从西方的强盛寻找深层的原因，提出近代西方文明国家是由个人结合而组成的社会，合你、我、他各个人而为群，其最重要的基础还在于“强健之个人”[②]。也就是说，个性解放、个性主义之发达，是西方强盛的根本原因。从文化学的层次分析，如果洋务运动把西方文明归于物质，辛亥革命把西方文明归于制度，那么，五四时期则把西方文明归于人，归于人性，归于个性了。近代史的演进过程也就是中国人对西方文明认识的演进过程。

上述反思与认识的必然结果，就是呼吁并实行教育的改革，提倡个性解放的教育。蒋梦麟明确提出:“教育即当因个人之特性而发展之，且进而至其极。”[③]主张通过教育使人的个性得到充分发展，增进人的价值和能力。所以他认为文化教育的根本出路在于“个性主义”。

蔡元培把能否发展个性作为新教育与旧教育的根本分歧。他说:“夫新教育所以异于旧教育者，有一要点焉，即教育者非以吾人教育儿童，而吾人受教于儿童之谓也。”新教育反对“牢守几本教科书，以强迫全班之学生”的注入式教学，主张“在深知儿童身心发达之程序，而择种种适当之方法以助之”。[④]总之，新教育者主张，与其守成法，毋宁尚自然；与其求划一，毋宁展个性。在解放个性的原则下，蔡元培在北京大学进行了大刀阔斧的教育改革，提倡学术自由，兼容并包，鼓励学生组织社团，自办刊物，使北京大学成为新文化运动的中心。难怪乎蒋梦麟声称:“本校的特色，即在人人都抱个性主义。”

教育界提倡个性解放的个性教育思想，对官方的教育制度也形成了一个巨大的冲击波。1917 年 5 月，在新文化运动的浪潮中，宪法审议否决了定孔教为国教的提案，撤销了 1913 年宪法草案中规定的“国民教育以孔子之道为修身大本”的条文。1919 年 4 月，由范源濂、蔡元培、陈宝泉、蒋

---

① 恽代英:《民治的教育》，载《恽代英文集（上）》，人民出版社，1984，第 581 页。

②③ 蒋梦麟:《个人之价值与教育之关系》,《教育杂志》第 10 卷第 4 期。

④ 蔡元培:《新教育与旧教育之歧点》，载高平叔编《蔡元培教育文选》，人民教育出版社，1980，第 48 页。

梦麟等19人组成的教育调查会，提出了“养成健全人格，发展共和精神”的教育宗旨，并规定所谓健全人格，包括四项内容：私德为立身之本，公德为服役社会国家之本；人生所必需之知识、技能；强健活泼之体格；优美和乐之感情。所谓共和精神，包括两项内容：发挥平民主义，俾人人知民治为立国根本；养成公民自治习惯，俾人人能负国家社会之责任。虽然这一宗旨在当年未获采纳，但1922年教育部公布的《学校系统改革案》，已明确把改革标准定为适应社会进化，发挥平民教育精神，谋个性发展，注意国民经济力，注意生活教育，使教育易于普及，多留各地方伸缩余地等七项内容。这说明，个性教育已成为五四时期教育领域内不可抗拒的历史潮流。

二、科玄论争与人生观追求

1914年，在新文化运动发端之前，以留美学生为主体的“科学社”正式成立。“科学社”通过自己的机关刊物《科学杂志》，竭力提倡科学与科学教育。任鸿隽在该杂志上发表的《科学与教育》一文中指出：“科学于教育上之重要，不在于物质上之智识，而在于研究事物之方法，尤不在研究事物之方法，而在其所与心能之训练科学方法，首分别事类，次乃明辨其关系以发见其通律。”主张进行科学教育，用科学方法解决困难问题。五四时期请来的“赛先生”，更把具有破除迷信、解放思想意味的科学放到了显赫的位置，成为新文化运动的锐利武器。新文化的倡导者们企望把西方的近代科学作为一种基本精神、基本态度和基本方法，“来改造中国人，来注入到中国民族的文化心理中”①。

科玄论争就是在这样的背景下发生的。1923年2月，北京大学教授张君劢在清华大学作了题为《人生观》的演讲。认为科学不能解决人生观的问题，因为人生观“皆以我为中心”，是“东西万国，上下古今，无一定之解决者”。他指出了科学与人生观对立的五个特点：第一，科学是客观的，人生观为主观的；第二，科学为论理的方法所支配，人生观则起于直觉；第三，科学可以以分析方法下手，而人生观则为综合的；第四，科学为因果律

① 李泽厚：《中国现代思想史论》，东方出版社，1987，第51页。

所支配，而人生观则为自由意志的；第五，科学起于对象之相同现象，而人生观起于人格之单一性。[①]最后他得出结论："人生观既无客观标准，故惟有返求诸己。"

同年4月12日，地质学家丁文江（丁在君）在《努力周报》发表了《玄学与科学》一文，向张君劢提出了挑战，拉开了科玄论争的帷幕。他讥讽把科学与人生观分离是"玄学鬼"附在张君劢身上，认为人生观不能与科学分家，应该把科学方法应用到人生问题上去。文中写道："科学不但无所谓向外，而且是教育同修养最好的工具。因为天天求真理，时时想破除成见，不但使学科学的人有求真理的能力，而且有爱真理的诚心。无论遇见什么事，都能平心静气去分析研究，从复杂中求简单，从紊乱中求秩序，拿论理来训练他的意想……了然于宇宙生物心理种种的关系，才能够真知道生活的乐趣。"[②]

科玄论争开始后，学术界的名流如梁启超、胡适、吴稚晖、张东荪以及教育、心理学家范寿康、唐钺、陆志韦等也都纷纷发表文章参加论争。梁启超先是以"暂时局外中立人"的名义要求争论双方遵循他提出的"战时国际公法"，继而终于卷入论争。他认为双方的主张都有偏宕之处，指出："人生问题，有大部分是可以而且必要用科学方法来解决的，有小部分——或者还是最重要的部分，是超科学的。"他在貌似公允的表述之后，屁股一下子又坐到了玄学的一边："人生观的统一，非惟不可能，而且不必要。非惟不必要，而且有害。"梁启超说，理智生活并不是人类生活的全部内容，作为生活"原动力"的情感，尤其是作为情感生活中最具神秘性的"爱"与"美"，就是"绝对的超科学"。[③]张君劢也作了《再论人生观与科学并答丁在君》的长篇答辩，否认了在身、心、社会、历史领域的科学性，也否认了逻辑学证明人生观的可能性。这个"至为玄妙，不可测度"的人生观，只有用言心言性的新宋学，才能加以解决。

---

① 张君劢、丁文江等:《科学与人生观》，山东人民出版社，1997，第33-37页。

② 丁文江:《玄学与科学》，载张君劢、丁文江等《科学与人生观》，山东人民出版社，1997，第53-54页。

③ 梁启超:《人生观与科学》，载张君劢、丁文江等《科学与人生观》，山东人民出版社，1997，第139-145页。

与此相对立，丁文江、唐钺、王星拱、胡适等则大力强调科学态度、科学方法与科学精神，强调人生离不开科学。王星拱在《科学与人生观》一文中指出："科学是凭借因果（Causality）和齐一（Unitomity）两个原理而构造起来的。人生问题无论为生命之观念或生活之态度，都不能逃出这两个原理的金刚圈，所以科学可以解决人生问题。"[①]1923年11月，上海亚东图书馆收集了论争的30篇重要文章，并编为《科学与人生观》一书正式出版，由陈独秀与胡适作序。胡适在序中避开什么是科学、科学的因果律等概念问题，强调了科学对于中国的意义。他尖刻地批评道，那些张口闭口谈科学离开人生观的人（胡称之为"反动的哲学家"），平素饱餍了科学的滋味，偶尔对科学发几句牢骚话，就像富贵人家吃厌了鱼肉，这是不足为怪的。因为在科学已经根深蒂固的欧洲，自然"不怕玄学鬼来攻击"；但在中国却截然不同，在中国人的人生观还不曾和科学"行见面礼"的时候，在中国人还没有享受到"科学的赐福"的时候，是谈不上什么科学带来的"灾难"的。胡适指出："我们试睁开眼看看，这遍地的乩坛道院，这遍地的仙方鬼照相，这样不发达的交通，这样不发达的实业——我们哪里配排斥科学？"[②]

正在科玄论争难分难解，双方各执一词，你以柏格森做后台，我以马赫做盾牌，在概念上做文章时，接受过马克思主义唯物史观的陈独秀与瞿秋白、邓中夏等也开始关注这一领域，并站在一个更高的层次来审视科学与玄学问题了。陈独秀认为，文化落后的中国直到今天才讨论这一问题，总算是有了进步。但这场论争由于科学派并未能解释"科学何以能支配人生观"，他们对玄学派的批评也只能是"五十步笑百步"。他指出，各种不同的人生观都是由于人们所生活的客观环境造成的，而不是天外飞来的主观意志造成的。陈独秀写道："什么先天的形式，什么良心，什么直觉，什么自由意志，一概都是由生活状况不同的各时代各民族之社会的暗示所铸

① 王星拱：《科学与人生观》，载张君劢、丁文江等《科学与人生观》，山东人民出版社，1997，第285–286页。

② 胡适：《科学与人生观·序》，载张君劢、丁文江等《科学与人生观》，山东人民出版社，1997，第13页。

而成！”他举例说：一个人生在印度婆罗门家，自然不愿意杀人；他若生在非洲酋长家，自然以多杀为无上荣誉；一个女子生在中国阀阅之家，自然以贞节为她的义务；她若生在意大利，便会以多获面首夸示其群；西洋人见中国人赤膊对女子则骇然，中国人见西洋人用字纸揩粪则惊讶；匈奴可汗父死遂妻其母，满人起初不知汉人礼俗，皇太后再嫁其夫弟而不以为耻；中国人以厚葬其亲为孝，而蛮族有委亲尸于山野以被鸟兽所噬为荣幸者；欧美妇女每当稠人广众吻其所亲，而以为人妾为奇耻大辱，中国妇女每以得为贵人之妾为荣幸，而当众接吻虽娼妓亦羞为之，等等。他最后得出结论："我们相信只有客观的物质原因可以变动社会，可以解释历史，可以支配人生观，这便是'唯物的历史观'。"[①]邓中夏把张君劢的"玄学派"概括为东方文化派，认为它代表的是农业手工业的封建思想或宗法思想；把丁文江的"科学派"概括为科学方法派，认为它代表的是新式工业的资产阶级思想；而唯物史观则代表的是新式工业的无产阶级思想。他认为："劳资两阶级尚有携手联合向封建阶级进攻的必要。换句话说，就是代表劳资两阶级思想的科学方法派和唯物史观派尚有携手联合向代表封建思想的东方文化派进攻的必要。"[②]

这场论争终以"玄学鬼"被人唾弃而告终。经过争论，科学更加深入人心，马克思主义的唯物史观也开始为青年所理解和接受。但如果仅限于此，科玄论争便与教育思想史无关了。事实上，科玄论争不仅引起了许多教育家的关注和参与，更在于它还是一个严肃的教育课题，是解决如何"靠教育与宣传的功效"来形成人生观的问题。由于人生观是个性的组成部分，它又成为塑造什么样的个性的问题。它反映了当时束缚个性与个性解放的矛盾冲突，也反映了究竟追求什么样的人生观才有助于国家富强、社会稳定的矛盾冲突。

真可谓"项庄舞剑，意在沛公"。论争的双方也直言不讳地谈到了科玄之争的真正动机。科学派说，之所以提倡科学的人生观，是担心青年上张君劢的当。"对于宗教、社会、政治、道德一切问题，真以为不受论理方法

---

① 陈独秀:《科学与人生观·序》，载张君劢、丁文江等《科学与人生观》，山东人民出版社，1997，第7页。

② 邓中夏:《中国现在的思想界》,《中国青年》1923年第6期。

支配，真正没有是非真伪，只须拿他所谓主观的、综合的、自由意志的人生观来解决它。果然如此，我们的社会是要成一种什么社会？”[①]玄学派说，之所以反对科学的人生观，也是担心“学生脑中装满了此种学说，视己身为因果纲所缠绕，几忘人生在宇宙间独往独来之价值”[②]。张君劢坦率地说：“我所欲言者，非科学本身问题，乃科学的结果。西欧之物质文明，是科学上最大的成绩。……物质有限，而人欲无穷。谓如此而可为国家久安计、为人类幸福计，吾不信焉。”[③]不难看出，论争的双方所关心的焦点都在青年身上，在学生身上，在中国的未来，在社会的安定。所以，透过科玄论争的现象，可以认定它实质上是用什么样的人生观追求去塑造青年个性的问题，也反映了这一时期的中国知识分子，正在试图用理性去追求一种信仰以指导人生和现实活动。

三、社会改造与个性塑造

正如有学者所指出的那样，尽管新文化运动的自我意识并非政治，而是文化。“它的目的是国民性的改造，是旧传统的摧毁。它把社会进步的基础放在意识形态的思想改造上，放在民主启蒙工作上。但从一开头，其中便明确包含着或暗中潜埋着政治的因素和要素。”[④]在五四运动中和五四运动以后，一批受过马克思主义熏陶的教育家和青年知识分子，已不满足于孤立地谈个性解放、个性自由和个性教育问题，而是试图把学生的个性发展和中国社会的根本改造联系起来，以社会的解放和人类的解放为个性解放的前提，把教育的改造、社会的改造作为个性塑造的前提。这里，我们将着重研究李大钊、恽代英、杨贤江和鲁迅在这个问题上的有关论述。

---

① 丁文江：《玄学与科学》，载张君劢、丁文江等《科学与人生观》，山东人民出版社，1997，第52页。

② 张君劢：《再论人生观与科学并答丁在君》，载《张君劢集》，群言出版社，1993，第154页。

③ 张君劢：《科学之评价》，载张君劢、丁文江等《科学与人生观》，山东人民出版社，1997，第225页。

④ 李泽厚：《中国现代思想史论》，东方出版社，1987，第11页。

（一）李大钊论社会改造与青年教育

李大钊是中国共产主义运动的先驱者，是最早在中国的大学讲授马克思主义的教授，也是中国马克思主义教育理论的最早奠基人之一。

李大钊肯定教育对于唤醒民众觉悟、筑造国民精神，并进而改造社会具有重要作用。但他没有停留于此，而是以唯物史观论述了社会物质经济生活的决定作用。他指出，要根本上解决中国的问题，光靠教育的努力是不行的，“必须有一个根本的解决，才有把一个一个的具体问题都解决了的希望”，而这个根本的解决，就是“经济问题的解决”。[①]

李大钊进而论述了教育改造与社会改造（改造人类精神与改造经济组织）的辩证关系：“不改造经济组织，单求改造人类精神，必致没有效果。不改造人类精神，单求改造经济组织，怕也不能成功。”[②]这样，在强调社会改造的决定作用的同时，也肯定了教育改造的反作用。他曾经这样谈到知识对于人生的意义：“知识是引导人生到光明与真理境界的灯烛，愚暗是达到光明与真实境界的障碍，也就是人生发展的障碍。”[③]学校作为传授知识、造就人才的场所，对于人生发展和社会改造，自然是一个不容忽视的重要阵地。

李大钊把社会改造的重任寄希望于青年，而又把培养青年的重任寄希望于教育改造，这就在教育改造与社会改造的关系中，使青年成为关键的因素。李大钊认为，青年是“国家之魂”，中华民族的命运是“以青年之运命为运命”。正因为如此，他对青年教育表现出极大的热情，而又把青年的个性塑造作为青年教育的重点内容。

李大钊要求青年具有坚定的信仰和远大的理想。他说：青年们在开始人生活动之前，必须先确定奋斗的目标；如果方向不定，随风飘转，就无法达到目标。他认为青年不能满足于蝇头小利，不能停留于独善其身，应具有更为广阔的胸襟。所以他说：“旧时代的青年讲修养的，犹且有‘先忧后乐’

① 李大钊：《李大钊文集（下）》，人民出版社，1984，第37页。

② 同上，第68页。

③ 同上，第8页。

的话，新时代的青年，单单做到‘独善其身’‘洁身自好’的地步，能算尽了责任的人么？”[①]

李大钊认为，坚定的信仰和远大的理想必须与脚踏实地的作风结合起来，只有把握住今天，才能创造美好的明天。所以他谆谆告诫青年：“不可厌‘今’而徒回思‘过去’，梦想‘将来’，以耗误‘现在’的努力。又不可以‘今’境自足，毫不拿出‘现在’的努力谋‘将来’的发展。宜善用‘今’以努力为‘将来’之创造。”[②]也就是说，只有立足于现在，做实际的努力，才能拥有美好的将来。

立足于现在的关键是正确地对待生活中的困难，并具有不畏艰险、克服困难的勇气和锐气。李大钊把这种勇气和锐气也作为青年个性塑造的重要内容，鼓励青年蕴蓄其智勇深沉刚毅勇敢之精神，磨炼其坚忍不拔百折不挠之志气。他写道：“青年之字典，无‘困难’之字，青年之口头，无‘障碍’之语；惟知跃进，惟知雄飞，惟知本其自由之精神，奇僻之思想，锐敏之直觉，活泼之生命，以创造环境，征服历史。”[③]

李大钊认为，青年的个性塑造离不开社会生活，离不开生产实践。所以，他最早把青年知识分子与工农运动相结合作为青年个性教育的重要条件。“要想把现代的新文明，从根蒂输到社会里面，非把知识阶级与劳工阶级打成一气不可。我甚望我们中国的青年认清这个道理。”[④]在《青年与农村》这篇充满激情的文章中，李大钊公开向青年们发出了“到农村去”的号召。他认为，中国是一个农业国家，大多数的劳工阶级就是那些农民。只有农民的解放，才是全中国人民的解放。他写道：“在都市里漂泊的青年朋友们啊！你们要晓得：都市上有许多罪恶，乡村里有许多幸福；都市的生活，黑暗一方面多，乡村的生活，光明一方面多；都市上的生活，几乎是鬼的生活，乡村中的活动，全是人的活动；都市的空气污浊，乡村里的空气清洁。你们为何不赶紧收拾行装，清还旅债，还归你们的乡土？”[⑤]这里多少

① 李大钊：《李大钊文集（上）》，人民出版社，1984，第 666 页。

② 同上，第 96 页。

③ 同上，第 179 页。

④ 同上，第 146 页。

⑤ 同上，第 149 页。

有些受俄国民粹派的影响，但重视农村与农民生活，重视青年与工农相结合，是有其历史意义的。

（二）恽代英论培养国家的主人翁

在现代教育思想史上，有两位教育家有着惊人的相似之处：他们的生卒年相同，都是1895—1931年；他们同时加入了少年中国学会，两年后又都成为中国共产党党员；他们都于1925年9月担任了中国济难会筹备委员会委员，又共同负责宣传工作；他们都对青年问题和教育理论有着浓厚的兴趣；他们都担任进步刊物的编辑；他们之间有着深笃的友谊。这就是马克思主义教育家恽代英和杨贤江。这两位英年早逝的教育家，在教育思想上都留下了一笔宝贵的精神财富。

恽代英很重视社会改造与教育改造的关系。他认为，“教育确是改造社会的有力工具”[①]，要改造社会，必须先改造教育；而要改造教育，必须先改造教育者的人生观。但他也提出，作为改造社会的工具，教育的作用又是受到限制的；因为“没有好环境，不能有好教育”，所以“教育家必须同时是社会改造家”。[②]因而，恽代英既重视教育，强调它改造环境、改造国民性的功能；又不主张对教育的作用过分夸大，所以曾尖锐批评国家主义派“不从打倒中国的经济压迫上着手，专门说些提倡教育、中国文化与中国历史”的做法。[③]这样，就比较辩证地理顺了教育改造与社会改造的关系。

为了发挥教育改造社会的功能，恽代英认为关键是把每个学生培养成有益于社会的人。在《教育改造与社会改造》一文中，他把这种人界定为：1.要在“恶社会”里站得住；2.以后能改造这种“恶社会”。在1924年发表的《民治的教育》中，恽代英进一步把培养目标规定为培养“国家的主人翁”。

恽代英指出，应该把过去“皇帝就是一国的主人翁”，变为“主人翁就是民众”。通过教育改造就真正能明白自己的地位，知道自己是责任的“主人翁”。他认为，作为国家的主人翁，最关键的是要有独立精神、创造精神

① 恽代英：《革命运动中的教育问题》，《新建设》1924年第1卷第3期。

② 恽代英：《致刘仁静》，《少年中国》第2卷第9期。

③ 恽代英：《评醒狮派》，《中国青年》第776期。

和自尊自信。在教育上则必须采取自主自治的精神，方可实现上述目的。因此，他批评传统教育具有八种弊病：1. 上课时教师太劳，学生太逸；2. 学生因无事可做，反而脑筋退化，活动能力减少；3. 教材既不能于一时间传习太多，教师只好做许多不必要的解释参考工夫，糟蹋有用光阴；4. 学生因依赖教师，功课反而是模糊笼统；5. 既有书本，又用口说，本为重复功夫，因而学生既无自己求学之心，精神亦不聚集，所以上课时间无异虚掷，学生还易假寐；6. 既以一教师同时讲授功课于全班学生，自然无法注意个性，优等生劣等生程度，亦无法调剂；7. 学生要求能了解功课，必须下课后自己用一番自习功夫，因此上课以外做功课的时间不多，没时间做其他课外的事；8. 学生太看重教师，自己不能养成好学研究思考的习惯。[①]总之，传统教育束缚了学生的个性，扼杀了学生的创造精神，妨碍了学习主动性的发挥。恽代英进而论述了现代教师应如何进行自主、自治教育的问题。他说：

> 教师的职务，是在帮忙儿童，指示儿童，使儿童不发生大谬，不走入歧路，决不是压抑的，阻止的，替儿童走路的。所以做教师的人，应该时常考查他们，遇他们有能力不足，就应该帮他们的忙；遇他们有谬误，就应指示他们的误，使他们不致畏难，不致有大谬，不致入歧路为止。此外，就不应该再事过问。[②]

也就是，教师应该是指导者、帮助者、咨询者、督促者的角色，不能越俎代庖，不能过度“关心”，从而使学生的个性得到充分发展，并在此基础上形成自主、自治精神，进而真正成为国家的主人翁。

恽代英认为，要成为国家的主人翁，除了要塑造自主、自治的个性，还必须把个人与群体、社会有机地统一起来。他指出：“人群的幸福，自然是要在每个人的努力。但这种努力，须以求社会福利为目标；他不应以求个人福利为目标，与不应以求国家福利为目标一样。”[③]他认为，现代青年最

① 恽代英：《编辑中学教科书的先决问题》，《中华教育界》1920 年第 10 卷第 3 期。

② 恽代英：《恽代英文集（上）》，人民出版社，1984，第 576 页。

③ 同上，第 252 页。

缺乏的就是两方面的修养：一是活动的修养，即做事的才干；二是合群的修养，即与群众一起做事的才干。他把这两种修养详细列入下表（见表 4-1），以供教育时予以有针对性地进行。

表 4-1　群众生活的两种修养[①]

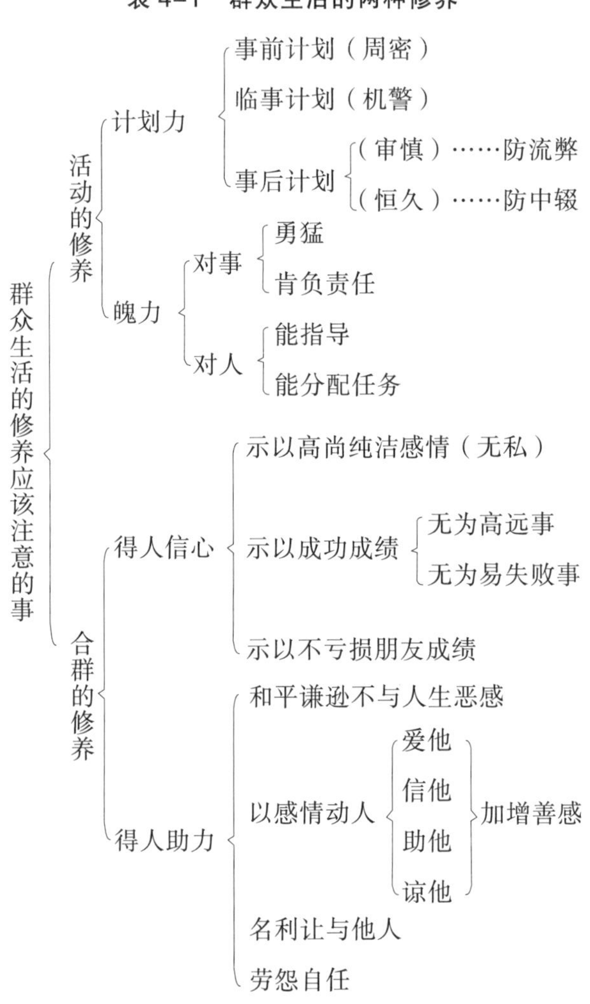

恽代英认为，活动的修养与合群的修养也是统一的，是个性结构中的个体性与群体性的统一；只有注重团体的训练和群育，形成青年学生的合群性，形成他们的群众观点，才能从整体上提高国民的素质。

① 恽代英:《恽代英文集（上）》，人民出版社，1984，第 180 页。

（三）杨贤江论“全人生指导”

在人间只逗留了36个春秋的杨贤江，为我们留下了巨大的精神财富。据不完全统计，他撰写和翻译的教育著作达8部，论文和译文370余篇，与青年的通信100余封，答问1400余则。其中《教育史ABC》和《新教育大纲》是中国最早用马克思主义原理系统地阐述教育史和研究教育理论的著作。在这两部具有划时代意义的作品中，杨贤江对国内流行的教育神圣说、教育清高说、教育中正说、教育独立说、教育万能说、教育救国论等学说进行了分析和评论。提出了教育起源于人类实际生活的需要，教育是社会的上层建筑，教育由一定的经济和政治所决定，同时也对政治、经济有反作用等观点，不仅为中国无产阶级的教育理论勾勒了一个蓝图，也为中国现代的教育理论体系和教育史体系做出了开拓性的贡献。

杨贤江在教育思想上的另一贡献是他的“全人生指导”理论。

1921年初，在朱元善的推荐下，杨贤江受聘任上海商务印书馆《学生杂志》编辑。在六年任期内，他对杂志进行了改革，开辟了“通讯”“答问”等专栏，加强了与青年学生的沟通，使杂志成为青年学生的良师益友，并被誉为“学生界定期刊物中思想最高尚、最纯洁、最切实、最缜密、最普遍而又是最富于革新精神的杂志”①。杂志也丰富了杨贤江的青年教育经验，为“全人生指导”理论的形成准备了条件。

1925年，中国教育界曾就中学训育问题开展了一次讨论。在讨论中，杨贤江及时发表了《中学训育问题的研究》的论文，批评了教育理论界与实际负责部门“把整个的人生分割”，把德、智、体三育分立，以及不从学生本身着想、不从社会环境上着想的缺陷，没有“指导全人生”的教育观念，因而“是畸形的或蹩脚的教育”。②他写道：

> 向来的学校教育，大都偏于知识的传授，而对于良好习惯的培养，青年问题的探索，未尝加以留意。换句话，就是未能为全人生的指导；于书本

---

① 高尔松、高尔柏：《我们对于学生杂志的贡献》，《学生杂志》第10卷第1期。

② 中央教育科学研究所、厦门大学合编《杨贤江教育文集》，教育科学出版社，1982，第222–223页。

的教室的课业以外，对于如何过日常生活，如何交友，如何消闲，如何处世，如何发见并解决本身各个问题，如何满足并发达学生所喜欢做的活动，都在所不问。试问这种教育怎能完成它的指导人生的职责呢？[①]

那么，怎样才算是“全人生指导”呢？杨贤江认为，“全人生指导”就是对青年学生的理想、道德、身体、知识、艺术生活、婚姻、就业、择友、交游、生活习惯等进行全方位的关心，使他们过上“圆满的生活”，形成圆满的个性，做一个全面发展的“圆满的人”。可见，“全人生指导”本质是一个个性塑造的系统工程。

杨贤江认为，人类的生活内容非常复杂多样，但大致可以分为健康、劳动、公民和文化生活四类。因此，“全人生指导”也就是在这四个方面进行指导。他指出：健康生活是个人活动的资本、生活的根源；倘若这方面的生活不完全，那就可能成为废物。所以，健康生活的作用，在于保证人类的体力适用于工作、服务及研究活动，且能享受身心圆满的快乐。健康生活的指导主要是体育的任务，但这种体育不仅要在竞技、体格、体力等方面下功夫，还应该使学生“获得关于日常个人的及公共的卫生应用的知识——特别是性知识，养成清洁、节制、运动、服务公共卫生事业诸种的习惯，并要有对于个人健康和公共健康的信仰和热心，以及对于健康和身体发展的兴趣”。[②]这实际是一种大健康教育观，在今天仍有重要的现实意义。

劳动生活又称职业生活，杨贤江认为它是维持生命和促进文明的要素，在劳动中人们不仅可以显示自己的力量，也可以满足自己的欲望，任何轻视劳动的人，无异也轻视了自己。他指出，劳动生活并不是出校门后到社会上谋生时才有，在学校教育中为了养成劳动习惯与训练体力，也可有劳动方面的作业，如室内的扫除保洁、农场的栽培饲养，以及木工金工的制造修理乃至铺路、植林、办消费公社等，都具有教育的价值，而不仅仅是

① 中央教育科学研究所、厦门大学合编《杨贤江教育文集》，教育科学出版社，1982，第226页。

② 杨贤江：《学生生活改造论》，载中央教育科学研究所、厦门大学合编《杨贤江教育文集》，教育科学出版社，1982，第254页。

为学一种技巧。所以杨贤江认为:“我们就要注意从这种生活上得到对于实际工作的知识与对于特殊职业的知识，重视由实行工作及满足工作的需要而获得的习惯，并养成普遍劳动于人间的理想及真正认识劳动价值的态度。”[①]这实际上又是一种把劳动教育与思想品德教育、职业教育结合起来的大劳动教育观。

公民生活又称社会生活，它是完成人类生活、圆满人生关系的基础。杨贤江指出，人是社会的人，人不可能脱离社会生活，一个人如果没有健全的社会生活，他将“不仅止于为社会的赘疣，更难免趋于利己损人”[②]。在公民生活的指导方面，主要是让每个学生参加各种团体活动，在活动中修得社会科学的知识，注意时事的研究，培养贡献社会、领导群众的理想，提高对社会问题的兴趣和对不良社会生活情形的痛恨。另外，在学校环境中，要注意形成和谐的人际关系，“务使生活在这个团体以内的各分子即校长、教员、学生、校役等能互通情愫，能互相接近，能如家人的亲睦”[③]。还要“有意地组织大规模或小范围的团体”，如学生会、学生自治会、早起读书会、平民教育社等；注意团体生活的诸种训练，如“团体成员必须有出席、缴费、服从议决案的责任；团体成员应有如何进行开会，如何维持秩序的知识与技能；团体成员应有发展会务的精神”[④]；等等。使学生养成热爱团体、敬业乐群的态度和习惯。

文化生活又称学艺生活，它包括文艺、科学、语言、游历等内容，可以使人生有兴趣，使社会有进步，“一个人若不注意于这方面的生活，则人生将没有温情与光明”[⑤]。杨贤江指出，读书明理固然重要，但丰富社交、消遣闲暇也不可少。所以，他要求青年学生除努力吸收新知识、研究新文化以提高好尚、扩大心境以外，更要具备有关游戏、戏曲、音乐、艺术、文学及别种有益身心的娱乐方面的知识，有和蔼待人及善于会话和消遣的技能。在组织活动上须有研究会、讨论会、演说会、俱乐部、同年会以及

---

① 杨贤江:《学生生活改造论》，载中央教育科学研究所、厦门大学合编《杨贤江教育文集》，教育科学出版社，1982，第255页。

②⑤ 同上，第242页。

③④ 杨贤江:《中学训育问题的研究》，载中央教育科学研究所、厦门大学合编《杨贤江教育文集》，教育科学出版社，1982，第229页。

旅行、展览、郊叙等，以发扬情感、促进社会交往、利用闲暇。在食堂、宿舍和校内校外宜乎布置的地方，更应求其有美景的点缀，以涵养我们的美感，浓郁我们的兴趣。[①]

总而言之，“一个人要过圆满的生活，应当有强健的身体及精神，有工作的智识及技能，有服务人群的理想与才干，有丰富生活的好尚与习惯”[②]。根据全人生的指导，对中国学生的生活应着重在以下几方面进行改造：

要有整个的圆满的人生活动；

学校课业要与身心要求及社会环境相适应；

教学两方要有共通的目标与统一的进行；

要打破课内与课外的边界；

要消除校内与校外的界限。[③]

杨贤江提出，全人生的指导虽然要靠学校、学生和教师的协调努力，但个性的塑造关键还是要靠个体的自我修养，经过“自觉、自动、自全”的功夫，去创造圆满的生活。教师对学生的全人生的指导，只是为学生的自我指导创造条件，真正的全人生生活要靠他们自己去开拓、自己去创造。[④]所以，全人生的真正指导者，圆满生活的真正创造者，完美个性的真正塑造者，还是学生自身，是个体自身。这正是个性塑造的精义所在。

（四）鲁迅论完全的解放儿童

鲁迅先生在文学方面的杰出成就往往使人们易于忽视他在教育上的贡献。其实，他在教育理论方面亦有独特的建树，尤其是在儿童个性教育方面，有许多精辟见解。

鲁迅认为，儿童教育关系到民族的前途和国家的命运，所以父母必须进行合理而及时的教育，应该有“健全的产生，尽力的教育，完全的解

① 杨贤江：《学生生活改造论》，载中央教育科学研究所、厦门大学合编《杨贤江教育文集》，教育科学出版社，1982，第255页。

② 同上，第242页。

③ 同上，第247页。

④ 金立人、贺世友：《杨贤江传记》，江苏教育出版社，1990，第155页。

放”[①]。他对中国传统的儿童教育只管生不管教的状况提出了尖锐的批评："中国的孩子，只要生，不管他好不好；只要多，不管他才不才。生他的人，不负教他的责任。虽然‘人口众多’这一句话，很可以闭了眼睛自负；然而这许多人口，便只在尘土中辗转，小的时候，不把他当人，大了以后，也做不了人。”[②]鲁迅指出，对于儿童的这种不负责任的态度，只能使父母成为“孩子”的父母，不能成为真正的“人”的父母，从而失去了培养与教育“人”的最重要的职能。

与上述家庭不同的是，还有些家庭或者任其跋扈，或者粗暴对待，这两种极端的做法，也严重地摧残了儿童的个性发展。鲁迅曾指出这两种教育方式的弊病：

> 中国中流的家庭教孩子大抵只有两种法。其一，是任其跋扈，一点也不管，骂人固可，打人亦无不可，在门内或门前是暴主，是霸王，但到外面，便如失了网的蜘蛛一般，立刻毫无能力。其二，是终日给以冷遇或呵斥，甚而至于打扑，使他畏葸退缩，仿佛一个奴才，一个傀儡，然而父母却美其名曰“听话”，自以为是教育的成功，待到放他到外面来，则如暂出樊笼的小禽，他决不会飞鸣，也不会跳跃。[③]

鲁迅认为，这两种教育方式都不可能造就出完全的、健康的儿童，往往会使儿童的个性畸形发展。或者把孩子纵容成顽劣的恶少，“带着横暴冥顽的气味，甚至于流氓模样”；或者把孩子整治成木鸡，全无生气，“未老先衰，甚至不到二十岁，早已老态可掬”。[④]

鲁迅指出，人只有通过教育才能成为真正的人，即使是天才，他生下来的第一声啼哭，也和正常的儿童一样，绝不会就是一首好诗。所以，在《我们现在怎样做父亲》一文中，鲁迅要求人们把天性的父母之爱，“更加

---

① 中央教育科学研究所编《鲁迅论教育》，教育科学出版社，1986，第 18 页。

② 同上，第 7 页。

③ 同上，第 111 页。

④ 同上，第 19 页。

扩张，更加醇化；用无我的爱，自己牺牲于后起新人”[①]。只有这样，才能把儿童培养成为“完全的人”。

那么，这种“新人”或“完全的人”应具有怎样的素质或个性呢？鲁迅认为，首先应该使儿童有健康的体魄，“养成他们有耐劳作的体力”，从而为形成良好的个性打下坚实的物质基础。他指出，那些身体瘦弱、精神萎靡的儿童，决不可能成为“将来‘人’的萌芽”。其次，应该有生动活泼的精神，而没有丝毫被压迫得“瘟头瘟脑”、胆怯萎缩、唯唯诺诺的心理状态。他指出，那些“温文尔雅，不大言笑，不大动弹”的儿童，也是个性不健全的儿童。再次，应该有顽强的品格。鲁迅在《从孩子的照相说起》一文中说，中国人的价值观往往是趋向于“静”，只有那些低眉顺眼的驯良的儿童，才会被认为是“好孩子”，而“活泼，健康，顽强，挺胸仰面……凡是属于‘动’的，那就未免有人摇头了”[②]。总而言之，鲁迅所说的“新人”，是一种“有耐劳作的体力，纯洁高尚的道德，广博自由能容纳新潮流的精神”的人。这种人个性得到充分的解放，也就具有“能在世界新潮流中游泳，不被淹没的力量”[③]。

怎样去培养完全的人，怎样去完全解放儿童，养成儿童良好的个性呢？鲁迅提出了“理解”“指导”和“解放”三条原则。首先是“理解”。他认为，教育儿童首先要理解儿童，根据儿童的身心发展特点进行教育，既不能把儿童作为“成人的预备”，也不能把儿童作为“缩小的成人”。他说：“往昔的欧人对于孩子的误解，是以为成人的预备；中国人的误解，是以为缩小的成人。直到近来，经过许多学者的研究，才知道孩子的世界，与成人截然不同；倘不先行理解，一味蛮做，便大碍于孩子的发达。”[④]他在《看图识字》一文中对儿童读物编写的问题进行了阐述，主张编写儿童读物的人要真正地深入了解儿童的世界。鲁迅说：儿童是可以敬服的，他常常想到星月以上的境界，想到地面下的情形，想到花卉的用处，想到昆虫的言语；

① 中央教育科学研究所编《鲁迅论教育》，教育科学出版社，1986，第 17 页。

② 同上，第 137 页。

③ 同上，第 18 页。

④ 同上，第 17–18 页。

他想飞上天空，他想潜入蚁穴。所以，选择给儿童看的图书必须十分慎重，对儿童应有透彻的理解。

其次是“指导”。鲁迅说，教育儿童的长者必须是一个“指导者”或“协商者”，而不应是“命令者”。[1]指导儿童要坚持循循善诱、正面教育，孩子有话要让他们说，不能只许大人“随便大说大笑，而单是禁止孩子”。对孩子的指导要因时、因人而异，“绝不能用同一模型，无理嵌定”。

再次是“解放”。鲁迅指出，儿童对于父母来说，是“即我非我”的人，但既已分立，也便是人类中的人，是一个独立的人。“因为即我，所以更应该尽教育的义务，交给他们自立的能力；因为非我，所以也应同时解放，全部为他们自己所有，成一个独立的人。”[2]

为了培养“完全的人”，鲁迅不但主张注意现实的儿童教育研究与改革，而且重视对儿童教育的历史经验进行总结。他说：“倘有人作一部历史，将中国历来教育儿童的方法，用书，作一个明确的记录，给人明白我们的古人以至我们，是怎样的被熏陶下来的，则其功德，当不在禹（虽然他也许不过是一条虫）下。”[3]这说明，培养“完全的人”或教育造就“新人”，也必须从教育历史中汲取经验和教训，个性的发展本身也是一个历史的过程。

为了培养“完全的人”，鲁迅主张对社会进行根本性的改造。他指出：“现在的所谓教育，世界上无论哪一国，其实都不过是制造许多适应环境的机器的方法罢了。要适如其分，发展各各的个性，这时候还未到来，也料不定将来究竟可有这样的时候。”[4]这里虽然对未来教育的前途信心尚不足，但他清醒地看到了个性的发展离不开社会环境、离不开社会改造的重要事实。因此，鲁迅认为应该教育学生去改革社会，而不是消极地适应社会。他在《死魂灵》第二部第一章《译后附记》中写道：“第一章开首之处……那反对教师无端使劲，像填鸭似的来硬塞学生，固然并不错，但对于环境，不想改革，只求适应，却和十多年前，中国有一些教育家，主张学校应该教授看假洋（注：指辨银圆真伪），写呈文，做挽对春联之类的意

---

①② 中央教育科学研究所编《鲁迅论教育》，教育科学出版社，1986，第 18 页。

③ 同上，第 113 页。

④ 同上，第 201 页。

见，不相上下的。”这样，鲁迅就把个性塑造与教育改造、社会改造作为一个整体来考虑，从而得出了必须进行社会改造的革命性的结论。

四、青年毛泽东与人格主义教育

青年毛泽东的教育思想虽然不像1949年以后那么显赫耀眼，但也是毛泽东整个教育理论体系中不可分割的组成部分，毛泽东教育思想的形成与发展，本身也是一个历史的、逻辑的展开过程。

青年毛泽东对教育就非常重视。1912年6月，19岁的毛泽东还在长沙的一所中学读书，他曾作过一篇名为《商鞅徙木立信论》的作文。文中写道:“商鞅之法……诚我国从来未有之大政策，民何惮而不信？乃必徙木以立信者，吾于是知执政者之俱费苦心也，吾于是知吾国国民之愚也，吾于是知数千年来民智黑暗国几蹈于沦亡之惨境有由来也。”他认为，中华民族的不幸，根子在于民智暗愚。所以，要改造社会，救亡图存，必须重视教育，进行人心、民心的改造。

青年毛泽东把“变化民质”、改造“人心道德”视为“本源”，实际上与蔡元培等当时提倡的“养成共和国民健全的人格”有相通之处，毛泽东理解的“本源”在本质上就是“人格”。青年毛泽东寻求人心本源的直接目的，就是重塑民族的新人格。在这里，他的救国理想与人格理想是合而为一的。①

青年毛泽东的人格主义教育思想是建立在他对旧学校扼杀个性、影响人格健康发展的反省与认识的基础之上的。1915年11月9日，毛泽东在给黎锦熙的信中曾展示了旧教育下个性与人格遭扭曲、摧残的痛苦:“弟在学校，依兄所教言，孳孳不敢叛，然性不好束缚，终见此非读书之地。意志不自由，程度太低，俦侣太恶，有用之身，宝贵之时日，逐渐摧落，以衰

① 陈晋在其所著《毛泽东的文化性格》（中国青年出版社，1991，第14页）中写道:“仅把本源解释成宇宙真理，毕竟还有些云山雾罩。它落实到‘人心’上面，事实上就是正确的人生观、价值观、思想道德、言行认知等，我们统称为人格。缺少或失却本源的人格，是没有自我的麻痹的人格，其行为始终是在黑暗中徘徊，一无所得，一无所成；由这样的个体人格组成的族类，是缺少精神太阳，没有生机、没有希望的族类。”毛泽东的理想正是为了重塑民族的人格。

以逝，心中实大悲伤。”在《湖南自修大学创立宣言》中，他又指出学校教育使学生“消磨个性，灭掉性灵”的三大弊端：一是师生之间没有感情，先生抱一个“金钱主义”，学生抱一个“文凭主义”，“交易而退，各得其所”，使受教与施教都成为商业性行为；二是“用一种划一的机械的教授法和管理法去戕贼人性”；三是钟点过多，课程太繁，学生终日埋头于上课，几不知上课以外还有天地，往往“神昏意怠，全不能用他们的心思为自动自发的研究”。总之，这三条都是不利于学生的个性解放，妨碍学生的人格发展的。

青年毛泽东所主张的人格主义教育，比较注重德、智、体的全面和谐发展，而尤其重视强固人的体魄、勇力与意志。在《〈伦理学原理〉批语》中，青年毛泽东就把“动”作为“豪杰之士”的“人格之源”。他写道：“豪杰之士发展其所得于天之本性，伸张其本性中至伟至大之力，因以成其为豪杰焉。本性以外的一切外铄之事，如制裁、束缚之类，彼者以其本性中至大之动力排除之。此种之动力，乃至坚至真之实体，为成全其人格之源。”这里的所谓“动力”，首先是体魄之动力。在《体育之研究》中，毛泽东把体魄勇力作为人格塑造的首要前提。他写道：“欲文明其精神，先自野蛮其体魄，苟野蛮其体魄矣，则文明之精神随之。”他认为体是道德与学问的基础，“体强壮而后学问道德之进修勇而收效远”。在谈及德智体三者的关系时，青年毛泽东说：“体者，为知识之载而为道德之寓者也。其载知识也如车，其寓道德也如舍。”他认为，体育的意义，不但可以“强筋骨”“增知识”“调感情”，对于增强和锻炼意志，从而成就人生之大事业，也有不可忽视的作用。在他看来，“体育之主旨，武勇也。武勇之目，若猛烈，若不畏，若敢为，若耐久，皆意志之事也”。具体说来，“夫力拔山气盖世，猛烈而已；不斩楼兰誓不还，不畏而已；化家为国，敢为而已；（大禹治水）八年于外，三过其门而不入，耐久而已。……意志也者，固人生事业之先驱”。这样，体育就不仅具有锻炼身体的功能，而同时具有磨炼意志与张扬人格的意义了。也正是在这个意义上，青年毛泽东非常赞赏和倡导“工读并行”；也正是这一思想，直接影响了他后来一直强调知识分子要参加生产劳动，走“五七道路”，青年学生要上山下乡“学工、学农”等。

如果说青年毛泽东的人格主义教育的核心内容是强调“动”的体魄之

锻炼，那么，培养健全人格的最有效的途径，则是所谓的自我实现主义。青年毛泽东在《〈伦理学原理〉批语》中写道："人类之目的在实现自我而已。实现自我者，即充分发达自己身体及精神之能力至于最高之谓。"他把自我实现视为人生的最高目标，自我实现并不是指没有任何外来的压力，而是强调个体的道德自律。他说："吾则以为吾人惟有对于自己之义务，无期于他人之义务也。凡吾思想之所及者，吾皆有实行之义务。即凡吾所知者，吾皆有行之义务，此义务为吾精神中自然发生者，偿债，践约，及勿偷盗，勿作伪，虽系与他人关系之事，而亦系吾欲如此者也。所谓对自己之义务者，不外一语，即充分发达自己身体及精神之能力而已。"总之，在青年毛泽东看来，只有坚持以自我实现为义务，才能使自己的人格得以完成和完全。他认为，那些英雄豪杰之所以被称为英雄豪杰，根本原因在于伸张了他们本性中的至伟至大之力。"大凡英雄豪杰之行其自己也，发其动力，奋发踔厉，摧陷廓清，一往无前，其强如大风之发于长谷，如好色之性欲发动而寻其情人，绝无有能阻回之者，亦绝不可有阻回者。"所以，他非常重视自己给自己规定的道德律令，强调教育必须养成学生的这种品质，使他们学会磨炼自己，动心忍性，为实现自我而勇往直前。

青年毛泽东在强调自我实现和个体人格的培养时，并没有否定教育的社会目的，没有否定社会的整体人格。在这一点上，他接受了自己的老师杨昌济的思想。杨昌济说："教育当养成于必要之时牺牲自己利益之精神，又不可不养成有确信、有主张之人，不可不养成有公共心之个人主义之人。"[①]青年毛泽东在《〈伦理学原理〉批语》中把这种"公共心的个人主义"诠释成"精神个人主义"。他在阐述利己与利他的辩证关系时说："人类固以利己性为主，然非有此而已也，又有推以利人之性，此仍是一性，利人乃所以自利也。自利之主要在利自己精神，肉体无利之价值。"可见，青年毛泽东虽然强调"利己性"，但并不否认"利他"，而且把"利己性"主要作为精神性的东西，他提出的"利自己精神"则更是一种个体道德修养的自觉了。"利精神在利情与意，如吾所亲爱之人，吾情不能忘之，吾意欲救之，则奋吾之力以救之，至剧激之时，宁可使自己死，不可使亲爱之人死。如

① 王兴国编《杨昌济文集》，湖南教育出版社，1983，第124页。

此，吾情始浃，吾意始畅。”不难看出，青年毛泽东的精神个人主义是蕴含有利他要素的。

青年毛泽东的人格主义教育思想在《湖南自修大学创立宣言》(1921)中有了进一步的发展。这时，他已比较明确地把个体人格的形成与社会的改造联系起来，把人与己、个人与社会并重。他在谈到自修大学的创立宗旨时说：“自修大学学生不但修学，还要有向上的意思，养成健全的人格，湔涤不良的习惯，为革新社会的准备。”这样，他就突破了仅仅“以社会为个人之发展”的单向性，而弘扬了个体对于社会客体的能动作用。这既纠正了他自己以前把社会仅仅当作自我实现的工具的片面观点，也纠正了那种把个人仅仅视为社会的“牺牲品”和工具的错误观点。[①]同时，青年毛泽东明确把个人的自我实现同社会的自我实现联系起来，既强调个体人格的塑造，也重视社会整体人格的塑造。他说：“湖南人有一种很大的任务落在他们的肩膀上来了。什么任务呢？就是自完成、自发展、自创造他们各个及全体特殊的个性和特殊的人格。”[②]这样，个体的自我实现与社会全体的人格形成，成为一个统一的、同步的过程了。虽然后来随着革命与建设实践的发展，毛泽东对教育的社会功能更加重视，但在他的教育思想体系中，那种重视个体独立人格、反对压抑与束缚个性的思想，以及重视个体全面发展的思想，仍具有重要的地位。

五、个性教育思想的透视

个性教育思想是五四时期中国教育思想的主旋律。这一时期的教育家，几乎无人不谈“个性主义”“个性解放”和“发展个性”。这既反映了这一时期知识分子与青年学生的觉醒和对于传统的反抗意识，也反映了人的问题已成为中国革命的核心问题。张扬人的个性，恢复人的尊严，提高人的地位，承认人的价值，个性教育成为教育家的共识。

---

① 王兴国：《青年毛泽东的人格主义教育思想》，载蒋伟杰、万喜生主编《学习和研究毛泽东教育思想——毛泽东教育思想研究论文集》，湖南教育出版社，1991，第163–172页。

② 《湖南自修大学暨湘江中学》，中国人民大学出版社，1988，第37页。

（一）个性教育思想重视人的主体地位，强调发展学生的个性，从而使个性从传统的封建伦理道德的重压下完全解放出来，使教育对象的地位得到了前所未有的提高

五四新文化运动对中国传统的文化教育价值进行了猛烈的抨击，其核心内容就是要与戕贼人性、消磨个性的做法进行彻底的决裂。所以，许多有识之士都把"'个人'的发现"作为五四运动的最大成功。茅盾在《关于创作》中说："人的发现，即发展个性，即个人主义，成为五四时期新文学运动的主要目标，当时的文艺批评和创作都是有意识的或下意识的向着这个目标。"这是就文学而言的，其实教育何尝不是如此？蒋梦麟就指出，五四新文化运动"对文化教育而言，曰个性主义"[①]。如恽代英在自己的教育工作实践中，就积极主张学生自己管理自己，在学校中废除了学监制，成立了学生自治会；鲁迅为了培养具有自立能力的、独立的儿童，曾亲自搜集儿歌，翻译外国优秀的儿童文学作品和科学小说。

在"个性解放""个性教育"的旗帜下，学生的主体地位开始受重视，"教授法"被改为"教学法"，突出了"学"的作用，学生的自学、自修、自动的研究和学生自治，都得到了提倡与鼓励。从教的角度言，开始注重启发式、辅导式、生活教育和天才教育，而反对灌输、注入、教训式、封闭式和整齐划一。"谋个性之发展"成为教育界的共识。在教育家们探讨、研究学生个性发展问题的同时，青年知识分子和学生也开始认识自身的价值，重视个性的自我发展、自我完善与自我实现。"一大批由传统人格转化成现代人格，具有鲜明个性和充足活力的青年学生破土而出，异军突起，成为中国现代政治、文化、经济、教育方面的风云人物和优秀人才，带动了中国社会的前进。"[②]不过，也必须指出，五四时期个性教育思想对封建教育的清算并不是非常彻底的，它像一阵飓风，猛烈地摇撼了封建教育这棵盘根错节的大树，但未及将其连根拔起就呼啸而过了。所以，迄今为止，

---

① 蒋梦麟：《个性主义与个人主义》，《教育杂志》第 11 卷第 2 期。

② 刘琪：《个性·群性·社会——五四时期教育理论探索的中心问题》，《华东师范大学学报（教育科学版）》1989 年第 2 期。

封建旧教育的残余影响还不同程度地存在着。

（二）个性教育思想自觉地扬弃了西方式个性主义与个性发展的消极因素，强调个体与群体及社会的不可分离，重视个性塑造与社会改造的协调，形成了具有中国特色的个性教育观

个性教育思想是由不同阶级、不同阶层、不同派别、不同信仰的教育家所共同提倡的一种教育思潮，虽然主题相同，但内涵是不尽相同的。如在那些接受了马克思主义的青年教育家和知识分子看来，个性的发展离不开社会的发展，社会改造是个性塑造的前提，而个性塑造对于社会也具有不可忽视的反作用。他们要求学生不仅要认真读书，发展自己的个性，而且要多从事牺牲个人而有益于社会改造的事业。如杨贤江就主张，既要反对“禁止活动，束缚个性的专制教育”，又要反对“因循苟且，任情纵欲的‘自由教育’”。①

对于那些主张和平改革的教育家和自由主义者来说，他们也讲个性主义、个性教育，但总是力图把它限制在一定的范围内，反对那种由于“个性主义过于发达”而引起的社会动乱和流血革命。如胡适、蒋梦麟等就竭力劝说学生不要做破坏性的攻击，而要用建设的方法促进学校和社会的改良，用正当的方法来传播自己的主张及与黑暗势力作斗争。虽然他们的主张有不切实际之处，但他们与李大钊、恽代英、杨贤江乃至青年毛泽东也有共同之处，即都不否认个性塑造与个性发展在中国社会和教育改造中的重要作用，而又多少不等地不满于西方式的个性主义（个人主义）教育，在处理个性与群性、个人与社会、个性塑造与教育改造和社会改造的关系上，比较重视协调与和谐。

（三）个性教育思想促进了教育理论的个性化，开创了教育思想的百花齐放、百家争鸣局面，西方的各种教育理论、流派、思潮和方法不断地被输入进来，并形成了具有中国特色的各种教育思想

五四时期，在思想解放和个性主义洪流的冲击下，教育界不仅主张对

① 中央教育科学研究所、厦门大学合编《杨贤江教育文集》，教育科学出版社，1982，第226页。

学生进行个性教育，也竭力主张教育理论的个性化。陈独秀就主张理论研究应该学术化而非神圣化，应有自由的个性。“除了牵强、附会、迷信，世界上定没有万世师表的圣人、推诸万世而皆准的制度和包治百病的学说这三件东西。在鼓吹一种理想实际运动的时候，这种妄想、迷信，自然很有力量、价值。但是在我们学术思想进步上，在我们讨论社会问题上却有很大的障碍。”[①]胡适也明确指出，任何学说“都由个人的时势不同，才性不同，所受的教育又不同，所以他们的学说都有个性的区别，都有个性的限制，并不能放诸四海而皆准也，不能推诸万世而不悖”[②]。所以，中国的新教育不能只具有一种个性，偏执于一种主义，而应“包含一切新主义之教育”。

在上述思想的影响下，中国教育界一方面积极介绍与引进国外的教育理论和思潮，一方面结合中国的实际主动创造新的教育理论和思潮，使教育理论出现了空前的繁荣状况。在五四时期，影响较大的就有平民教育思潮、工读教育思潮、自由主义教育思潮、美感教育思潮、职业教育思潮、实用主义教育思潮等，仅《教育杂志》1920 年 9 月至 1921 年 8 月约一年间，就发表介绍国外教育理论的文章 36 篇。

这一时期的教育思想与洋务教育、维新教育时期的教育思想有一个很重要的区别，即个性教育思想是不同教育理论的大合唱。它主要不是从中国教育自身的发展中封闭或独立产生的教育思想，而是在诸多派别的教育理论被介绍到中国时，教育家们可以主动选择和创造的产物，有着更肥沃的教育思想土壤。

其实，从历史上溯源，对传统旧教育的批判并不是从这时候开始的，早在北宋时期，王安石、胡瑗等人就对儒家正统教育的弊端进行了揭露和变革的尝试。个性主义教育思想在五四时期的爆发也并非完全是空穴来风，而是在社会政治的推动下产生的。因此，这一时期的教育家在讨论教育问

---

① 生活·读书·新知三联书店编辑《陈独秀文章选编（上）》，生活·读书·新知三联书店，1984，第 498 页。

② 胡适：《〈西洋哲学史大纲〉导言》，转引自中国李大钊研究会编注《强力与自由政治》注引，《李大钊全集》第二卷，人民出版社，2006，第 208 页。

题的时候，更多地是从政治的而不是教育的角度切入，教育上的论争成了政治斗争的附属品和点缀品。他们在抨击旧教育摧残个性，倡导教育之“应然”，谋划新教育的宏伟蓝图时，由于境界和觉悟程度的局限性，显示出了偏颇或准备不足的特征，比如，存在着对传统教育彻底全盘否定的倾向。

但是，我们也必须承认，个性主义教育思想对中国现代教育乃至当今教育的影响是深刻而明显的。今天，我们推行的素质教育仍然面临着教育的个体性与社会性要求之间的矛盾困扰，这值得我们进一步地思考和探索。

第五章　中国现代的职业教育思想

惟先劳而后食兮，嗟！吾人群之天职。欲完此天职兮，尚百业之汝择。愧先觉觉后之未能兮，舍吾徒之责而谁责？同心组成吾社兮，将以求吾道之昌也。研究试验以实施兮，期一一见诸行也。苟获救吾民之憔悴兮，卜吾国族之终强也。手旗兮飞扬！吾何往兮？比乐之堂！将使无业者咸有业兮，使有业者乐且无疆。嗟！嗟！吾愿何日偿兮？天假我以岁月之悠长！①

这是黄炎培先生撰写的《中华职业教育社社歌》歌词。歌词表达了黄炎培先生“无业者有其业，有业者乐其业”的职业教育理想，也体现了中华职业教育社的同人试图通过职业教育使国家富强、民族兴旺的殷殷之心。中国现代的职业教育思想，正是在黄炎培先生及其领导的中华职业教育社的职业教育实践中，不断地形成、发展，并不断地完善的。

一、职业教育思想的形成与发展

1878 年，正当洋务派在“中学为体，西学为用”的旗帜下，红红火火地兴办产业和学校之时，黄炎培诞生于江苏省川沙县（今属上海市）的一个塾师的家庭中。在黄炎培向少年告别的时候，爆发了一场标志着洋务运动失败的中日甲午战争，翌年签订的丧权辱国的《马关条约》，像一把尖刀刺进了中国人民的心里，也刺进了这位年轻人的心里。1901 年，黄炎培考入了南洋公学特班，师从著名教育家蔡元培先生，专攻外交。在南洋公学的学习生活虽然只有短短一年，但对黄炎培的一生却有重要影响，尤其是蔡元

① 中华职业教育社编《黄炎培教育文选》，上海教育出版社，1985，第 334 页。

培的爱国主义精神和教育救国思想，对他的人生抉择产生了关键的作用[①]，黄炎培正是在这个起点上迈向教育生活的。

（一）职业教育思想的孕育期

从 1903 年至 1913 年，是职业教育思想的孕育期。

1902 年秋，因南洋公学学潮，黄炎培遵师嘱归故里投身新式教育。从 1903 年创办川沙县小学堂起，他就与教育结下了不解之缘。黄炎培在被聘为川沙小学堂“总理”（校长）后，义务任职，并利用学校阵地宣传革命思想，结果以毁谤皇上的罪名被拘捕，幸而在督抚“就地正法”电令到达半小时前被营救出狱，旋即亡命日本。

1904 年案情渐松，黄炎培回到了上海，先后主持广明小学、广明师范讲习所、浦东中学，并任教于爱国学社、城东女学、丽泽书院等，积累了不少教育经验和资料。1905 年经蔡元培介绍加入了中国同盟会，并成为江苏学务总会的主要成员。江苏学务总会是江苏省唯一的江南、江北统一的机构，在当时的教育界颇有盛誉。黄炎培为该会常任调查干事，负责解决各地学事纠纷。1909 年被选为江苏咨议局常驻议员。

1911 年武昌起义爆发，江苏省不久宣告独立，黄炎培出任江苏都督府民政司总务科科长兼教育科科长。1912 年 1 月中华民国南京临时政府成立，蔡元培出任民国第一任教育总长，黄炎培曾应师之请为民国草拟若干临时教育法令。回到苏州后，受命任江苏省教育司司长，主持地方的教育工作。在十余年的教育生涯中，黄炎培比较全面地掌握了教育的状况，目睹了中国教育严重脱离实际的弊端，所以对改革旧教育提出了一系列的设想，并孕育了职业教育思想的萌芽。

1913 年，黄炎培当选为江苏省教育会副会长。这一年也是他的教育理论趋于脱胎的时期。他先后拟定了《江苏今后五年间教育计划书》，发表了《教育前途之危险之现象》以及《学校教育采用实用主义之商榷》等论文，

---

① 黄炎培在追忆蔡元培对他的影响时写道：“斯时吾师之教人……千言万语，一归之爱国。”“‘中国国民遭到极度痛苦而不知痛苦的由来，没有能站立起来，结合起来，用自力来解除痛苦。你们出校，必须办学来唤醒民众。’蔡师这几句话，我永远记着。”（《国讯》第 230–231 期）

为职业教育思想作了系统的理论准备。

《江苏今后五年间教育计划书》是为江苏省的教育发展绘制的一幅蓝图，规定了从小学教育到师范学校、中学校、农业学校、工业学校、商业学校、生活教育、社会教育、高等教育的发展计划，把教育与社会的实际生活紧密联系在一起。黄炎培认为，教育的重要责任之一，就是“为审察当世需要之人才而豫储之，以应用者也”[①]。他在谈到工业教育时指出：“工业愈进，用铁愈繁，制铁人才亟须储备，则冶金科宜增设；民国肇新，印刷业之发达，一日千里，物自我作，利不外溢，则制版科宜增设。苟为社会所急需，则皆推广所必及者也。”[②]体现了黄炎培教育思想注重实际、注重生活、注重事功的特点。

在《教育前途之危险之现象》一文中，黄炎培抨击了法政教育畸形发展的现象，大力倡导兴办有利于国计民生的各种实业学校。他指出：“今之论中国者，莫不以民多分利、少生利为致贫弱之一大患。习法政者所为事业，分利事业也，其趋之也如彼；农工，生利事业也，其弃之也若此。”[③]“吾为此惧，不得不掬诚以告求学青年，以告青年父兄，以告负教育青年之责者。夫吾非谓法政之不足习，而法政学之可废也。求学必求当世必需之学，教人必教之为当世不可少之人，然则何去而何从乎？”[④]喊出了求“当世必需之学”，教“当世不可少之人”的呼声。

《学校教育采用实用主义之商榷》一文，更是职业教育思想的前奏曲。这篇在民国初年的教育界引起热烈讨论的文章，比较系统而全面地反映了黄炎培早期的教育思想。他认为，教育的根本宗旨是“使备人生处世不可少之件”，从而使人“于己具有自立之能力，于人能为适宜之应付”。具体来说，德育的关键是“宜归于实践”，体育是“求便于运用”，智育则是“授以生活所必需之普通知识技能而已”。[⑤]

他批评当时教育脱离生活实际的陋习：

---

① 中华职业教育社编《黄炎培教育文选》，上海教育出版社，1985，第4页。

② 同上，第5页。

③ 同上，第12页。

④ 同上，第13页。

⑤ 同上，第14页。

乃观今之学子，往往受学校教育之岁月愈深，其厌苦家庭鄙薄社会之思想愈烈，扞格之情状亦愈者。而其在家庭社会间，所谓道德身体技能知识、所得于学校教育堪以实地运用处，亦殊碌碌无以自见。即以知识论，惯作论说文字，而于通常之存问书函，意或弗能达也，能举拿破仑、华盛顿之名，而亲友间之互相称谓，弗能笔诸书也；习算术及诸等矣，权度在前弗能用也；习理科略知植物科名矣，而庭除之草不辨其为何草也，家具之材不辨其为何木也。此共著之现状固职教育者所莫能为讳者。然则所学果何所用？而所谓生活必需者，或且在彼不在此耶？①

针对上述陋习，黄炎培提出教育必须采用实用主义的主张。这种实用主义的教育，就是要使学校教育与实际生活相接近，变文字的教育为实物的教育，改平面的教育为立体的教育。据此理念，他对小学各科的教学改革提出了意见，重点是增加实用的、职业界的知识与经验的传授，并培养学生将所学运用于实际的精神和习性。

教育救国、教育强族、实用主义的教育思想的提出，是黄炎培职业教育思想形成过程中的重要环节。在反对封建旧教育这一点上，两者是共同的；在提倡经世致用、主张教育联系生活方面，也有相通之处。所以，实用主义教育的提出，为职业教育思想的倡导准备了理论与实际两个方面的条件。

（二）职业教育思想的形成期

从 1914 年至 1917 年，是职业教育思想的形成期。在这一时期，黄炎培最终实现了从实用主义教育到职业教育的转变。

1914 年，为了表示对袁世凯倒行逆施的反抗和不合作态度，黄炎培辞去了江苏省教育司司长的职务。这年 4 月起，他以上海《申报》记者和游美实业团编辑的身份，对国内外教育进行了广泛的考察。他以教育家所特有的敏锐的目光，审视并比较着东西方教育的异同，发表了一系列教育考察报告，如《考察本国教育笔记》《考察皖浙赣教育状况之报告》《参观京

① 中华职业教育社编《黄炎培教育文选》，上海教育出版社，1985，第 14 页。

津通俗教育记》《黄炎培君调查美国职业教育报告》等。

黄炎培在国内各地广泛考察之时，正值中国民族资产阶级发展的黄金时期。民族资本主义的迅猛发展，对教育提出了严峻的挑战：一方面是民族资产阶级迫切地希望解决人才匮乏问题，要求补充各级各类技术人员和管理人员以满足实业发展的需要；另一方面是大批中小学毕业生，乃至一些甲、乙种实业学校毕业生和高等院校的大学毕业生，由于无一技之长而不断地被抛入失业者的行列。学校教育与社会需要的矛盾十分尖锐。黄炎培认为，教育与职业的分离、学校与社会的脱节，是教育落后于社会的症结，也是教育不能满足实业发展需要的根本原因。而解决的途径，就是职业教育。至此，一种融教育与职业为一体的新教育设想已初步形成。

1915 年 4 月，黄炎培随游美实业团参观巴拿马太平洋万国博览会。他利用这个机会考察了美国 25 座城市的 52 所学校，并特别留意了职业教育的问题。在考察期间，黄炎培全面了解了美国职业教育从职业陶冶、职业学校、职业补习教育、职业指导到普通中学的选科、分科等问题，并就中国教育的问题请教美国朋友。诸如“教育与生计之关系，为我国亟待解决之一大问题，美国对此如何？”“普通中学毕业生，是否有不易谋生之现象？”“在小学教育上，曾否有使之易就职之计划？”等。最后，黄炎培从美国教育中找到了答案：“观其职业教育之成绩，益觉我国教育之亟宜改革。”[①]“职业教育者，在学说上为后起之名词，在社会上为切要之问题，在教育上实为最新最良之制度也。”[②]

回国后，黄炎培致力于把自己的答案物化为具体的实践，全身心地投入了为兴办中国的职业教育，而联络同志、募筹资金、调查研究等组织工作。1916 年 9 月，江苏省教育会附设的职业教育研究会正式成立，这是中国近代第一个省级职业教育研究机构。不久，黄炎培又联络蔡元培、张元济、宋汉章、严修等 48 位教育界、实业界人士，在上海正式创立了中华职业教育社。1917 年 7 月，黄炎培在《东方杂志》《教育杂志》上发表了《中华职业教育社宣言书》。《宣言书》指出：“今吾中国至重要、至困难问题，

---

① 黄大能：《怀念吾父黄炎培》，《人民日报》1981 年 3 月 6 日。

② 黄炎培：《抱一日记》，《教育杂志》第 8 卷第 10 号。

厥惟生计；曰求根本上解决生计问题，厥惟教育；曰吾中国现时之教育，绝无能解决生计问题之希望；曰吾中国现时之教育，不惟不能解决生计问题，且将重予关于解决生计问题之莫大障碍。”简而言之，“教育不与职业沟通，何怪百业之不进步！”所以，黄炎培认为，要解决中国的生计问题，首先要解决中国的教育问题；而要解决中国的教育问题，首先必须实施职业教育。他指出，兴办职业教育主要从三个方面着手进行：“曰推广职业教育；曰改良职业教育；曰改良普通教育，为适于职业之准备。”[①]黄炎培还对中国职业教育的设施、内容与方法提出了指导性意见：“其施行方法奈何？曰调查，曰研究，曰劝导，曰指示，曰讲演，曰出版，曰表扬，曰通信答问。其所注意之方面，为政府、为学校、为社会。而又须有直接之设施，曰择地创立都市式、乡村式男、女子职业学校，日夜、星期职业补习学校；而又须有改良普通教育之准备，曰创立教育博物院。迨夫影响渐广，成效渐彰，又须设职业介绍部。其为事：曰调查，曰通告，曰引导。”[②]

《中华职业教育社宣言书》也是职业教育思想的形成宣言。它不仅对中国教育的现状和问题进行了全面分析，而且为解决这些问题提供了思路和方法。所以，《宣言书》在为中华职业教育社提供行动纲领的同时，也标志着中国现代职业教育思想的脱胎而出，正式形成。

（三）职业教育思想的发展期

1917年以后，是职业教育思想不断发展并趋于成熟的时期。

中华职业教育社的成立，使职业教育引起了广泛的社会关注，很快形成了具有一定影响的教育思潮。教育界、实业界的著名人士纷纷撰文、演说、捐款资助，在舆论和经济两个方面大力支持职业教育事业。蔡元培先生在北京、天津、南洋各地陆续发表演讲，为职业教育呐喊。“中国今日之学生，受国家之影响，家庭之阻挠，所志多不能遂，转而入于谋生自活之途，此职业教育所以急待注意者也。”[③]并亲自担任中华职业教育社的评议

①② 中华职业教育社编《黄炎培教育文选》，上海教育出版社，1985，第52-56页。

③ 蔡元培：《在南开学校全校欢迎会上演说词》，载高平叔编《蔡元培教育文选》，人民教育出版社，1980，第26页。

会主席。笃信基督教的教育家马相伯先生也极力倡导要把实业当作“救国之本”，并把道德奉为“实业之本”。所以，他认为在职业教育中，除要运用脑力以外，更为重要的是“以道德为归依”。陶行知先生也撰文《生利主义之职业教育》，希望教育界推行职业教育。在经济上，实业界也慷慨解囊。从 1917 年至 1919 年间，大约有 39 家工厂企业或个人，先后向中华职业教育社捐款 69730 元。上海金融界领袖宋汉章和南洋华侨领袖陈嘉庚也都对职业教育伸出了援助之手。

在黄炎培的领导下，中华职业教育社有声有色地开展了一系列活动。他们开展了广泛的社会调查，对各地的职业教育情况有了全面的了解；创办了《教育与职业》杂志，并编辑、翻译、出版了数百种职业教育丛书、职业指导丛书和职业教育教科书；创办了中华职业学校，并指导各地成立了中等职业学校、职业传习所、中小学附设职业科和职业预备科，大学及专门学校的职业专修科，职业教师养成学校，实业机关乃至军队的职业学校等；成立了职业指导委员会和上海职业指导所，开展职业咨询、职业调查、职业讲演、升学指导、职业介绍、择业介绍、改业指导等活动，使职业教育渐为社会所知晓。1925 年，石占元在《教育杂志》发表文章，进一步为职业教育鸣锣开道：

铁路政策，一声大炮；工兵政策，一场春梦；时到如今，要使中国富、中国强，讲什么武力，讲什么文化。面包问题！劳工问题！教育问题！这是现在中国的三大难关，也是中国国运隆替的命根！能把这三项萃于一炉，打成一片而解决的，恐怕职业教育是唯一的钥匙了。[①]

上述论断虽不乏幻想色彩，但也从一个侧面反映出职业教育的广泛影响。

这一时期，黄炎培先生在以主要精力从事职业教育活动的同时，也对职业教育理论进行了新的探索，使职业教育思想进一步趋于成熟。在为中华职业教育社撰写的年会词中，黄炎培批评了把职业教育理解为一种狭义

① 石占元:《大战后美国职业教育运动》,《教育杂志》第 17 卷第 1 号。

的生活教育的误解，明确指出职业教育的目的是为个人谋生作准备，为个人服务于社会作准备，为世界和国家增进生产能力作准备。[①]在为《学生自治号》(《教育与职业》专刊）撰写的发行旨趣中，他又分析了办职业教育最易犯的两种毛病。一是学生误解了“自尊”的名词。“于是不知不觉看轻一切作业。随你学什么工艺，都成为贵族的工艺。除掉规定工作课程以外，不愿动手。”二是仅仅教学生职业技艺，而不注意精神的陶冶，结果“把一种很好的教育变成器械的教育，一些儿没有自动的习惯和共同生活的修养”[②]。这样，教育只是培养“改良的艺徒”，而无法完成造就“良善的公民”的使命。这时，黄炎培已经试图突破就职业教育论职业教育的樊篱，而努力在更高更广阔的背景下审视职业教育问题了。到1926年，黄炎培正式发表了《提出大职业教育主义征求同志意见》一文，提出了“大职业教育”的概念。他认为，教育的发展总是在一定的社会环境中进行的，离开社会来侈谈教育，侈谈职业教育，无异于缘木求鱼。所以他提出了三点意见:“1. 只从职业学校做工夫，不能发达职业教育; 2. 只从教育界做工夫，不能发达职业教育; 3. 只从农、工、商职业界做工夫，不能发达职业教育。”[③]基于这样的认识，他反对关起门来办教育，要求从事职业教育的人必须“分出一部分精神，参加全社会的运动”[④]，积极投入到社会生活中去。

“大职业教育”的提出，标志着黄炎培的职业教育思想进入了一个新的发展阶段。从此以后，黄炎培逐步把职业教育的工作重点从学校转向社会，从城市转向农村，并把自己的主要精力投入救亡抗日的实际斗争中，给职业教育赋予了新的内涵。

1949年10月15日，黄炎培在《人民日报》发表了《中华职业教育社奋斗三十二年发见的新生命》的长篇文章，全面回顾、总结和反省了他和中华职业教育社三十多年的奋斗历程，主动提出把中华职业教育社所办的各项教育事业无条件地交给人民。他明确指出:“只有实现社会主义和共产主义，才能使人类职业问题获得最实际而美满的解决，才能十足地完成它

---

① 中华职业教育社编《黄炎培教育文选》，上海教育出版社，1985，第68页。

② 同上，第84页。

③④ 同上，第154–155页。

最伟大的‘无业者有业，有业者乐业’的使命。”[①]此后，中华职业教育社在教育部的领导下，创办了北京函授师范学校和中华函授学校，为新中国的业余教育和职业教育事业继续做出新的贡献。

二、职业教育思想的主要内容

中国现代的职业教育思想内涵比较丰富，具有比较完整的理论体系。现从职业教育的目的论、办学方针论、课程论、教学原则论、方法论和职业道德教育论诸方面，对现代职业教育思想进行评述。

（一）职业教育的目的论

关于职业教育的目的，黄炎培最早在《中华职业教育社宣言书》中就有论述。他说:“夫职业教育之目的，一方为人计，曰以供青年谋生之所急也；一方又为事计，曰以供社会分业之所需也。”[②]也就是说，一方面做到人适其职，解决青年的谋生需要；一方面职得其人，解决社会对专门人员的需要。一年以后，他进一步把职业教育的目的发展为三个方面的内容，即为个人谋生之预备、为个人服务社会之预备和为世界及国家增进生产能力之预备。20世纪20年代后，黄炎培又把“谋个性之发展”列为职业教育的目的之一，并用“使无业者有业，使有业者乐业”做了概括。现代职业教育思想的职业教育目的论，大致是从对于个人与社会的双重意义上阐述的。对于个人来说，职业教育具有求生存、求发展的意义；对于社会而言，职业教育具有利国、富民的意义。

黄炎培首先肯定了职业教育对于人的生存和发展的重要意义。他认为，生存是人类的第一需要，而生存的问题恰恰是当时中国“至重要、至困难问题”，所以，使无业者有其业，解决最基本的生计问题，是现代职业教育思想的出发点。尽管有人讥笑诋毁职业教育为“啖饭教育”，黄炎培也坦然地加以反击:“吾人在世之目的与天赋之责任，其决非仅为个人生活明矣。

① 中华职业教育社编《黄炎培教育文选》，上海教育出版社，1985，第332页。

② 同上，第54页。

虽然，苟并个人生活之力而不具，而尚与言精神事业乎？而尚与言社会事业乎？职业教育之效能，非止为个人谋生活，而个人固明明藉以得生活者。以啖饭教育概职业教育，其说固失之粗浮，高视职业教育，乃至薄啖饭问题而不言，其说亦邻于虚。”[①]这说明，虽然人并不是仅仅为了个人生活、为了啖饭而谋职，但人人都必须按照社会分工的要求，从事某种职业劳动，以换取生活所必需的供给。职业教育如果不能培养和形成人们通过职业劳动来谋生的能力，就谈不上什么精神事业和社会事业。

职业教育不仅要满足人们的生存需要，也必须“谋个性之发展”。当时有人认为，职业教育只是一种技艺的传授，不足以发展人的个性。黄炎培不同意这种看法，他从职业教育的本源来说明职业教育与个性发展的关系。“自社会生活方式采分工制，求工作效能的增进与工作者天性、天才的认识与发展，进而与其工作适合，于是乎有职业教育。”这里所说的天性、天才，就含有个性的意思。亦即是说，职业教育应尽可能使人的个性、才能与职业分工相适应，从而增进工作效能，发展人的个性、才能。

为了使受教育者的个性得到全面发展，黄炎培在阐述职业教育的宗旨时说:“职业教育，将使受教育者各得一技之长，以从事于社会生产事业，藉获适当之生活；同时更注意于共同之大目标，即养成青年自求知识之能力、巩固之意志、优美之感情，不惟以之应用于职业，且能进而协助社会、国家，为其健全优良之分子也。”[②]所以，他反复强调职业教育要重视“四种根本上的修养”，即高尚纯洁的人格、博爱互助的精神、侠义勇敢的气概和刻苦耐劳的习惯。

黄炎培也肯定了职业教育对于社会发展的意义。他认为，职业教育在满足个体的生存和发展需要的同时，能够服务于人群，服务于社会。他说：“职业教育，即是给人们以互助行为的素养，完成他共同生活的天职。是安可不用最高的热诚，包涵一切，最大的度量，容纳一切，发挥大合作的精神，做训练的方针，使受吾教育的，精神方面和知能方面，完全适合于

① 中华职业教育社编《黄炎培教育文选》，上海教育出版社，1985，第59–60页。

② 同上，第101页。

人群需要呢？”[1]职业教育不仅能培养人们的互助、合群行为，对于社会生产力的发展也具有重要意义。他研究了第一次世界大战后各国教育发展的趋势，洞察到“所谓战后教育者，生产教育而已”的事实，认为增进生产力就是要把“地力、物力、人力凝聚起来，而人力是一切力的中心”。因此，黄炎培认为：“欲解决‘地’与‘人’与‘物’、生产能力之增进问题，舍职业教育，尚有他道邪？”他进而指出：中国“土地如此之大，人口如此之多，苟不亟亟焉自谋所以增进其生产力，他人将有代为谋者。是故，吾国之战后教育，更舍职业教育无所为计”[2]。这样，职业教育“为国家及世界增进生产力之准备”的目的，就非常明晰地提出来了。

（二）职业教育的办学方针论

黄炎培十分重视职业教育的社会化，并把它作为引导职业教育活动的方向和目标的办学方针。在中华职业教育社初创时，职业学校规定的方针就是：

1. 欲预备将来之职业，固不可无相当之知识；而所得知识尤必十分精密正确。

2. 仅有应用之知识而无纯熟之技能，则仍不足以致用。本校特别注重实习，生徒半日授课，半日工作，务期各种技能达于熟练。

3. 既得应用之知识，纯熟之技能矣，而无善良的品行，仍不足以立身社会。故本校特注重学生自治，提倡共同作业，养成其共同心、责任心，及勤勉诚实克己公正诸美德，俾将来成为善良之公民。

4. 社会之事业有限，而各方之求事者日增。以学校毕业之生徒而欲尽纳于社会固有事业中以求生活，势必不能；是故学生而无创设新业、增进生产之能力，实不足以生存于今日之世，本校有鉴于此，对于此点竭力注意养成之。[3]

---

① 中华职业教育社编《黄炎培教育文选》，上海教育出版社，1985，第167页。

② 孙运：《学习黄炎培的职业教育基本理论》，《教育研究》1987年第9期。

③ 黄炎培：《中华职业学校设立之旨趣》，《社史资料选辑》第3辑，第12页。

这里已比较明确地把学生立身于社会、服务于社会事业作为职业教育的办学方针。在《河车记》中，黄炎培更进一步阐明了社会化的办学方针。他说:“办理职业教育，并须注意时代趋势与应走之途径，社会需要某种人才，即办某种职业学校。”“职业教育的原则，着重在适应社会需要。”1926年，黄炎培进一步把上述原则概括为“大职业教育主义”。1930年，黄炎培撰写了《职业教育机关唯一的生命是怎么》的论文，把社会化作为职业教育的本质。他写道:“就吾最近几年间的经验，用吾最近几个月的思考，觉得职业学校有最紧要的一点，譬如人身中的灵魂，‘得之则生，弗得则死’。是什么东西呢?从其本质说来，就是社会性;从其作用说来，就是社会化。……职业教育机关的本质，是十分富于社会性的，所以职业教育机关唯一的生命——是怎么?就是——社会化。”①

正是由于黄炎培对职业教育的社会化本质的充分把握，他才坚持不能关起门来办职业教育，不能人为地把职业教育与社会生活隔绝开来;主张不让“理想家和书呆子”办职业教育。所以，在中国现代职业教育的实践中，从专业设科、课程设置、招生人数、培养规格直至职业道德规范的规定，大多是建立在详细周密的社会调查基础之上，是紧密与社会生活的需要相联系的。

（三）职业教育的课程论

黄炎培非常重视职业教育的科学化。他认为科学是社会进步的基本动力，也是职业教育的发展方向。“用科学解决，百业有进步;不用科学解决，便无进步。外国用科学较早，占了先着;中国落后，就为不早用科学。这种道理，已为一般人所公认。职业教育，直接求百业的进步，间接关系民生国计大问题，并不会在科学以外，别有解决的新方法。”②

为了使职业教育科学化，黄炎培要求以科学态度来实施职业教育。他把职业教育的工作分为两大类:一类是物质问题，如农业、工业、商业、家

① 中华职业教育社编《黄炎培教育文选》，上海教育出版社，1985，第179–182页。

② 同上，第169页。

事、化学、机械等各专业课程的设置，教材的选择编写，教学训练原则的确定，实习设施的配置等，都要用科学的方法来安排；一类是人事问题，用科学管理方法组织职业教育机构的自身建设。其中，黄炎培特别关心职业教育课程的科学化问题。他指出："社会日趋进步，职业日趋分化，职业学校的设科，各系科的课程、教材，尤需赶上科学的发展，使学生不至于落后于社会形势、科学之后。"[①]

黄炎培还试图把职业教育建立在职业心理学和社会心理学的基础之上，认为"因职业的各各不同，与人的天性、天才、兴趣、环境的各各不同，替他分别种类，谁则宜某种，谁则不宜某种，发明所谓职业心理学，以为选择和介绍职业的标准"[②]。中华职业教育社于1921年参酌德国方法，制成了七种职业心理测验器，并在该社招生中加以应用。这是中国现代首次把科学手段应用于职业教育。

（四）职业教育的教学原则论

现代职业教育思想的教学原则论，以强调手脑并用、做学合一为基本特色。黄炎培曾把主张"手、脑二者联络训练"的杜威奉为"世界之福星"，认为"职业教育的目的乃在养成实际的、有效的生产能力，欲达此种境地，需要手脑并用"[③]。如果只用脑不动手，"只注重书本知识，而不去实地参加工作，是知而不能行，不是真知"[④]。

在《中华职业教育社宣言书》中，黄炎培批评了过去实业教育中"重理论而轻实习"，学生"有读书之惯习，无服劳之惯习"，农科不过读农业教科书而无农场，商科只是读商业教科书而无商品。"其学生贫于能力而富于欲望也。实习非所注重，则能力无自养成。"因此，强调手脑并用、做学合一的教学原则，就是注重培养职业知识与职业能力相统一的人才。

为了贯彻这一教学原则，黄炎培从课程设置、师资聘用等各个环节上加强了应用与动手的分量。如中华职业学校的章程就明确规定特别重视实

---

① 张嗣玺：《黄炎培职业教育思想研讨会综述》，《教育研究》1987年第7期。

② 中华职业教育社编《黄炎培教育文选》，上海教育出版社，1985，第170页。

③④ 黄炎培：《河车记》，载《断肠集》，生活书店，1936，第54页。

习，学生半日上课、半日工作，确保各种技能纯熟。铁工、木工、珐琅、纽扣各科课程表具体标明：“每周授业时间总数约计48小时，授课24小时，实习24小时，但至必要时于休息时间亦得课以实习。”商科“关于实习事项随公司商店之性质而异，由各公司商店支配之”。[①]在师资聘用方面，黄炎培主张聘请职业理论与职业经验并重的教师：“凡职业学校欲聘专门教师，如不易得学校教授与经验并重者，毋宁聘有职业经验者，较之仅受学校教授者必差胜。”[②]这也从一个侧面反映了现代职业教育思想重视实践能力的特点。在学生的考核评定方面，中华职业学校也有一条特别的规定，即学生修业期满仅发修业证书，必须在工作单位实习一年，证明能胜任所担任工作后，再发给毕业证书。这是别开生面的创造性评价方法。

黄炎培曾这样阐述他的职业教育理想：“要使动手的读书，读书的动手，把读书和做工两下并起家来。要使人们明了，世界文明是人类手和脑两部分联合产生出来的。作工自养，是人们最高尚、最光明的生活。”[③]“手脑并用”、做学合一的教学原则，正是为了实现这种职业教育理想。

（五）职业教育的道德规范论

职业教育的道德规范理论，是现代职业教育思想的重要组成部分。黄炎培认为，真正的职业教育，应该包括职业技能的训练、职业知识的传授和职业道德的培养，即所谓“治业”与“乐业”两个方面。“主张职业教育者，同时必注重职业道德”[④]，离开了职业道德的培养，也就不是真正意义上的职业教育了。

现代职业教育思想的道德规范论，可用“敬业乐群”四个字加以概括。它是中华职业学校的校训，也是职业道德教育的基本规范。所谓“敬业”，是指“对所习之职业具嗜好心，所任之事业具责任心”；所谓“乐群”，是指“具优美和乐之情操及共同协作精神”。[⑤]中华职业教育社曾将“敬业乐

① 中华职业学校编《中华职业学校概况》，1922。

② 中华职业教育社编《实施职业教育要览》，1922。

③ 中华职业教育社编《黄炎培教育文选》，上海教育出版社，1985，第194页。

④ 黄炎培：《职业教育析疑》，《教育杂志》第9卷第11号。

⑤ 潘文安：《最近之中华职业学校》，《新教育评论》第3卷第18期。

群”具体展开，制定了职业道德教育的标准（又称训育标准）。主要内容有：认识职业之真义在服务社会，养成责任心，养成勤劳习惯，养成互助合作精神，养成理性的服从美德，具有稳健改革的精神，养成对所从事职业的乐趣，养成经济观念，养成科学态度等。

所谓“敬业”，就要干一行爱一行，没有职业的高低贵贱之分。这就必须冲破传统教育中以读书做官为荣、以读书做事为耻的旧观念。曾在中华职业教育社工作多年的邹韬奋在《职业教育之意义》一文中深有感触地说：“吾国自来重士而轻农工商，益以科举之遗毒，乃愈积重难返，谬见牢不可破，闻职业教育之名而不生其蔑视之心者几希。诋之者甚至仅以啖饭教育视之。”黄炎培把这种以某些职业为贱、为苦的社会心理称为“职业教育之礁”，并郑重告诫参加职业教育学习的学生应对职业“抱有最高之信仰”，只有学时有“就职之诚”，学成后才会有“乐业之日”。他申明了职业道德的基本规范：

> 诸君须知，人生必须服务，求学非以自娱。无论受教育至若何高度，总以其所学能应用社会、造福人群为贵，彼不务应用而专读书，无有是处。
>
> 诸君须知，职业平等，无高下，无贵贱。苟有益于人群，皆是无上上品。
>
> 诸君须知，求学与习事，初非两橛。以实地功夫求学，以科学方法习事，互相印证，其乐无穷。若歧而二之，不惟习事无有是处，即求学亦无是处。
>
> 诸君既知，人不可无业矣。更当知任何职业，必须积小为大，先轻后重。吾敢断言，今之当大任者，即昔日服微末之务而不以为小者也。吾更敢断言，今之不屑服微末之务者，即他日并微末之务而不得者也。[①]

黄炎培不仅重视职业道德规范的教育，而且注意在实践中用职业道德规范约束学生的行为。如中华职业学校学生入学时填写的誓约书，第一条就是“尊重劳动”。他亲自为中华职业教育社书写了“劳工神圣”的匾额。

① 中华职业教育社编《黄炎培教育文选》，上海教育出版社，1985，第115–116页。

中华职业学校不设校役，学校除半月工作外，校内一切洒扫清洁招待之事，一律由学生担任。

在职业教育的实践中，随着社会实践领域的扩大和政治形势的发展，黄炎培也不失时机地赋予职业道德规范以新的内容。如 1933 年，在为中华职业学校成立十五周年撰写的纪念文章中，他勉励同学："无论已毕业、未毕业，人人须勉为一个复兴国家的新国民，人格好，体格好；人人有一种专长，为社会、国家效用。"[①]而 1937 年，在"中华被破碎的河山、被蹂躏的国权，还没有恢复完整"的情况下，他又指出："大抵非常时期所需求之人才，从消极说来，第一，自私自利者不可用；第二，圆滑取巧者不合用；第三，绳趋矩步，束身自好者不够用。从积极说来，一，须有高尚纯洁之人格；二，须有博爱互助之精神；三，须有侠义勇敢之气概；四，须有刻苦耐劳之习惯。而更须以坚强贞固的节操，战胜千艰百险的环境。"[②]经过这种职业道德熏陶的人，就能不求名、不争功，把整个生命贡献于国家和民族的生存工作上。在 1939 年，黄炎培在昆明的一次工作讨论会上，也阐明了现代职业教育的根本目标，这个目标是在困难时期对学生进行职业道德规范教育的新要求。他说："职业教育的目的何在呢？本社工作的目标又何在呢？往远处说，是在实现一个民生幸福的社会。在那社会里，确切达到了'无业者有业，有业者乐业'的目的。要使社会上没有无业者，也没有不乐业者，职业教育，本社工作的任务，才算真正完成。就近处说，本社的使命，是在以最高的积极性，参与抗战建国的努力。吾们确信，职业教育，只有在民族解放、民权平等、民生幸福的社会里，才能实现他的造福人群的理想。反过来讲，又赖有职业教育的努力，吾们民族解放、民权平等、民生幸福的国家社会，才能加速的出现。"[③]可见，现代职业教育思想的职业道德规范论，是随着时代的前进而不断发展的，是具有强烈的爱国主义色彩的。

---

① 中华职业教育社编《黄炎培教育文选》，上海教育出版社，1985，第 202 页。

② 同上，第 253 页。

③ 同上，第 284–285 页。

三、职业教育思想的意义

在现代教育思想史上，曾经出现过形形色色的教育社团和教育思潮，但许多都只是昙花一现，过眼烟云。但职业教育思想却经久不衰，不断地发展，不能不算是教育思想史的一个奇迹。其中，黄炎培及其创办的中华职业教育社，在推进职业教育思想的传播与发展方面，起了十分重要的作用。中国现代职业教育思想，不仅具有重要的历史价值，也具有鲜明的现实意义，对于发展当代中国的职业教育，仍有不少可资借鉴的东西。

（一）现代职业教育思想的倡导者黄炎培先生及其领导的中华职业教育社，对于职业教育事业的执着和献身精神，使现代职业教育凝聚力大大增强，具有比较广泛的社会基础

黄炎培、江恒源、杨卫玉、孙起孟等在《从困勉中得来》一文中就指出，正是坚信职业教育有益于国计民生，“于是吾们对于这事业、这团体，发生了深挚的爱。这‘爱’使吾们对这事业、这团体在任何情况下都有不可分离性，这成为吾们一伙平凡人的力量的源泉”[①]。正是这种深挚的爱使黄炎培谢绝了蔡元培先生请他留京协助部务的盛情邀请，辞拒了北洋政府两次委任他为教育总长的职务。他们的中华职业教育社在成立之初被人骂为“破靴党”“饭桶教育家”，职业学校也被污蔑成“作孽学校”，但他们从未动摇过自己的信念，荣辱在所不计，毁誉无动于衷。他们相信：“以中国之地广人众，历史绵长，问题复杂，只要抓住一点，切合实际，不背潮流，绵绵密密地作去，总会一天有收获的。”黄炎培和中华职业教育社的同志们“不厌不倦，用全副精力去干”，他们的热情与韧性感染了一批教育界、实业界、新闻界的知名人士。如上海金融界领袖宋汉章、钱新之、陈光甫，上海总商会的朱葆三，创办申新纺织公司和大批面粉厂的荣宗敬、荣德生，新生纺织业巨子穆藕初、穆恕再，大中华、华丰纺织公司的经理聂云台，溥益纺织公司经理徐静仁，机器制造业的刘柏生，《申报》经理史量才，以

① 中华职业教育社编《黄炎培教育文选》，上海教育出版社，1985，第280页。

及南洋爱国华侨领袖陈嘉庚等，都给职业教育事业以各种精神上的鼓励和物质上的资助。正是在社会各界广泛的关心和支持下，黄炎培领导的中华职业教育社才克服了各种困难，不断地壮大与成熟。至新中国成立前，已有社员3万多人，出版书刊120余种，成立职业学校10余所，职业补习学校49所，职业指导机构25处。

（二）现代职业教育思想注意把握中国国情，坚持面向社会、面向中下层平民，使职业教育具有明显的中国特色

黄炎培先生反对教育上的简单模仿，而主张把握国情，"自尊自立"（精神上）、"择善而从"（方法上）。他曾经撰文回顾了20世纪以来中国教育界学习外国教育理论的教训："十五年以前，当欧洲大战的中期，有一群留美学生回国，大谈其国防，何以故？为美国提倡国防故。二十五年以前，一群留日学生，大谈军国民教育，何以故？为日本正提倡军国民教育故。可是不久，便什么都没有了。……蜂的眼前是花，采到了，酿出来，却不是花而是蜜；蚕的口中是桑，吞下去，吐出来，却不是桑而是丝。因为蜂和蚕都有他的特性，会充分表现他的能力，绝不胡乱模仿人家。"[①]而早在1915年他游美考察职业教育时，就已抱定了"以我为主"的态度，认为须从中国国情出发来吸收国外的教育经验。他说："余之考察教育，所兢兢于心者不敢忘一'我'字。盖考察者我也，非他也。我之所以考察，亦为我也，非为他也。以故足迹所至，苟有咫闻尺见，其所发第一念即'于我之比较如何'，其第二念即'我之比较如何'。"[②]

正是由于这种"自尊自立"的精神，中国现代职业教育思想才选择了与欧美的职业教育不同的道路，即不是把择业问题作为中国职业教育的重点，而是把解决就业问题放在首位，把国计民生作为职业教育的出发点。黄炎培多次提出："办职业教育，而不知着眼在大多数平民身上，他的教育，无有是处。""办职业教育，须下决心为大多数平民谋幸福。"[③]所以，在中

① 黄炎培:《笼统》,《中华教育界》第22卷第9号。

② 中华职业教育社编《黄炎培教育文选》，上海教育出版社，1985，第29页。

③ 同上，第165页。

华职业教育社举办的众多职教事业中，从校址的确定、科目的设置，到课程的增删、生源的选择，都注意尽最大可能为中下层人民和失学、失业青年提供机会。首先是“使无业者有业”，然后才谈得上“使有业者乐业”。

如果把中华职业教育社开展的大量职业教育活动与欧美各国当时的情况作一比较，可以发现前者的内容要广泛得多，具有鲜明的本土性与创造性。如中华职业教育社不仅具有各种类型的职业学校、门类齐全的职业补习学校和灵活多样的科目课程设置，而且举办了许多在表面上看来似与职业教育相去甚远的事业。如农业教育研究会、农村改进试验区、业余图书馆、讲演会，还有国货指导所、新农具推广所、玩具展览会等。①他们还考虑过灾民的职业教育、伤兵的职业教育、裁兵后的职业教育、清室旗人的职业教育等。尽管有人认为这些活动导致了职业教育的“空泛化”，但他们并未因此放弃尝试与努力，因为他们坚信只有结合中国国情的职业教育，才是真正有生命力的职业教育。

为了使职业教育适合中国国情，黄炎培和中华职业教育社的同人们，十分重视调查研究，从实际出发。早在黄炎培任江苏省教育会调查干事时，他就跑遍了全省六十余县的三分之二以上的地方，撰写了若干调查报告。后来，为了宣传和推行职业教育，他更是花了相当精力和时间进行考察与调查。有人曾进行过调查统计，在当时全国的28个省中，黄炎培在其中24个省留下过足迹。他曾根据调查的资料，为江苏、安徽、河南、山西、江西、云南等省草拟过职业教育的发展规划，并为江阴、南通、苏州、徐州、汕头、上海等许多城市的职业教育贡献过自己的调查意见，实践了“调查是开展职业教育之基础”的方针。

但是，我们也必须注意到，中华职业教育社在初期存在着对教育作用估计过高、脱离实际的弊端。虽然后来经过不断修正，强调了社会运动和重视农村经济改善的重要性，但囿于历史和阶级的局限，他们最多也只是在原有政治经济体制下对农村生产生活作一些改进，而未能触及社会问题的根本。

① 毛礼锐、沈灌群主编《中国教育通史（第五卷）》，山东教育出版社，1988，第546页。

第六章　中国现代的平民教育思想

1943 年 5 月 24 日，在哥白尼逝世 400 周年全美纪念大会上，中国平民教育运动的领导人晏阳初被推选为“现代具有革命性贡献的世界伟人”，与爱因斯坦、杜威、福特、莱特、劳伦斯、沃尔特·迪士尼、史泰莱、斯可尔斯奇等一起在会上接受了这一殊荣。在授予晏阳初的奖状上写道：“杰出的发明者：将中国几千文字简化且容易读，使书本上的知识开放给万千以前不识字人的心智。又是他的伟大人民的领导者：应用科学方法，肥沃他们的田土，增加他们辛劳的果实。”[①]这不仅是对晏阳初个人的褒奖，也是对中国现代平民教育运动的高度评价。

一、平民教育的宗旨与使命

平民教育是五四时期中国教育思潮的主流。正如蒋梦麟在《和平与教育》一文中所说：“此次世界大战之结果，平民主义已占胜势，世界潮流且日趋于平民主义。平民主义愈发达，则其和平之基础愈固。故欲言和平之教育，当先言平民主义之教育；欲言平民主义之教育，当自养成活泼之个人始。”[②]在杜威来华作《平民主义与教育》的讲演后，平民教育的运动更是蓬勃发展，如北京大学成立了“平民教育讲演团”；北京高等师范学校成立了“平民教育社”，并发行了《平民教育》杂志；朱其慧、陶行知、晏阳初等发起成立了中华平民教育促进会。其中以后者持续时间最长，产生影响

① 毛礼锐、沈灌群主编《中国教育通史（第五卷）》，山东教育出版社，1988，第 556 页。

② 蒋梦麟：《和平与教育》，《教育杂志》第 11 卷第 1 号。

最大。

中华平民教育促进会成立于 1923 年，但它的思想酝酿和实践活动可追溯到五四前后。1918 年 6 月，刚从美国耶鲁大学毕业的晏阳初，应募去法国为参战的 10 万华工服务。这些华工大多是来自北方农村的贫苦农民，从小没有受教育的机会，英美法等国军官把他们视为贱民，并侮辱性地称他们为“苦力”。晏阳初来到华工营后，起先做些翻译、传达、代购物品、代读写家信一类的工作，每天都有数百人向他求助。他目睹了华工不识字之苦，便办起了华工识字班。第一期华工识字班首战告捷，40 名华工每天工余学习一小时，经 4 个月便有 35 人能识字写信。这一事实使晏阳初大为惊喜，也使华工深受鼓舞。接着，他又集中已识字的华工进行训练，让他们充当教员，组织起来扩大教学。为了“开通华工的知识，辅助华工的道德，联络华工的感情”，他还创办了《华工周报》。晏阳初的识字教育运动在华工中产生了很大影响，仅一年多的时间就有许多华工摘掉了文盲的帽子。

在法国的这段经历对晏阳初平民教育思想的形成产生了重要影响。他深刻地认识到：中国人，中国的普通老百姓身上蕴藏着无穷无尽的智慧和力量，只是囿于环境无法发出应有的光和热。“他们并不是缺乏头脑，不是不可教，而是无人教。”他把被人蔑称的“苦力”两字，分解为苦与力，声称不但发现了“苦力”的苦，还发现了“苦力”的力，“苦力”的潜伏力。他们最需要的不是救济，不是怜悯，而是“发扬”——发扬他们的潜伏力。因为他们虽有“苦不堪言的苦”，但更有“力大无比的力”。他在 1985 年 9 月的一次讲话中说：“50 年前回到中国，生意人知道开金矿银矿的重要，忘记了‘脑矿’。世界上最大的‘脑矿’在中国。我们中国的一般知识分子没有这个知觉，士大夫麻木不仁，未注意到此。几亿中国农民穷在什么地方？为何穷得没饭吃？便是没有发现‘苦力’的力，没有发现他们的潜伏力，所以埋没了他们。许多中国的像林肯、爱迪生、杜威这样的英雄豪杰被埋没了，被活埋了。考古学家发现了‘北京人’，那是若干万年前的死人，我们发现的是活人，这是世界上有史以来的最大发现。世界上三分之二的人都是苦力，整个非洲、中南美、亚洲百分之九十以上皆是苦力。中国有悠久的文化传统，伟大的中国农民不用机械却开创了世界上最先进的农业，但我们几千年来麻木不仁，这是最伤心的一件事，是我们中华有史以来最惨的一桩事。我当时发现了苦力的力，我从此有个志愿，回到中国不发财、不升官，我找到了这个大矿。”[①]怎样开发人脑这个丰富的矿藏呢？晏阳初认为平民教育是最行之有效的办法。

1920年，晏阳初回到中国，开始了平民教育在中国本土上的实践。他用一年多的时间考察访问了19个省，调查了广大平民的生活、教育状况，先后在长沙、烟台、嘉兴、杭州、武汉等地宣传平民教育，并开始了较大规模的城市平民识字运动试验。为了把平民教育推向全国，开展全民识字运动，晏阳初又奔走联络，成立了全国性的中华平民教育促进会（平教会）。

平民教育促进会的成立，使晏阳初的平民教育思想有了新的发展动力，也使中国现代的平民教育运动进一步向纵深发展。平教会明确宣布以“除文盲，作新民”为根本宗旨。晏阳初在阐释这个宗旨时指出：“我们内受国家固有文化的陶育，外受世界共通新潮的教训，自觉欲尽修齐治平的责任，舍抱定‘除文盲，作新民’的宗旨，从事于平民教育的工作而外，别无根本良谋。”[②]简而言之，平民教育就是力图为全体中国人创造平等的教育机会，使每个人受到良好的教育，最终达到天下太平的理想目标。[③]在这个宗旨中，“除文盲”是基础，“作新民”则是目标。所谓“新民”，晏阳初认为必须是具备知识力、生产力、健强力和团结力的“完整的人”。造就这种人本质上是一种“人的改造”的教育工作，不仅是平民教育的宗旨与使命，也是“解决中国整个社会问题的根本关键”。[④]

平教会成立不久，晏阳初开始认识到，中国是一个以农业立国的国家，85%以上的人口居住生活在农村，平民的绝大多数是农民。如果平民教育离开了农村，离开了农民，就算不上是整个的平民教育，算不上是真正的平民教育。为此，从1924年开始，平民教育运动的工作重点由城市转向农村。晏阳初和平教会乡村教育部主任傅葆琛前往直隶（今河北省）保定道，在20个县创设了平民学校，并为教师训练班讲授《平民千字课》教授法。

① 詹一之编《晏阳初文集》，四川教育出版社，1990，第301–302页。

② 晏阳初：《平民教育的宗旨目的和最后的使命》，载宋恩荣编《晏阳初文集》，教育科学出版社，1989，第20页。

③ 詹一之编《晏阳初文集》，四川教育出版社，1990，第13页。

④ 同上，第260页。

仅一年多的时间，保定道就有 5 万余人进入平民学校，3000 多人先后毕业。1926 年 8 月，平教会选定河北定县作为实验研究中心，既举办农民教育，又谋求整个农村的改造。平民教育运动进入了真正的农村运动或乡村建设运动阶段。

为了指导平民教育运动在新的阶段的健康发展，并针对当时中国乡村建设运动中出现的问题，晏阳初撰写了《农村运动的使命及其实现的方法与步骤》的长篇论文。在这篇论文中，他既批评了有些人把农村运动视为“农村救济”的错误认识，认为这未免抹煞了农村运动的悠久性和根本性；也批评了另一些人把农村运动当作“办模范村”的简单做法，认为这也未免忽视了农村运动的普遍性和远大性。他指出，从事平民教育的人，一定要认识农村运动“自身具有的真意义真使命”，即“耸着巨大的铁肩，担着‘民族再造’的重大使命”。[①]

晏阳初认为，中国的根本问题“不是别的，是民族衰老，民族堕落，民族涣散”，而核心是人的问题。农村运动恰恰是解决这个问题的根本途径。他说:“农村运动，就是对着这个问题应运而生的。”他针对民族的“衰老”“堕落”“涣散”，提出培养民族的“新生命”“新人格”“新团结新组织”。[②]在这个意义上说，农村运动担负着“民族再造”的使命。

晏阳初认为，中华民族 4 万万人口中有 80% 在农村生活，以量的关系来说，民族再造的对象，当然重点在农村。同时，在农村的“乡下佬”的生活中，残存有比都市人更多的中华民族的美德。“古来有许多英雄豪杰成大功，立大业的，大部分都来自田间。所以就质的关系来说，民族再造的对象，当然也要特别注重在农村。”[③]在 3 万万农民之中，最为重要的又是 8000 万左右的青年。因为“年老的已成过去，自难达再造的目的；年幼的又尚属将来，目前等不及他来担负国家急切的重任”。而广大的青年则可以成为继往的好手，开来的良工；可以成为救护中国的生力军，改造中国的挺进队。如果集中精力把这 8000 万农村青年改造过来，那就会“无论什么困难，都当得起，什么国耻，都雪得掉，一切建设，也才有了安定的地盘，

①②③ 詹一之编《晏阳初文集》，四川教育出版社，1990，第 178–179 页。

巩固的根基”[①]。

怎样实现“民族再造”的使命呢？晏阳初认为最有效力的方法莫过于教育。但这种教育不是中国式的“古董教育”，因为古董教育与民族生活不相干，只能造成“三家村”的乡学究；这种教育也不是西洋式的“舶来教育”，因为舶来教育也与民族生活不相干，只能造成外国货的消费人。而只有“实验的改造民族生活的教育”，才能造就“有作为有创造的民族”。这种教育的目标，是培养民族的新生命，塑造民族的新人格，促进民族的新团结和新组织；这种教育的内容，是适应实际生活，改良实际生活，创造实际生活。简言之，这种教育可以用“教育即生命”和“教育即生活”来加以概括。前者是指人们通过这种教育改造自己的身心，发扬民族的精神；后者是指人们通过这种教育改造自己的生活，适应民族的生存。

二、平民教育的内容与方法

晏阳初认为，中国的平民教育是中国社会独创的一种教育体系，有其独特的内容与方法。它既不是以慈善为怀的施舍米粥的贫民教育，也不是欧美等国家的成人补习式的教育。中国的平民教育不可能是从东西洋各国抄袭来的东西，因为用外国教育来教中国人，必然要走上歧途。所以，中国的平民教育必须是创造性的，必须是地道的中国教育，是“用中国药来医治中国病”的教育。据此，平民教育的内容与方法也呈现出若干中国的特点。

（一）调查统计

晏阳初认为，中国平民教育要力戒毫无目的地盲目抄袭与模仿别人，要走自尊自信和自己创造之路。这就要求“最低限度要明了中国的情形”。而要明了中国的情形，去北京、南京、上海、天津等大都市是无济于事的，必须深入农村，对占人口 80% 以上的农村“作调查统计工作，才能

① 詹一之编《晏阳初文集》，四川教育出版社，1990，第 178–179 页。

知道民间实况和疾苦”。[①]所以，定县实验的首要工作就是社会调查与统计工作。

在定县负责调查统计工作的主要是社会学家李景汉先生。晏阳初曾对他阐明此项工作的意义:“要以有系统的科学方法实地调查定县一切社会情况，使平教会对于农民生活和农村社会的一般与特殊的事实和问题，有充分的了解和明确的认识，然后各方面的工作才能依据事实制订办法。”李景汉对晏阳初的谈话十分折服，他自己也认为定县调查犹如解剖一只麻雀，了解了定县，华北农村的情况也就大致清楚了。[②]为此，李景汉率领二十多位同人，从事定县社会调查与统计，七年左右的时间，陆续发表了《定县社会概况调查》《定县土地调查》《定县农村经济现状》和《定县农村借贷调查》等一批调查统计报告与资料。

根据大量调查事实，晏阳初认为，中国农村存在四大问题，即“愚”“穷”“弱”“私”四个病症。中国大多数农民缺乏知识力，不但没有适当的知识，更不识本国的文字，无法取得知识与享受文化，这是所谓的“愚”；中国大多数农村生产水平低下、经济困难，许多人的生活在生存的水平线之下，没有增加生产改善经济组织的能力，这是所谓的“穷”；中国的许多人身体衰弱，同时又缺少必要的科学治疗与公共卫生，成为“病夫的国家”，这是所谓的“弱”；中国的许多人不能团结，不能合作，缺乏道德的陶冶，缺乏公民的训练，这是所谓的“私”。而治疗这四大病症的途径是教育。1929 年 7 月，平教会总部移驻定县，晏阳初全家随迁，并团结了一批学者、专家，或放弃高官厚禄，或告别宁静校园，纷纷定居定县，参加了这场以整个县为单位，以全面的乡村建设为目标的教育实验运动。至此，中国现代的平民教育运动已大大超越了平民识字教育的水平与层次，而试图用教育来解决社会问题、解决民族再造的问题了。

（二）四大教育

晏阳初认为，愚、穷、弱、私是人民生活的基本缺点，而平民教育就

---

① 詹一之编《晏阳初文集》，四川教育出版社，1990，第 205 页。

② 李景汉:《回忆定县实验区的社会调查》,《河北文史资料》1983 年第 11 期。

是要在“除文盲，作新民”的目标之下，在人们取得最低限度的文字教育的基础上，实施四大教育。即以文艺教育救愚，以生计教育救穷，以卫生教育救弱，以公民教育救私，造就出富有知识力、生产力、强健力和团结力的新民。

1. 文艺教育

所谓文艺教育，其意义在使平民能运用传达知识之工具，促进平民文化生活。使平民对于自然环境和社会生活有相当的欣赏与了解。“或编辑教材读物，或适用种种艺术以增进学习效率以增加欣赏的能力，务求培养平民的知识力，以适应此复杂的现代生活。”[①]为此，在文字方面，他们先后研究制定了通用字表（3420 字）、基本字表（1320 字）和词表（包括平民用词和新民用词），并在推行简笔字方面做了许多工作。在平民文学研究方面，他们注意采集秧歌、鼓词、歌谣、歇后语、谜语、谚语、故事、笑话等民间文艺，并编辑出版了《定县秧歌选》等书。在课本编辑方面，他们编辑了市民、农民和士兵三种版本的《千字课》教材，和相应的三种自修用书，并编撰了《市民高级文艺课本》和《农民高级文艺课本》各两册，以上各种课本共销售发行了一千万部左右。在平民读物的编辑方面，他们先后编写出版了数百种平民读物，并编辑了《农民周报》，不仅给农民提供有关知识，而且使农民有抒发意见的园地。在平民科学教育方面，他们注重加强平民读物的科学内容，对平民学校和小学教师进行科学训练等。在艺术教育方面，他们搜集了大量民间绘画，编辑了各种画范与图案，绘制了许多插图、挂图、幻灯片等，还在音乐、无线广播、农村戏剧方面做了许多工作，使定县农民的文化生活丰富多彩，求知气氛日益浓厚。

2. 生计教育

所谓生计教育，其意义在普及科学的知识与技术，改善平民的生计组织，以提高其经济生活水平。晏阳初认为，中国经济的最大困难在于生产力薄弱，生产技能落后，而经济上又无通力合作的组织能力。所以，有必要“一方面普及科学知识，一方面训练参加各种产业合作的能力。用表证的方法使平民确见确信科学方法之优良，与合作组织之经济。必须如此始

① 詹一之编《晏阳初文集》，四川教育出版社，1990，第 37 页。

真能增加其生产力，以解决其生计困难，以应付其经济的压迫”[①]。为此，平教会做了以下几方面的工作。一是农民生计训练。主要有生计巡回训练实施学校（在不同季节举办不同的生计训练科目，如植物生产、动物生产、农村经济、家庭工艺等），表证农家和实施推广训练。二是县单位合作组织制度。主要有自助社、合作社和合作社联合会等形式，把农民的购买、运销、信用、生产等有效地组织起来。三是植物生产改进。在育种方面，对棉花、小麦、谷子、高粱、玉米的新种育成进行了若干试验；在园艺方面，对白菜改良、梨树整枝、葡萄栽培等也开展了研究。四是动物生产改进。如猪种改良、华北各地猪种比较试验、鸡种改良等。生计教育既注重给农民传授现代农业知识和技术，又注重形成农民的经济组织，对提高生产力水平无疑起了重要的推动作用。

3. 卫生教育

所谓卫生教育，其意义在于普及卫生知识，训练卫生习惯，用公共的力量谋公共的卫生，以提高其健康生活，使人人为强健的国民。晏阳初认为，卫生教育的关键是使平民“了解健康之重要，与保持健康的知识与习惯，以培育其强健力。在卫生工作上则注重预防，然亦不废治疗”[②]。为此，平教会根据农村医药卫生的实际状况，采取了若干卫生教育的措施。一是创建农村医药卫生的保健制度，建立了由村到县的三级保健组织和网络。每村设保健员一人，由受过专门训练的平民学校毕业同学会会员担任，主要负责报告死生、水井改良、普及种痘、救急治疗等，他们带着保健药箱到农民家里巡诊，使农民及时得到必要的医治。每区（联村）设一保健所，所内有医师一人、助理一人，负责训练并监督各村保健员、卫生教育实施、预防注射、逐日治疗等事务。全县设一保健院，为卫生教育与卫生建设的总机关，解决保健所不能解决的问题。二是以最经济最有效之组织消灭天花流行病。三是普及了治疗沙眼和皮肤病的方法。四是找到经济可靠的生命统计方法。

4. 公民教育

所谓公民教育，其意义在于养成平民的公共心与合作精神，从根本上训练平民的团结力，以提高其道德生活与团体生活。晏阳初认为，要达到

---

①② 詹一之编《晏阳初文集》，四川教育出版社，1990，第 38 页。

这一境界，一方面要“培养民众的团结力，公共心，期望受过平民教育的人，无论处任何团体，皆能努力为一个忠实而有效率的分子”；另一方面要在“人类普遍固有的良心，发达民众的判断力，正义心”的基础上“期望受过平民教育的人，皆有自决自信、公是公非的主张”。[①]为此，平教会进行了以下几方面的工作。一是民族精神的研究，选取历史上志士仁人杀身成仁、舍生取义的事迹，制成图说，附以歌曲，作为公民教育的材料。其间共完成了历史图说40套，出版了《民族精神论例浅释》一册。二是农村自治的研究，如在高头村实验训练自治人才，指导人民组织自治所应行之事务。三是公民教育材料研究工作，如编写了《公民道德根本义》《公民道德纲目》《公民知识纲目》《国民生活上应改正之点》《中国伦理之根据》等基本教材，以及《公民课本》《公民图说》《历史》《地理》《唱歌》《三民主义讲稿》《农村家庭设计》《模范家庭调查表新设计》《农村自治研究设计》《公民讲演图说》等应用教材。四是公民活动指导的研究，如利用节会等形式培养村民的公共心和团结力。五是家庭式的教育研究工作，如通过“家庭会”等形式，研究家庭的实际问题，以及改良家庭日常生活的方法等。

（三）三大方式

为了使四大教育顺利进行，晏阳初提出了平民教育的三大方式。他认为，任何一项改革计划，如果没有人民群众的参与而强加给他们，就注定是短命的。只有人民萌生了新的思想意识，乡村建设的计划才能顺利实现；而只有通过学校、家庭和社会这“平民教育的三大方式”，才能把四大教育的内容渗透于人们的生活之中。

1. 学校式教育

学校式教育主要以青年为教育对象，通过初级平民学校，提供识字教育以及实现读、写、说话的流畅通顺；通过高级平民学校，培养执行建设计划的村长和同学会会长。为了提高教育效果，平教会还和清华大学心理学系合作，在定县进行了年龄与学习能力的相关性研究，以精密地确定学校教育应该着重的年龄组和适合他们能力的教材。

---

① 詹一之编《晏阳初文集》，四川教育出版社，1990，第38页。

与平民学校相联系，对少年儿童则采取“统一的村学”形式。这种“统一的村学”特别重视解决为大量学龄儿童提供教育、乡村的贫困、师资的缺乏、设置适应乡村需要的课程、上过学的青少年与未上过学的长者之间以及学校教育与家庭教育之间的矛盾冲突等问题，在教学内容上把乡村生活作为课程和教学资料，按照年龄、性别、社会、职业的兴趣进行课堂教学和各年龄组的活动。为解决哥哥姐姐照顾幼小弟妹的问题，还专门设置了托儿部。“统一的村学”在课程设置方面，也尽可能按照文化、经济、卫生和政治四方面的建设计划，使儿童离校后即能和毕业于平民学校的兄姐们一样具有“乡村建设的思想和技能”。

2. 家庭式教育

家庭式教育是对各个家庭中不同地位的成员用横向联系的办法组织起来进行教育的一种方式。晏阳初认为，家庭式的教育有双重目的：帮助解决家庭与学校之间的矛盾，为了扩大家庭的责任感，使“家庭社会化”。同时，在接触家庭年长的妇女时，帮助她们减少对青年妇女和儿童教育的阻挠或反对，使她们的教育更有效益。①

在定县实验中，曾通过家主会、主妇会、少年会、闺女会、幼童会等组织形式进行家庭教育，并试图把学校课程的某一部分，如培养卫生习惯的部分，交由家庭来承担并使家庭关心社区的利益，乐于承担社会责任。

3. 社会式教育

社会式教育是向一般群众及有组织的农民团体实施教育的一种方式。晏阳初认为，社会式教育是以平民学校毕业生的各项活动为中心，但它的意图是使社区所有成员按照四大教育计划的路线继续受教育。

在定县实验中，青年农民在完成平民学校的学程之后，就加入具有文化和社会目标的“毕业同学会”（或校友会），会员可以利用“流动图书馆”，阅读《农民周刊》并向该刊投稿，组织戏剧和辩论俱乐部，为全村办无线广播，在“新闻墙”上用粉笔写出当天的新闻，调解本村或邻村的诉讼案件等。

① 詹一之编《晏阳初文集》，四川教育出版社，1990，第 147 页。

三、平民教育思想的地位与影响

在平民教育思想指导下开展的定县实验，对农村平民教育的目标、使命、对象、场所、内容、方式、方法等都进行了系统的探索。平教会创办的平民学校、生计巡回训练实验学校，试行的大队组织教学法与导生传习制，编制的字表、词表、简化汉字以及各种程度的千字课本、自修用书、文艺课本、农民读物等，曾被其他地方广泛采用。他们总结出的一整套教育下乡、科技下乡与提高农业生产相结合，儿童教育与成人教育统筹兼顾，学校教育与社会教育互补互用的经验，为中国化的农村教育闯出了一条新路，也取得了令人瞩目的成就。以教育发展为例，到 1934 年时，全县小学已经普及，成人教育也有了较大发展，文盲人数大大降低。全县 14—25 岁的青年 82000 人中，文盲已减少到 32550 人，仅占全体青年 39%，其中男性青年的文盲率下降到 10% 以下，扫盲成绩居全国 1900 多个县之冠。[①]

定县实验的许多成果泽及后代，至今仍造福于社会。河北省 1983 年第 11 期《文史资料选辑》曾载专文予以介绍，现举述以下数端：

1. 定县已成为无文盲县。全县 52 个乡，乡乡都有技术推广站。这同当年定县实验留下的影响分不开。

2. 定县已消灭天花，卫生工作容易推行，收效大。县卫生局长肯定这是当年平教会打下的基础。

3. 定县猪生长快，肉质好，瘦肉率达到 57.7%，不仅享誉河北，而且向东北推广，每年可为定县人民创造 700 万到 800 万元的财富。这个优良猪种正是平民教育促进会于 1929 年引进的波支猪和当地猪种交配而形成的。又如来亨鸡产蛋率很高，也是平教会引进和推广的。

4. 定县小白杨生长快，适应性强，材质好。平教会最初引进时还不到 1000 株，现已遍布全县，约 400 万株，形成了较大规模的防护林带。

---

① 中央教育科学研究所科研处编《中央教育科学研究所科研成果选集》，教育科学出版社，1991，第 229 页。

5. 定县苹果质高味佳。平民教育促进会最初引进了卫津、国光、白龙、华夏等诸多品种，共242株，现年产量已达到1000万斤，创产值500万元。

定县实验的成功也产生了世界性的影响，晏阳初成为“当代世界最具革命性贡献的伟人”，平民教育运动也成为世界十大运动之一。定县实验的模式被亚非拉美的发展中国家所接受，一个世界性的乡村平民教育运动逐渐兴起。

1951年，联合国教科文组织聘请晏阳初担任特别顾问，到第三世界国家进行考察，提出工作建议。1952年，由菲律宾各界知名人士组成的“菲律宾乡村改造促进会”和该会名誉主席、菲律宾总统奎松正式邀请晏阳初到菲律宾指导工作，并选择马尼拉附近黎塞省的兰卡村、吕宋岛中部黎维峨色界省的昂村和桑·纽司地区开展工作。在晏阳初和志愿者、村民的共同努力下，上述地区的平民教育与乡村建设开展得有声有色，面貌一新。如桑·纽司地区从昔日的荒地变为绿茵，居民收入大幅度增加，为全国户均收入的三倍，受到了本国和世界上许多国家的赞扬。除菲律宾外，亚洲的印度、泰国，非洲的加纳，拉丁美洲的危地马拉、哥伦比亚等国，也都开始因地制宜地推进平民教育和乡村建设实验。

为适应这一世界性运动的需要，晏阳初决定创立一所国际乡村建设学院，既作为发展中国家乡村建设人才的培养中心，也作为乡村建设的研究与实验中心。1967年5月2日，国际乡村建设学院在菲律宾的色朗正式落成。这个学院以定县实验为模式，以培养世界“新民”、实现世界“大同”为宗旨，以“科学简单化，农民科学化”为目标，以全面改善农民生活质量为目的，以四大教育连锁为环节，以现代科学技术为手段，以经济实用为原则，以田野实践为重点，先后为世界四十多个国家和地区培训了大批乡村改造人才，成为名副其实的国际乡村建设与乡村改造运动的中心。定县实验的星星之火终于成为具有燎原之势的国际化运动，平民教育从而真正地走向世界。

中国现代的平民教育思想之所以获得如此成就，产生巨大的世界性影响，除晏阳初个人的献身精神与执着追求外，与平民教育思想自身的特点是分不开的。

（一）平民教育是一种真正面向平民、服务平民、造福平民的教育，平民是平民教育的出发点和归宿，使平民教育具有广泛的社会基础

晏阳初早在1927年发表的《平民教育概论》中就指出，中国的许多运动往往都是“少数学者的笔墨运动”，和大多数平民“风马牛不相及”。而平民教育就是要面向4亿人民，面向3.2亿不识字的人，面向生活在农村的85%以上的人。正因为如此，晏阳初把农村作为平民教育的主战场，把平民教育的大本营平民教育促进会的总部也搬迁至定县农村。无论是在早期确定的平民教育六项原则，还是后来提出的乡村改造工作人员九项守则，乃至于再后来提出的乡村改造十大信条，都把平民作为核心。如晏阳初规定的平民教育原则为：1.“全民的”；2.“以平民教育需要为标准的”；3.“适合平民生活状况的”；4.“根据本国国情和人民心理的”；5.“地方自动负责的”；6.“人人有参加的可能”。[①]

在《乡村改造工作人员九项守则》中，晏阳初也是把平民问题作为平民教育与乡村改造的出发点。其主要内容是：1.“深入民间”，要真正地认识村民，了解他们的问题，创造双线往返的教育气氛，和他们有影响力的领袖们发展相互信任，分享他们的忧乐，并学习他们的需要；2.“与平民打成一片”，不能像游客一样匆匆来去，必须和他们居住在一起，像邻居一样认识其长处与短处；3.“向平民学习”，在成为农民们有效的教师以前，首先必须做他们的好学生，谦逊地向农民学习；4.“与平民共同商讨乡村工作”，平民教育不应是命令式的，而应是参与式的，搞这一工作的人不应是“独裁者”，而应是“合伙人”，要与农村居民“如伙计一样地讨论农民的需要与问题”，共同开展平民教育与乡村改造运动；5.从“农民知晓的开始”，应尽力去了解和发现什么是农民知晓或不知晓的，从他们知晓的事开始做，更容易取得成功；6.“在平民已有的上面建设”，如果缺乏必要的根基，许多计划就会失败，所以要重视基础性的建设；7.“不迁就社会，应改造社会”，平民教育与乡村改造不只是为了生活，而是改造生活、改造社会，创造新

---

① 詹一之编《晏阳初文集》，四川教育出版社，1990，第23-24页。

社会；8.“不可零碎地做，而是整体连环进行”；9.“不是救济，而是发扬”，要“让农民劳工有发扬的机会：发扬他们潜伏的智慧力量、生产力量、身体力量、组织力量。只有如此，人类最众多一群的农民，才可成为发展中国家里完全且平等的共同协力人，以为较佳世界建造较佳基础”。[①]从上可以看出，平民教育是紧密联系平民的生活、满足平民的需求、针对平民的特点来展开的，这也是平民教育拥有广泛的群众基础、具有旺盛的生命力的奥秘所在。

（二）平民教育跳出狭隘的教育圈子，主张在“大教育”的观念上对社会进行整体改造、综合治理，使经院式的教育科学研究与社会科学研究转化为实地的改造生活的综合性研究

在现代教育史上，教育实验一般限于学校内部，主要是对学制、课程、教材、教法、测验、管理等局部问题进行改革。而平民教育促进会在定县开展的实验，是在大教育观念指导之下，以大社会为舞台，以教育、政治、经济、社会、文化、卫生等社会问题为对象，并以社会的整体改造为目的的教育实验。这就远远超出了就教育论教育的模式，超出了经院式的教育科学研究模式，为全面和正确地解决现实中的教育问题进行了尝试。

定县实验之所以能从开始的文字教育发展到农村建设，再进而演变为县政改革；之所以能从实地的教育实验发展成为全县的综合改革，与晏阳初的平民教育的整体观是分不开的，也是他区别于其他平民教育的特征之一。他说：“以前办理平民教育的，不外授予学生以文字教育，绝没想到生计教育和公民教育的必要，只能养成有知识而无生产力及公共心的片面人。现在我们知道一个人至少必具知识力、生产力及公共心三种要素，才能成为整个的人。”[②]晏阳初认为，人应该是整体的，不应该是片面的。而要造就整体的人，就必须有整体的教育。他进而指出，教育总是与其他社会生活紧密联系在一起的，而农民面对的各种基本问题，如贫穷、病弱、文盲、自私等都是互相联系的，一项成功依赖其他成功的解决，只有把教育作为

① 詹一之编《晏阳初文集》，四川教育出版社，1990，第275–277页。

② 同上，第19页。

系统工程，把教育理解成真正意义上的大教育，才能从根本上解决教育和社会问题。他举例说，一个乡村农民可能是一位出色的生产者，但如果不懂经营方法，仍有可能被放高利贷人及经纪人剥削。他的生产会有所增加，但收入所得却不归自己。所以，晏阳初得出结论，“一项零碎进行，不能使农民站稳自己的脚跟”，只有用“整体连环”的方法，才能使农民告别贫穷、治愈病弱、脱离文盲、抛却自私，成为具有知识力、生产力和公共心的“整个的人”。

从平民教育的内容与方法来分析，中国现代的平民教育思想的确也体现了一种整体意识。如四大教育，实际上是就整个乡村社会所存在的各项重大问题而言的，其目的不仅仅在于矫治农民身上存在的愚、贫、弱、私四大病症，而且是对上述问题进行整体的改造和建设。在四大教育中，也没有孰轻孰重，把各项问题孤立起来，零散地、个别地加以解决，而是强调四大教育的整体性、互补性、连环性。晏阳初曾经这样揭示四大教育的关系：“四大教育是连锁结合，分工合作的工作。互相关联，互为联络。必如此而后可以整个的解决生活的困难。因为生活是整个的，是连锁的。中国近几十年来，并非没有服务社会，改良民间生活的工作。然而成效很少的一个理由，即为办农业者不问教育，办理教育者不问卫生，各自为谋，是分割的，隔离的，无其他工作可以联络的。因此成功的希望很少。”[①]所以，只有充分认识四大教育“是平民教育工作连锁进行的四方面”的特点，从整体、连锁的角度认识和处理四大教育，才能使平民教育真正地解决平民的问题，才能真正使整个社会全面、协调和健康地发展。其三大方式，更是以全社会为覆盖面，是站在全社会的宏观角度来考虑教育问题的。

（三）平民教育在坚持自己的宗旨和目标的前提下，注意共性与个性的统一，注意在不同的时间和空间背景中显现自己的本质，从中国现代的教育思潮逐步发展成为具有世界影响的教育运动

在中华平民教育促进会成立之际，晏阳初夫人为《中华平民教育运动歌》撰写了歌词：

---

① 詹一之编《晏阳初文集》，四川教育出版社，1990，第67页。

茫茫海宇寻同志，历尽了风尘，结合了同仁。共事业，励精神，并肩作长城。力恶不出己，一心为平民。奋斗与牺牲，务把文盲除尽，男男女女老老少少一齐见光明。

茫茫海宇寻同志，一齐见光明，春天无片云。愈努力，愈起劲，勇往向前程。飞渡了黄河，踏过了昆仑。唤醒旧邦人，大家起作新民，意诚心正身修家齐国治天下平。

歌词表达了平民教育的倡导者“一心为平民”“唤醒旧邦人”的心声。当时，正值平民教育思潮发生演变与分化的重要时期，以李大钊、邓中夏为代表的共产党人，强调工农群众的教育，强调唤起工农群众的革命觉悟，使平民教育成为革命斗争的组成部分；北京高等师范学校的“平民教育社”及其创办的《平民教育》杂志，则丧失了把平民教育作为平民政治先导的锐气，逐步把平民教育的方向转移到学校教育的改革，以及研究和介绍欧美教育理论和方法方面，最后基本上与平民教育脱轨了。只有晏阳初领导的平民教育运动，不仅在定县生根、开花，而且逐步向全国辐射，产生了深远的影响。

1940 年 10 月 28 日，中国乡村育才院正式在重庆巴县歇马场开学，晏阳初特撰《乡建生力军歌》作为院歌，歌词主旨与《平民教育运动歌》相近，但更突出了时代特征与韧性：

向前进！向前进！大家向前进！我们是乡建的生力军。不怕道路的崎岖，不怕工作的艰辛。开发民力，建设乡村，除尽文盲，作成新民，培养创造大气魄，发扬宗教真精神。

向前进！向前进！大家向前进！我们是乡建的生力军。威武加身我不屈，富贵于我如浮云。奋斗到底，杀身成仁，再接再厉，有志竟成，建设民主新中国，促成世界大同盟。

在国难当头的时刻，晏阳初领导的平民教育运动虽然强调自卫，但并不忘建设，而是主张“在团体纪律，民族意识，思想陶冶，知识灌输，务期兵农不分，文武并进，以成人教育为精神，以军事训练为骨干，以普及教育为前提，以推进建设为归宿”[①]。一句话，在内忧外患、纷争凌乱的时期，仍要竭力谋建设。平民教育运动试图在政治与教育之间走出一条新路子，从而谋求教育的最大发展。

中国现代平民教育思想与运动之所以能有较大发展，除摸准了时代脉搏外，还在于它的敌人是长期困扰人类的贫穷和愚昧，这是全人类的共同敌人。对于发展中国家来说，更是时刻感受到这个敌人的威胁，所以，晏阳初的平民教育，用乡村教育和乡村建设使乡村摆脱贫穷和愚昧，引起了国际上的广泛关注，定县实验的经验也成为人类的共同财富。尽管晏阳初后来更多地用“乡村改造”这个概念，但实质上仍是平民教育的内容与方法的延续。

当然，中国现代的平民教育思想也有其无法克服的内在缺陷。如他们对中国社会根本问题的分析，往往只抓住“愚、穷、弱、私”这些表面现象的东西，很少或者没有认识到中国社会政治腐败、经济落后的重要原因，在于帝国主义的侵略与封建残余势力的压榨；他们对中国社会问题开出的处方，也只是用教育、用和平改良的办法挽救民族的虚弱与国势的衰亡，而不涉及任何社会秩序与政治制度。虽然平民教育能够在一定的区域内取得一定的效果，但很难从根本上解决中国社会的根本矛盾。当然，平民教育本身已超越了狭隘的教育圈子，把教育与社会改造两位一体地统一起来，在教育家、教育思想、教育运动所能及的范围内迈出了最大的步伐，平民教育思想的“大教育”观已经在相当程度上产生了国际性的影响，我们自然不应该苛求于它。

平民教育思潮在中国的兴起，是在一个特殊的时代、特殊的社会背景和特殊的文化背景下实现的。基于晏阳初本人的经历，他不自觉地以西方的价值观念为准绳，对传统的政治文化予以全盘否定，故称之为激进的平民教育派也不为过。但当时的中国社会如一潭死水，广大平民对接受教育大多表现出麻木和被动，因此，他在平民教育实验活动中，又表现出或多或少的急躁不安，希望一蹴而就，其结果当然是欲速则不达。

① 詹一之编《晏阳初文集》，四川教育出版社，1990，第267页。

第七章　中国现代的乡村教育思想

在20世纪20—30年代，中国大地上曾经掀起了一场声势浩大的乡村教育和乡村建设运动，先后兴起的乡村建设团体达700多个，建立的大大小小的农村教育试验区达193处。几乎所有的教育家都把视线投向了农村，把精力集中于农村。如黄炎培倡导了徐公桥农村教育改进实验区，晏阳初主持了定县农村平民教育实验，陶行知领导了晓庄乡村师范学校和山海工学团实验，梁漱溟在山东进行了乡农学校实验等，把中国现代的乡村教育推向了高潮。其中以梁漱溟为代表的乡农学校实验，具有独特的意义与风格。

一、乡村教育运动与乡村建设

中国现代的乡村教育运动，是现代教育思想发展的逻辑之必然、历史之必由。在毛泽东主持广州和武汉的农民运动讲习所的前后，中国的一批教育思想家也在从城市走向农村。他们在各自的教育实践中，几乎不约而同地形成了一个共识：要解决中国的社会问题，离不开教育；而要解决中国的教育问题，又离不开乡村。如黄炎培说："吾们的理想要把中国治好，无疑的须着重下级政治。最下级乡政，次之县政。"[①]所以要"期以教育之力，改进农村一般生活，以立全社会革新之基"。晏阳初在阐述平民教育的重心向农村转移的原因时也指出："在工作经验中相信中国大部分的文盲，不在都市而在农村。中国是以农立国，中国的大多数的人民是农民，农村是中国85%以上人民的着落地，要想普及中国平民教育，应当到农村里去，所

① 中华职业教育社编《黄炎培教育文选》，上海教育出版社，1985，第210–211页。

以同人才决定到定县去工作。”[①]又认为“中国真正最大之富源不是煤，也不是铁，而是3万万以上不知不觉的农民”，只有把农民的智慧发展起来、培养起来，使他们有力量自觉地来改造，改造才能成功；自觉地来建设，建设才会生根；自觉地来运动，复兴民族，民族才有真正复兴的可能。[②]陶行知也明确提出，把乡村教育、乡村学校办成改造乡村生活的中心，要征集一百万个同志，创设一百万所学校，改造一百万个乡村，“叫中国一个个的乡村都有充分的新生命，合起来造成中华民国的伟大新生命”。

梁漱溟的乡村教育思想在相当程度上受以上乡村教育思潮的影响。梁漱溟最早是用“乡治”的概念表述他的乡村教育思想的。1928年，他在广东省立第一中学的演讲中指出:“所谓乡治者，是我认为我们民族前途的唯一出路；因为构成中国社会的是一些农村。大家每以为先要国家好，才得农村好，这实在是种颠倒见解。其实是要农村兴盛，全个社会才能兴盛；农村得到安定，全个社会才能真安定。设或农村没有新生命，中国也就不能有新生命。我们只能从农村的新生命里来求中国的新生命；却不能希望从中国的新生命里，去求农村的新生命。我的所谓乡治，就是替农村求新生命的方法。”[③]在这一年，他参观了陶行知先生创办的晓庄乡村师范学校，认为这是“一件有兴味的事”。并说:“晓庄学校有三点很合于我们意思的: 1. 有合于教育道理; 2. 有合于人生道理; 3. 注重农村问题。”[④]1929年，他又先后考察了中华职业教育社在江苏昆山安亭乡徐公桥的乡村改进实验和中华平民教育促进会的定县实验区，并给予了较高评价。他肯定，“提倡职业教育的同人回转眼光视线到农业上，到农村上，而一向的职业教育运动转变成为一种乡村改进运动，或农民运动”是令他非常愉快高兴的事；又感叹，“平民教育之转向农民身上，并扩充其内容意义”是一大进步。这年秋天，他来到河南辉县，被聘为河南村治学院教务长，开始了他的乡村建设的实践活动。

---

① 詹一之编《晏阳初文集》，四川教育出版社，1990，第89页。

② 晏阳初:《中华平民教育促进会定县实验工作报告》，载宋恩荣编《晏阳初文集》，教育科学出版社，1989，第80页。

③ 宋恩荣编《梁漱溟教育文集》，江苏教育出版社，1987，第17页。

④ 同上，第22页。

1930年，河南村治学院正式开学，梁漱溟主讲乡村自治组织等课程。同时，他还主编《村治》月刊，为乡村建设宣传鼓动。在创刊号中，他撰写了《主编本刊之自白》一文，认为唯有所谓“乡治”，才是中华民族自救运动的最后的新方向。他说在文章中：“从我所要做的社会运动看出，正是一种最实在的文化运动。我的乡治主张正是切就政治问题经济问题，而为人生大道的指点。”1931年1月，因发生蒋、冯、阎中原大战，河南村治学院被迫停办，梁漱溟等来到山东。这时，他们觉得“村治”与“乡治”这两个名词不甚通俗，把它改为“乡村建设”。所以，同年6月山东省政府在邹平成立的乡村教育与建设机构，便正式命名为“山东乡村建设研究院”。研究院聘梁仲华、孙则让分任正副院长，下设研究部、乡村服务人员训练部、邹平实验县和农场四个部，梁漱溟任研究部主任。

为了宣传与明确研究院的宗旨，梁漱溟撰写了《山东乡村建设研究院设立旨趣及办法概要》一文，与招生简章一同发布。在这篇文章中，梁漱溟对“乡村建设”的内容及其相互关系进行了论述。他写道：“所谓乡村建设，事项虽多，要可类归为三大方面：经济一面，政治一面，教育或文化一面。虽分三面，实际不出乡村生活的一回事；故建设从何方入手，均可达于其他两面。例如从政治方面入手，先组成乡村自治体，由此自治体去办教育，去谋经济上一切改进，亦未尝不很顺的。或从教育入手，由教育去促成政治组织，去指导农业改良等经济一面的事，亦可以行。但照天然的顺序，则经济为先；必经济上进展一步，而后才有政治改进教育改进的需要，亦才有作政治改进教育改进的可能。”[①]在他看来，乡村教育只是乡村建设的一个组成部分，它与政治、经济共同构成了乡村建设的三大领域。

梁漱溟还对乡村建设研究院的目的意义与具体方法作了详细说明。他指出，研究院的根本任务是两个方面，即“一面研究乡村建设问题，一面指导乡村建设的实施”。而研究部的主要任务是：广泛地开展乡村建设基本理论的研究，具体地研究山东省各地方的乡村建设方案。研究部招收研究生，以大学毕业或同等学力者为对象。研究的程序，先进行基本研究，钻研乡村建设的根本理论，进而作专门研究，根据各人以往学识根底和目前

① 宋恩荣编《梁漱溟教育文集》，江苏教育出版社，1987，第47页。

的兴趣，选择一科或数科进行研究。课程主要采取个别谈话与集体讨论进行，必要时才采用讲授方式，并约请国内各大学的教授担任特约指导。修业期限为两年，但在修业期间有研究成果者，其论文经部主任及导师评定合格后，可经院长批准提前毕业。乡村服务人员训练部的主要任务是培训乡村建设的服务人才，招收相当于初中文化程度，年龄在20—25岁的当地乡村青年入学。训练的内容主要有以下三个方面：一是实际服务的精神陶炼，要通过训练打动学生的心肝，鼓舞他们的志趣，锻炼他们吃苦耐劳、坚忍不拔的精神，最重要的是“教以谦抑宽和处己待人之道”。二是传授有关乡村建设的实际知识，要通过训练开益学生的知识与心智，使他们能较清楚地意识各种实际问题。三是培养解决乡村建设中各种实际问题的能力，要通过训练使学生掌握办公事的应用文、办合作的应用簿记、办自卫的军事训练等。训练部开设的课程较多，有乡建理论、建国大纲、三民主义、精神陶炼、乡村自治、乡村教育、乡村礼俗、军事训练、农村经济、信用簿记、社会调查、农业常识、农产制造、土壤肥料、畜种改良、水利建设、农家副业、现行法令、公文程式等。为了使学生学完课程后能适应农民没有星期天和节假日的习惯，研究院规定训练部学生在一年学习期内不放假。学生修业期满，如不具备“解决乡村各种问题之知识能力及勤劳奋勉之精神”，则“缓予结业”。

实验县是专供学生实习乡村建设实际工作的场所和乡村建设的示范区域，并以它为起点推动全省的乡村建设。选择实验县，要求地点比较适中，县份不过大，不甚贫苦也不甚富庶，不十分繁华又非交通很不便利的县。因而选定了邹平县，在该县设立乡村建设研究院，并以该县县长兼任乡村建设研究院试验县主任。后来，随着乡村建设运动的发展，又相继选定菏泽、济宁等十余县为实验区，在各县辖区内广泛开展乡村建设活动。

农场也是供学生实地练习和为各地乡村建设示范而创办的，农场场址设在邹平县内。建场之初规模较小，后来逐渐扩大。在农场初建时有棉业试验、牧畜试验、蚕桑试验等。以后凡为当地所急需的农业试验都陆续增设，以切实起到示范农场的作用。[①]

① 熊明安：《中华民国教育史》，重庆出版社，1990，第190页。

1934 年，梁仲华调任济宁专区专员，梁漱溟接任院长职务。在这一年，他发表了《社会教育与乡村建设之合流》的论文，对包括乡村教育在内的社会教育运动与乡村建设的内在关系作了比较透辟的分析。梁漱溟说：让社会教育与乡村建设合流的是中国社会问题，让教育往乡村里跑的也是中国的社会问题，让地方自治往教育上跑的还是中国的社会问题。“因为大家是中国人，中国社会是乡村社会；在社会上作一件事情，不往前作则已；要往前作，必有一种方向或路线的探求，有此探求则不容不归到乡村。办教育的往前进，天然的要转到乡村；我们正面解决社会问题的乡村建设者，由于方法的探求，也一定要归到教育。”[①]总而言之，要解决中国的社会问题，就必须深入乡村，把教育与乡村建设结合起来进行。乡村建设为方法的探求不得不归到教育，而教育家为方向的探求不能不归到乡村建设。乡村教育运动与乡村建设最终在此“合流”了。所以在该文的最后，梁漱溟对乡村社会教育与乡村建设的同一性作了总结性的说明：中国的民众多在乡村，故民众教育即乡村民众教育。中国是乡村社会，故社会教育即乡村社会教育。此种教育，是很活的很实际的教育；此教育即乡村建设。

关于乡村建设的具体推进方法，是以乡农学校的形式开展的，这也体现了乡村教育运动与乡村建设“合流”的特点。梁漱溟指出，只有通过乡农学校的形式，把乡村农民组织起来开展自救，才能解决中国乡村存在的种种问题。他写道：“中国近百年史，原可说是一部乡村破坏史。国际与国内的两重压迫，天灾与人祸的两种摧毁，使得乡村命运，益沉沦而就死。如此严重的压迫与摧毁，在知识短浅而又零散单弱的农人或农家有什么办法呢？非我们（知识分子作乡村运动者）使他们发生公共观念，教他们大家合起来如何解决问题不可。合起来成为有组织的力量，然后乡村才可以起死回生。”[②]梁漱溟非常重视组织的作用，认为乡村人的自觉的组织意识，仿佛是有生命的一点萌芽，是社会进步的根本条件。他指出，乡农学校的根本任务是“推动（或推进）社会，组织乡村”，而“推动”与“组织”也是相辅相成的关系，“非组不能推，非推不能组”。“有一点组织，就有一点

---

① 宋恩荣编《梁漱溟教育文集》，江苏教育出版社，1987，第 243 页。

② 同上，第 139 页。

力量，亦就能有一点进步；有一点进步，便增一点力量，亦就更促进组织之发展。愈有组织愈有进步，愈有进步愈有组织。最有组织的社会，就是理想中最进步的社会。”①

梁漱溟在邹平进行的乡村建设，是以乡农学校的形式来开展的。其具体办法是，在相当大小范围的乡村社会（200 户以上 500 户以下的村落为基本单位）内成立乡农学校，将以前的区公所、乡镇公所等机关取消，而代之以村学、乡学。村学、乡学不再是一个行政机关，而主要是一个团体。它包括校长、校董、理事、教员以及一村中或一乡中男女老少。校长、校董由“在乡间比较是有信用有力量的人”担任，学生就是当地的“全民众”，教员则由从事乡村运动的人充任。课程有两类：一类是各乡农学校相同的功课，如识字、音乐唱歌、精神讲话等；一类是各乡农学校不必相同的功课，即各地方因地制宜设置的课程。如有匪患的地方，可成立自卫组织，作自卫训练；产棉区域可设如何选用良种的课程；等等。梁漱溟对精神讲话比较重视，认为中国的乡村社会“不止是经济破产，精神方面亦同样破产”，社会上许多旧的信仰观念、风尚习惯已动摇摧毁，而新的观念尚未产生，使许多乡民“陷于窘闷无主，意志消沉之中”。所以，他希望通过精神讲话的课程，与农民的心理感情沟通融洽，帮助他们巩固和树立自信力。

乡农学校按入学的地域范围分为村学与乡学。村学是乡学的基础，乡学是村学的上层。按学业程度分为普通部和高级部，按学生年龄分为儿童部、少年部、成人部、耆老部等。为了使村学与乡学有秩序地推进，梁漱溟还专门拟定了《村学乡学须知》，对学众、学长、学董、教员辅导员等乡农学校的组成人员提出了具体要求，划分了各自不同的职能及工作中应注意的事项。如作为村学的一员（学众），必须要知道以团体为重；开会必到，事事要从心里过一遍；有何意见即对众人说出；尊重多数，舍己从人；更须顾全少数，彼此迁就；要知道应为团体服务；好人要勇于负责，出头做事；遵规约，守秩序；要知敬长睦邻；要知道尊敬学长；要接受学长的训饬；要知道信任理事；要知道爱惜理事；要知推村学之义于乡学。作为学长，则必须知道如何做学长之道，要知自爱自重；要抚爱后生，调和大众；于村中子弟有不肖者

① 宋恩荣编《梁漱溟教育文集》，江苏教育出版社，1987，第 142 页。

应加督教；于邻里有不睦者应加调解；要监督理事而调护之；要明白以上的意思而自处于超然地位；乡学学长义同于上，其所照顾更在一乡。梁漱溟还特地要求村学乡学的教员、辅导员“不以教书为足，且不以能教校内学生为足”，而应多与村民接触，注重实际社会活动，“随地尽其教育功夫”。[①]

1937年3月，梁漱溟的代表作《乡村建设理论》（一名《中国民族之前途》）由邹平乡村书店出版，这是他对中国问题长期“困勉研索”的结果。他自称“这里面的见地和主张，萌芽于民国十一年，大半决定于十五年冬，而成熟于十七年”[②]。这本书的中心命题是中华民族的前途在于乡村建设。在这本书中，梁漱溟明确指出，要真正地解决中国的问题，改造旧中国，建立中国的新秩序、新礼俗，就必须从乡村入手，“在知识分子和乡下人身上求”。他认为，中国的乡村运动在本质上也是一种“新教育活动”，而知识分子和乡下人“构合的方式”，就是这种把乡村教育与乡村建设“构合”的新教育运动。他这样概括乡村教育运动与乡村建设的逻辑关系：“推进整个社会向前进步的工作，表面上是经济建设为主，骨子里无在不是社会教育功夫。建设、教育二者，不能分开。新社会之所以为新社会，要紧的还是在人上，在社会关系上；不过人的提高、关系的合理，离不开经济条件就是了。从人一面说，就是教育；从物一面说，就是建设。物待人兴；建设必寓于教育。乡村建设本没旁的意思，就是要求中国社会的平均发展真实进步，其不能不归于教育一途，势所当然。”[③]他认为，乡村建设的关键是人的建设，虽然乡村建设有政治、经济、教育事业三大方面，但必须以教育为枢纽，用教育力量组织乡村，所以政治、经济的建设必然就寓于教育建设之中。这样，乡村建设运动也就成为广义的乡村教育运动了。

二、乡村教育理论的建构

严格地说，中国现代乡村教育理论是一个比较庞大的范畴，黄炎培、

① 宋恩荣编《梁漱溟教育文集》，江苏教育出版社，1987，第117–136页。

② 中国文化书院学术委员会编《梁漱溟全集（第二卷）》，山东人民出版社，1990，第144页。

③ 同上，第471–472页。

陶行知、晏阳初等均对此有重要论述，这里我们主要讨论以梁漱溟为代表的乡村教育理论。

（一）乡村教育的功能

梁漱溟对教育表现出惊人的热情，这与他对教育功能的认识是分不开的。他认为，教育的功能主要表现在两个方面，即对于个体发展的促进作用和对于社会发展的促进作用，乡村教育的功能也是这两个作用的具体表现。

关于教育对于个体发展的促进作用，梁漱溟认为："教育应当是着眼于一个人的全生活而领着他去走人生大路，于身体的活泼，心理的活泼两点，实为根本重要。"[①]主张教育必须使人身心和谐发展，形成健全人生。他指出，教育对于人类的发展至关重要。"教育于人类，所以必要而且可能，盖最足征见于人类自儿童达于成年之期特长，为其他动物所莫得比。自鱼类以迄于人类之脊椎动物，其儿童期之长短，实征兆其远于本能，趋于智慧者为如何，而与后天学习资性大小为正比例也。人类社会所特意施行之教育，自昔皆置于未成熟之阶段，自非无由。然人类天具之学习力固不限于此未成熟期，殆且亘乎终身焉。"[②]在梁漱溟看来，人类与动物相比，本能最少而儿童期最长，对后天的学习与教育依赖也最大；如果离开了教育，人就不能真正地成为人。他还认为，教育对于现代社会的人尤为重要，教育已远不能停留在"未成熟之阶段"，而必须"终身"化。在现代教育思想史上，梁漱溟是比较明确地提出终身教育思想的教育家之一。他认为，终身教育的理由有三：其一，"现代生活日益繁复，人生所需要学习者，随以倍增，卒非集中童年一期所得尽学，由此而教育延及成年之趋势，日见重迫"。其二，"社会生活既繁密复杂，而儿童较远于社会生活，未及参加，在此种学习上以缺少直接经验，效率转低，或至于不可能，势必延至成年而后可。又唯需要为能启学习之机；而唯成人乃感需要。借令集中此种学习于童年，亦徒费精力与时间，势必待成年需要，卒又以成人教育行之"。其

① 宋恩荣编《梁漱溟教育文集》，江苏教育出版社，1987，第 9 页。

② 同上，第 99-100 页。

三，“以现代文化进步社会变迁之速，若学习于早，俟后过时即不适用；其势非时时不断以学之不可”。[①]即是说，现代社会发展日新月异，知识的陈旧周期愈来愈短，仅靠学校教育已无法满足现代生活的需要，无法造就真正意义上的社会人，只有“时时不断以学”，才能踏着时代的节拍。而且，丰富多彩的生活及成人的生活世界，有些在学校阶段无法理解，只有涉足成人世界进行相应的教育，才能水到渠成、事半功倍。所以，只有融学校教育、社会教育、民众教育、成人教育于一体的终身教育体系，才是“最经济而有效的教育设施”。

乡村教育在人的发展中也具有不可忽视的作用。梁漱溟指出，中国乡村的民众差不多都是受迷信与习惯的支配，很少有意识地主动选择，倾向于保守死板，缺乏活力。通过乡村教育，可以帮助农民从苦闷中找到出路，从彷徨中找到方针，从消沉中获得兴趣，在“不知将往哪里去的时候能够让他看见一点前途，生出一点希望”，从而真正地“让乡下人活起来”。由陶行知推荐到山东邹平帮助梁漱溟从事乡村建设的张宗麟在阐述乡村教育的使命时也指出：“乡村教育是改造乡村人民生活的活动，这个活动是从乡村实际生活产生出来的。它的主要工作是教人生产，使荒山成树林，瘠地长五谷；更教农民能够自立、自治、自卫；使村庄变成乐园，使村民安居乐业；又教儿童能适应乡村生活，成为改造乡村的嫩芽。”[②]总之，乡村教育不仅可以改变农民的精神状态，使他们形成积极的人生态度，而且可以帮助农民掌握生产知识和技能，使他们用自己的双手建设新农村。

关于教育对于社会发展的作用，梁漱溟有一段代表性的言论。他说：“教育之在社会，其功用为绵续文化而求其进步；使教育果得尽其功，则社会宜无革命，以随时修缮，逐步改进，行其无所事也。然人类社会卒不免于暴力革命，此盖以从来教育之在社会，不居领导地位而处于被役使地位之故。从来支配人类社会者为政权，或曰国家。历史上之政权或国家虽有许多高下不等之形式，而语其内容始终不外一武力统治之局。其较进步的

① 宋恩荣编《梁漱溟教育文集》，江苏教育出版社，1987，第99-100页。

② 张沪编《张宗麟乡村教育论集》，湖南教育出版社，1987，第158页。

政治形式固武力渐隐渐抑，理性渐显渐扬；然社会秩序之最后维持端在武力，而非以理性。由是社会改造——社会秩序推翻与新建——乃亦不能不出于暴力。故从来社会进步虽无不赖于教育（狭义及广义），而教育卒不能改造社会也。”[①]梁漱溟认为，教育对于社会发展的作用，主要表现在它能够使文化繁衍、社会进步，使社会生活不断地趋于文明、臻于完善。但由于人类社会存在着“暴力革命”，从而使教育的功能不能完全彰显，教育的作用不能充分发挥，社会的进步虽然依赖于教育，但教育在“改造社会”方面的作用受到了很大限制。所以，虽然梁漱溟也承认暴力革命的合法性，但总的说来，他是反对暴力革命，企图以教育代替暴力革命的。正如他在晚年时所说的那样：“通常彼统治阶级以暴力来，我革命阶级以暴力往（武装革命），那完全是必要的，肯定是对的。但耻于用暴力则更伟大、更崇高、更纯洁。”并认为：“鄙弃一切暴力，摒除一切暴力，人类将来可能有这一天。”[②]

梁漱溟认为，教育对于改造沉滞不动、枯窘就死的乡村社会，尤其是建设理想的新社会，具有重要的意义。他把未来的理想新社会称为“正常形态的人类文明”，并在《乡村建设理论》一书的结尾部分详细论述了理想社会的主要特征和构建途径。他指出，这种“正常形态的人类文明”有六个特点。第一，新社会是先农而后工，农业工业结合为均宜的发展。第二，新社会是乡村为本，都市为末；乡村与都市不相矛盾，而相沟通，相调和。第三，新社会以人为主体，是人支配物而非物支配人，通过社会关系的调整增进，减少人与人之间的隔阂矛盾，形成一社会意识以为主宰。第四，新社会是伦理本位合作组织而不落于个人本位或社会本位的两极端，使社会与个人之间的关系得以调和均衡。第五，新社会内政治、经济、教育（或教化）三者是合一而不相离的。第六，新社会秩序的维持，是由理性替代武力，靠理性来维持社会秩序。“此时教育必站在社会的第一位，以学术指导社会的一切；社会制度就可以不断地讲求改良，用不着暴力革命。”

---

① 宋恩荣编《梁漱溟教育文集》，江苏教育出版社，1987，第101页。

② 梁漱溟：《人心与人生》，上海人民出版社，2005，第154页。

上述六个方面是梁漱溟眼中的“正常形态的人类文明”，也是所谓的理想中的新社会的标准。那么，怎样达到上述理想的境界呢？梁漱溟提出了人类社会建设的四项原则，其中最核心的就是教育。

他写道：

唯于人类生命而后教育为可能，亦唯人类生活乃需要教育。然教育非徒为生活而已，将以为人类生命之无限的开展焉。其见于外者，则为社会文化之得继续创进无已；其存乎内者，则为个人心理日造乎开大通透、深细敏活，而映现之理亦无尽。古人有言：“寡过未能。”即其歉然不足之情，人类向上求不失于理者见焉。此情莫能已，此理益以辟，人生不可一日废学。故人类社会之建设应处处出之以教育眼光，形成一教育的环境，启人向学之诚而萃力于创造自己。社会于人，至此乃尽其最大之效用。

毫无疑问，必须用教育的眼光审视人类社会的建设，为社会的发展创造良好的教育环境氛围，使人类生命和人类社会不断地迈向完美的境界。

（二）乡村教育的精神陶炼

乡村教育的精神陶炼包括两个方面，一是乡村教育对象的精神陶炼，主要是改变农民的精神状态，塑造中国的民族精神；一是乡村教育主体的精神陶炼，主要是改变乡村教师的精神状态，使他们形成“深心大愿”。前者已在上一节论及，这里主要分析乡村教师的精神陶炼问题。

张宗麟曾经分析了乡村教师对待乡村教育和农民的三种基本态度。一种人的态度是庸庸碌碌，只知道听钟上课，捧着书本向儿童脑子里装，执着教育法令死做。“他们为着生活而做教师，一切社会上的事都可以不问不闻，所谓做一日和尚撞一日钟。”第二种人的态度是与想从学校渔利的人站在一条战线上，帮助他们渔利，或自己渔利。“他们以办学校为渔利的法门，所以一切唯利是图，装饰门面，勾结官厅土豪，同时欺骗儿童，欺骗民众。”第三种人的态度是为农民真正谋福利的，他们只问对于乡村是否有福利，不问是否得到土豪官厅的欢心。“他们能够捧出赤心来爱儿童，能够拼着命为乡村出力，能够引用世界上最大的力量、最新的科学来改造乡村。

遇到了挫折，也不灰心，甚至遇有性命的危险，也能置生命于度外。”[①]他认为，在这三种人当中，第一种人为数最多，第三种是“乡村教育的真同志”，但为数较少。

为此，梁漱溟专门在乡村建设研究院讲授“精神陶炼”（又称乡村服务人员之精神陶炼）课程，对乡村教师应具备的精神做了详细的说明。他指出，上面的第一、第二种人都是“俗见俗肠”，正如看见财利浮名都心热，无关轻重的成败毁誉都顾虑一样，这是一般人常有的“世俗的心理”。但作为乡村教师，作为乡村服务人员，就不能有这种俗见俗肠，而必须有超凡脱俗的深心大愿。这就有必要进行“精神陶炼”。精神陶炼的内容有三个方面，即合理的人生态度与修养方法的指点，人生实际问题的讨论，及中国历史文化的分析。所谓合理的人生态度与修养方法，就是要乡村教师注意“人生的反省”，“要有真问题，不要有假问题；要有大问题，不要有小问题”，能超越一己之私，“超越个体生命，仿佛有一个大生命，能够感觉个体生命问题以上的问题”，即站在人类的整体利益的高度处理问题。所谓人生实际的问题，是指“家庭问题、社会问题、如何处父子夫妇兄弟朋友等”生活中的具体问题。梁漱溟认为，“作乡村工作的人，必须对于人生实际问题有一个认识、判断、解决……自己先有一点见地，然后才能给乡村中人开路子”[②]，真正使他们有乐生之心、进取之念。所谓中国历史文化的分析，就是认识过去中国社会的组织构造及其特点，用思维自觉地探寻现在及未来中国社会所应走的路。三者的核心是民族精神，因为“指出中国文化的特别处（长处短处），从而领会其民族精神，这是历史文化分析的意义。合理人生态度的指点，是正面的讲明民族精神。人生实际问题的解决，是指点如何应用民族精神”[③]。民族精神是人类心理的最集中体现，也是精神陶炼的核心所在。

经过精神陶炼的乡村教师应具备怎样的素质呢？张宗麟在《乡村教

---

① 张沪编《张宗麟乡村教育论集》，湖南教育出版社，1987，第 195 页。

② 宋恩荣编《梁漱溟教育文集》，江苏教育出版社，1987，第 159 页。

③ 同上，第 176 页。

育》一书中对此进行了研究。[①]他认为，乡村教师最重要的就是肩负起对儿童、对当地社会、对农民运动、对农民教育的使命。所谓对儿童的使命，就是不能强迫儿童只做书生，而应在“知识的传授，人格的修养”的基础上，培养他们的生产技能。同时，“教师要极力使乡村儿童觉悟到自己所处的地位，使他们认识自己所以落到这般地步的缘由”，并以此形成儿童日后永久奋斗的基础。所谓对当地社会的使命，就是应把自己作为村民的一分子。“对于全村的公共事项必须负起责任来。不但对于消极的排解纠纷，或者是村民主动请他帮助做的事项应该要做以外，并且对于改进全村的计划，改进农业生产等，教师也应负责。”所谓对农民运动的使命，就是要帮助农民组织起来，让他们觉悟起来，认识到自己受各种直接、间接剥削者的苛暴的事实，成为农民运动的“引火材料”。所谓对农民教育的使命，就是通过办农民学校、壁报等形式，向农民灌输新的思想和采用新的方法，让农民去掉固有的坏习惯。

关于乡村教师的职业能力，张宗麟进行了比较详细的职业分析，认为必须具有以下七个方面的本领。

一是改造社会的本领。包括以下 21 种能力：①会开茶馆店；②会办民众学校；③会医小病，懂得卫生医药常识；④会做账房先生，懂得当地的应酬习俗；⑤会算钱粮、算账、算利息等，并且会量地、算地价、过户等；⑥会看当票、发票、钱粮票、捐票、契据、公文以及俗体字；⑦会写对联、婚帖、会单、契据信条等；⑧会说笑话、说书、通俗讲演等；⑨会做和事佬，遇不得已时能写公文状子；⑩会编贴壁报；⑪ 会几套武术，并能联合民众办自卫团；⑫ 会变戏法、演通俗戏、口技、双簧等；⑬ 会指导组织合作社；⑭ 会布置学校变为民众的公园；⑮ 会主持民众集会；⑯ 明了世界大势；⑰ 明了本国现状；⑱ 熟悉本地社会经济现状；⑲ 熟悉本地故事与大事；⑳ 懂得当地礼节；㉑ 有当地职业的常识，并能相机介绍改良的方法。

二是教育儿童的本领。包括以下 14 种能力：①会和儿童做朋友；②会用国语对儿童讲故事，报告时事；③能听懂儿童的话；④会回答儿童的问话，还能引起儿童更深刻地想问题；⑤会指导儿童阅读，找各种参考材料；⑥会

① 张沪编《张宗麟乡村教育论集》，湖南教育出版社，1987，第 242-248 页。

主持学校纪念周，指导儿童的集会；⑦会指导儿童发表意见，如作文、说话、画图、制作工艺品等；⑧会发现儿童许多不良习惯，并设法改善；⑨会当儿童工作的领袖，如扫地、整理房屋等；⑩熟悉一部分当地儿歌的；⑪会做当地儿童游戏的一部分；⑫懂得6岁以上儿童的心理；⑬懂得几种教育实验方法，有几种教育实验的基本技能，如测验、统计图表等；⑭留心看最近风行的教育书报，并且懂得新教育的原理和方法。

三是干农事的本领。包括以下20种能力：①会锄地（倘能耕地更佳。因耕地不但是技术问题，还有会用力的问题）；②会浇水和施肥；③会锄菜地、豆地的草；④会戽水、开沟、做畦；⑤会整理农具，如装锄头把子、粪桶柄、镰刀柄，打草绳等；⑥会做苗圃（菜蔬圃及草木苗圃）；⑦会种蔬菜（以当地的蔬菜为准）；⑧会修剪果木竹林（以当地果木为准，如北方没有竹，南方难种苹果等）；⑨会种普通花卉；⑩会养蚕；⑪会养蜂；⑫会养鸡、鸭、鸽子等；⑬会养羊、猪、牛等；⑭会砍柴、掘笋、采野果等；⑮会养鱼（缸鱼和池鱼，在海边还应该会拾贝类等）；⑯懂得土壤的性质；⑰会看农业书报；⑱结交重要农业机关和老农；⑲熟悉当地气候与农产品；⑳知道当地重要农谚。

四是科学常识、常能的本领。包括以下20种能力：①会采集当地著名的植物做成标本；②会捕捉当地著名的昆虫，做成标本，如做蝴蝶标本等；③会打猎；④会做鸟兽标本；⑤会做简单的解剖，并做成标本；⑥认识当地最普通的害虫，明了它的生活史；⑦认识当地的候鸟，明了它的生活现状；⑧会用做简单标本的药品和用具，知道它的来源，并会修理或制造；⑨认识当地的矿物，明了本地的地质；⑩会测量气候与雨量，明了气候变化与节气的意义；⑪认识最普通的星座；⑫明了日常食物的成分，如米、麦、蔬菜、盐等；⑬明了日常佐料的制造，如酱油、豆油、茶、盐；⑭明了日常用品的化学作用；⑮明了日常用品的物理作用；⑯明了最浅近的机器；⑰会修理日常用的机械用品，如钟表等；⑱会利用最普通的电机，如无线电收音机；⑲会利用科学方法做幻术；⑳能阅读粗浅的科学书报。

五是医药卫生的本领。包括以下18种能力：①明了人体的构造；②有卫生习惯，如注意吐痰、喷嚏、食物卫生等；③会检查体格；④会种牛痘；⑤会医治沙眼、疥疮、秃头等；⑥会医疟疾、伤风、便闭肠、寄生虫病；

⑦会包扎伤口止血；⑧会治小疮热疖；⑨知道最常用药物的性质与用法，如金鸡纳霜、阿司匹林、蓖麻油、碘酒、硼酸膏水、枸橼酸铜软膏等；⑩会施用急救法，如人工呼吸、火灼、水淹、中暑等；⑪知道公共卫生的要点；⑫明了儿童发育状态；⑬明了食物的成分，衣食住的卫生要点；⑭熟悉童子军的教练法；⑮会几套中国拳术；⑯会几种健身操或球类；⑰会游泳、爬山、上树；⑱会阅读浅近医药书。

六是艺术的本领。包括以下 26 种能力：①会唱和谐的歌曲——注重儿童的；②会演奏一两种乐器，而且会开留声机；③会欣赏世界名曲，懂得音韵节奏；④会跳普通的舞蹈；⑤会简单的写生；⑥会临摹简单的画；⑦会欣赏名画，领略画意；⑧会装饰一间房屋，布置一个会场；⑨会用纸、麦秆、豆、野果、红叶等做装饰品或日用品；⑩会修理桌、椅、门、窗等；⑪会扫地、抹桌、擦窗子等工作；⑫会做袜底或衣服，会用绒线做衣服帽子；⑬会装订书籍、画应用图表；⑭会油漆门窗用具，并且会粉刷墙壁；⑮会设计壁画，如壁上图案、壁上挂图等事；⑯会布置小花园，利用天然饰物布置园景；⑰会写一体或二体的字，写得不讨厌；⑱会做简单的印刷工作；⑲会烧小锅饭、小锅粥；⑳会烧菜，烧得合味；㉑会做点心，做得合味；㉒会整理厨房用具；㉓会整洁自己的身体、用具，毫无名士派的习气，但是也没有浪子的纨绔习气；㉔会训练一般儿童知道整洁自己的身体与用具；㉕会欣赏有艺术意味的作品，如书法、雕刻、照相、刺绣、瓷器、电影等；㉖会指导或表演戏剧，并且能欣赏别人的表演。

七是杂物本领。包括以下 18 种能力：①会新式簿记；②会造预算、决算，并且会做经济报告书；③会购置日常用品并熟悉市情；④会保管学校用品；⑤会登记物件；⑥会监督校工，训练新来工人；⑦会购置图书，管理图书；⑧会寄发信件；⑨会编辑书报或其他刊物；⑩会招待客人及指导员等；⑪会做儿童成绩报告书；⑫会主持展览会、庆祝会、恳亲会等；⑬会拟全年计划、每月计划；⑭会主持研究会、讨论会；⑮会联络邻校共同兴办事业；⑯会办学校应用公文；⑰知道最近教育法令；⑱会与教育行政人员磋商校事。

从上我们可以发现，现代乡村教育思想具有比较系统的教师观，对乡村教师的职业能力进行了详细的分析。对张宗麟给乡村教师的能力规定，我们难免会产生过于烦琐的感觉，乡村教师简直成了乡村建设的百科全书。

但也可以窥见现代乡村教育思想对乡村教师精神陶炼的重视，对乡村教师职业能力研究的深入。

（三）乡村教育的组织结构

中国现代乡村教育思想对乡村教育组织的建立非常重视。梁漱溟认为，建立一种新的社会组织是解决中国社会问题的关键。“这个组织乃是以伦理情谊为本源，以人生向上为目的，可名之为情谊化的组织或教育化的组织；因其关系是建筑在伦理情谊之上，其作用为教学相长。”[①]他指出，这种新社会组织不能由政府来建立，因为由政府来定出一种制度是不会成功的，政府的惰性造成了它只能“一层一层都是被动，极有机械性而缺乏创造性”。他打了一个比喻：这种社会组织好像一个活的苗芽、一颗种子，种子不能由政府去预备，必须是社会上有志愿的人去种，政府只能像风雨、日光、肥料去培养这种组织，帮助组织的自然生长。

梁漱溟认为，这种新社会组织必须“要每一个分子对于团体生活都会有力的参加，大家都是自动的，靠多数人的力量组织而成”[②]。由于中国是农业型国家，团体主体的绝大多数人都在乡村，所以“中国的新社会组织要从乡村去求”，是一种乡村组织。这种组织是集政府（政治）与学校（教育）于一身的，称之为乡农学校。

这种乡农学校的构造由校董会、校长、教员、乡民（学生）所组成。有人认为这是一种纯粹的学校，而忽视了它同时还是组织，梁漱溟认为这是一种错误，因为“假定办学的人与来学的人是两部分，办学的人是主动的，来学的人是被动的，则只是学校机关，或者够不上说是一种乡村组织”，乡农学校则有机地“把领袖与乡民合到一块，组织在一起”，注意按地方区域划分范围，注意内容的配置，所以同时又是有效的组织。他把乡农学校与当时的地方自治组织用下表进行了对照说明（见表 7-1）。

---

① 中国文化书院学术委员会编《梁漱溟全集》第二卷，山东人民出版社，1990，第 308 页。

② 同上，第 313 页。

表 7–1　乡农学校与地方自治组织的对照表

名称	其发展所自	作用	与现行法令表面近似而不同	直接系统
乡长	原乡农学校校长	监督教训机关	表面近似现行法令之乡长，而语其作用乃替代现行法令之监察委员会与调解委员会，掌教训而不负行政责任	属于文化运动团体（社会运动团体）系统而得现政权之承认
乡农学校	原乡农学校	推动设计机关	表面近似现行法令之国民补习学校及国民训练讲堂，而作用大异	
乡公所	原乡农学校校董会	行政机关	相当于现行法令之乡公所	属于现政权下之政治组织系统
总干事	原乡农学校校董会常务理事	事务领袖	略同现行法令之乡长	
乡民会议	原乡农学校全体学众	立法机关	相当于现行法令的乡民大会	

从表中我们可以发现，乡农学校是一种兼有学府与政府的组织，其功能和作用远远超出一般意义上的教育，而在乡农学校的基础上逐渐发展为地方自治的组织。而这个组织与原来乡农学校集学府与政府于一体的模式有了很大变化，成为学府政府并列的模式。梁漱溟在谈到这个新模式时说："从表面上看我们的这个组织，有许多地方与现行地方自治组织相同；其实内里的意义很不同。再补说一句，我们最初的自治组织就是一个乡农学校，当乡农学校慢慢充实起来的时候，这个组织就要渐渐开展、分化，分成四个——乡长、乡农学校、乡公所（总干事）、乡民会议。"[①]可见，乡农学校也不是固定不变的，随着乡村社会与中国社会的发展变化，它也要产生相应的发展变化。但无论怎么发展变化，它的作用（推动设计）总是至关重

① 中国文化书院学术委员会编《梁漱溟全集（第二卷）》，山东人民出版社，1990，第 362 页。

要的，它的教育功能也没有窄化，它仍属于社会运动的系统。

从梁漱溟对于乡农学校的论述与他的办学实践，我们也可以发现他的乡村教育的发展观。他常常说："我们是在创造一种新的社会组织构造，我们是要从乡村培养新组织构造的基芽。"这表明，他以乡农学校为基因的新社会组织本身是在不断的建设之中、不断的创造之中，但其基础却始终是乡村。中国教育的大厦，也正是在乡村、乡村教育的基础上建构起来的。梁漱溟清楚地表述了自己的这一思想：

> 在我想，中国的教育制度，无论小学教育、民众教育、职业教育、中学教育，乃至学术研究的大学教育，都须造端于乡村而生长起来，成功中国的一整套。中国教育制度，有待创造，创造不能不靠高明的眼光；但高明的眼光却不能一上来就草拟一个制度方案来推行，须在事实上慢慢探求，慢慢生长。现有的制度统统不能算数，一切均要从新创造。不但教育如此，其他如政治、经济等，莫不皆然。我们的乡村组织实是一切制度的端倪，只待培养、生长、发展、充实而已。[①]

正是基于这种乡村教育的发展观，梁漱溟不断地探寻"端于乡村"的教育体系与教育制度，不断地完善和发展乡村教育思想。

三、乡村教育思想的分析

20 世纪 20—30 年代，中国乡村教育思想伴随着乡村教育和乡村建设运动的热潮而不断深入。乡村教育思想家们为了解决中国乡村的贫穷落后问题，为了复兴民族，富强国家，推动社会进步，纷纷放弃城市的优裕生活，到条件艰苦的乡村开展了各种乡村教育和乡村建设实验，并形成了颇具特色的乡村教育理论，为丰富中华教育思想的宝库做出了重要贡献，也为当代中国的农村教育提供了可资借鉴的经验和教训。

---

① 中国文化书院学术委员会编《梁漱溟全集（第二卷）》，山东人民出版社，1990，第 423 页。

（一）乡村教育思想注重学习和借鉴当时国内外教育思想的经验教训，力图采众人之长，建立能真正解决中国乡村问题的乡村教育理论

在20—30年代全中国影响较大的四种类型的乡村教育试验中，梁漱溟的试验开始得最迟，这给他一个得天独厚的条件，能比较周密地考察和研究其他乡村教育的理论与实践。早在1926年，梁漱溟曾与王鸿一在北京东交民巷使馆界内讨论“农村立国制”问题，但毕竟是“纸上谈兵”。次年，他提出了“乡治”的主张。1928年，他到南京考察了晓庄学校，晓庄的乡村师范教育给梁漱溟以很大的启发，后来他在山东的乡村建设实践就采用了陶行知的许多做法。以邹平第十一乡学为例，梁漱溟曾认为邹平的村学乡学最符合他的意思，但这个乡学实行的“共学团，导友制”就深受陶行知生活教育思想的影响。该校的实验报告曾这样写道：“我们的生活，就是应付环境，创造环境。我们都在生活着，生活时时有变化、在进展。在做教学三位一体的原则上，我们说不清谁在教谁，谁是教者与被教者。‘教学相长’，都是在前进，都是被教育者。”又说：“在共学团的生活表上，课程活动都是每天生活的过程，其间并无轩轾。而这些过程，即是生活，即是教育。”[①]他说的“共学团”是由相当于高级小学二年级一部分学生及一年级一部分学生合组而成的；团内设团长、团副和秘书，由二年级学生担任；团内分五个小组，均由一年级学生任组长；一年级学生为组内学友，二年级学生分别在组内任文化、政治、经济的导友。文化导友负责辅导学友卫生、治疗疾病、经营图书馆及清洁检查等；政治导友负责学友史地辅导以及点名、纪律、勤惰考察及开会训练等；经济导友则负责辅导学友自然、经营合作社、指导农作及办理伙食等。“共学团”的活动有朝操、朝会、学业指导讨论会、各种学业研究会、编写壁报、开放图书馆、经营教育用品消费合作社、开团政会议、军事训练、农场劳动、学业报告、晚会等。这些活动体现了梁漱溟“教育要本于生活，教育必须教学做合一”[②]的思想。当然，这个思想的来源是陶行知先生。

---

① 萧克木编《邹平的村学乡学》，邹平乡村书店，1936，第278页。

② 宋恩荣编《梁漱溟教育文集》，江苏教育出版社，1987，第23页。

1929年，梁漱溟系统地考察了南北不同类型的乡村教育实践。他首先考察了中华职业教育社在徐公桥的乡村教育，黄炎培、江问渔陪同参观并予介绍。他一方面赞扬职业教育运动向乡村改进运动的转变，一方面也对黄炎培在徐公桥的实验提出了异议，认为它只是小修小补，站在教育家的立场来考虑乡村教育问题，没有从根本上解决中国的乡村问题。他认为，自己与黄炎培等人的不同在于："诸位是在现状下尽点心，做些应做的事；而我则要以中国这个大问题，在这里讨个究竟解决。"[①]接着，到北京访问了翟城村自治事业的创办人米迪刚、米阶平，后由冯霞梯陪同前往定县参观中华平民教育促进会的实验区。他对平民教育转向农民非常赞赏，认为这比"办一间什么中学大学有意义得多"；但也认为，"中国农业的改进不能成功于平民教育家之手"，因为"以办教育的法子作乡村改进运动，必落于人才钱财一概倒贴之路"。最后他又考察了山西的太原、清源、汾阳、介休、赵城等县，认为在这些县"政府办理村政督促提挈太重，太多防制，太过助长"，"全无引人民自动的好方法"。[②]总而言之，他认为当时教育界的乡村教育运动只是"枝枝节节地帮助农民"，而缺乏最根本的注意——"要农民自觉有组织发生力量而解决自身问题的注意"。[③]

梁漱溟的乡村教育思想在某种程度上也受到了中国共产党领导的农民革命运动的影响或启示。他曾经认为农民革命运动与自己的乡村建设工作是"相近似的工作"。他说：以往的革命工作中的农民运动，如广东的农民协会和农团军，这些大多是名为国民党的组织而实在共产党的领导之下。它们"在某一点上说是与我们相同的，就是要农民自觉、有组织而发生力量，解决他们自身的问题"。但也有不同之处，即"他们的农民运动是在乡村社会里首先作一种分化的功夫，使乡村社会成为分离对抗的形势。在乡村社会之内就发生斗争。我们则看乡村社会的内部，虽然不是全没有问题，然而乡村外面问题更严重——就是整个乡村的破坏，所以我们现在必须看乡村是一个整个的。至少我们中国社会的多数乡村，是必须如此看法。我

---

① 宋恩荣编《梁漱溟教育文集》，江苏教育出版社，1987，第377页。

② 同上，第378页。

③ 同上，第143–144页。

们要求整个乡村社会的改善与进步，故我们所作的工夫，是积极的、培养的、建设的，而他们是消极的、破坏的”[①]。因此，梁漱溟选择了一条“居中间兼而有之”的道路，即既吸取乡村教育运动和民众教育运动中“积极建设乡村，改善农民生活”的一面，也重视农民革命运动中“要农民自觉、有组织而发生力量，解决他们自身的问题”的因素，创造他理想中的乡村建设(乡村自救运动)。尽管这个理论及他的乡村教育运动有其致命的错误，但梁漱溟采众说之长、成自家之言的理论锐气是值得称道的。

(二)乡村教育思想注重中国传统文化的研究与弘扬，注重维护民族的尊严与民族利益，注重探求中国的自救与建设之路，具有明显的民族特质

梁漱溟曾经认为，他的主要思想体现在以下几部著作之中：1922年出版的《东西文化及其哲学》、1933年出版的《中国民族自救运动之最后觉悟》、1937年出版的《乡村建设理论》、1949年出版的《中国文化要义》和1985年出版的《人心与人生》。在这些著作中，他对中国传统文化都进行了认真而严肃的思考。他指出，世界上有三种类型的文化：一种是以“意欲向前要求为根本精神”的西方文化，一种是以“意欲自为调和、持中为根本精神”的中国文化，一种是以“意欲反身向后要求为其根本精神”的印度文化。西方文化注重享乐、要求幸福；中国文化安遇知足、注重理性，印度文化力求解脱、注重来世。[②]

梁漱溟很赞同英国哲学家罗素的观点，认为中国文化是人类的宝贵财富，“无论为中国人打算，为世界人类打算，都应当宝爱中国文化而莫要损坏它”。为了解决中国的问题，有必要对中国的政治、经济诸方面进行改造，但这种改造都必须“顾及中国文化”，要能够“达到中国文化长存于世界之目的”。[③]但梁漱溟也认为，罗素的担心似乎又是多余的，因为只要坚信中国文化有其优长处，就“不必怕在中国问题解决上将会忽略遗漏它原

① 宋恩荣编《梁漱溟教育文集》，江苏教育出版社，1987，第143-144页。

② 梁漱溟：《东西文化及其哲学》，商务印书馆，1922，第55页。

③ 宋恩荣编《梁漱溟教育文集》，江苏教育出版社，1987，第274页。

来优长之处”。

梁漱溟认为，中国文化的哲学基础与西方文化和印度文化均不相同，“西洋生活是直觉运用理智”，“印度生活是理智运用现量”，中国生活则是“理智运用直觉”。由于宇宙的本体是生命，而只有直觉才能真正地把握宇宙本体，着眼于运用直觉、研究内在生命的中国文化，必然要胜过着眼于运用理智、研究外界物质的西方文化。所以，“现在的世界直觉将代理智而兴，其转捩即在这派的哲学。理智与直觉的消长，西洋派与中国派之消长也”[①]。中国文化必将替代西方文化在中国乃至全世界得到繁荣昌盛。乡村教育思想重视研究和弘扬中国的传统文化是无可非议的，但它同时提倡人们走到“至好至美的孔子路上来”，“作孔家的生活”，又难免误入了封建复古主义的窠臼。

乡村教育的思想家把“推进社会，组织乡村”作为民族自救的根本，从事乡村教育的教育家与有关人员对于民族尊严和民族利益高度重视，并通过自己的辛勤劳动为民族的生存与发展做出了卓越贡献。如梁漱溟所主持的山东乡村建设研究院各部及所属乡村师范、乡村人员服务训练处等部门，就先后培养、训练了三百多名乡村建设的骨干。这些人毕业后大部分深入到实验区的各乡村，从事社会、学校教育和乡村建设工作，对促进当地农村文化的发展和社会风气的转变起了积极的作用。抗日战争爆发后，山东邹平等地沦陷，梁漱溟及时发布《告山东乡村工作同人同学书》和《乡村工作人员抗战工作指南》，号召同事和学生积极投入抗日救亡运动。在他的影响下，山东八校的师范生训练处曾有八百余人，携带枪支粮款从济宁退入河南镇平集训，并在 1938 年秋返回山东参加抗日战争。这说明，在乡村教育熏陶下的一大批乡村建设骨干，为山东农村的经济和文化发展，为保家卫国、维护民族尊严和民族利益做出了积极的贡献。

（三）乡村教育思想重视乡村教育与乡村的建设、改造，但由于历史的局限，未能真正地找出社会的病根，并选择救治社会的正确手段

1935 年 10 月 25 日，梁漱溟在山东乡村建设研究院作了题为《我们的

① 梁漱溟:《东西文化及其哲学》，商务印书馆，1922，第 178 页。

两大难处》的讲演，指出了乡村教育无法解决的矛盾：一是“高谈社会改造而依附政权”，二是“号称乡村运动而乡村不动”。[①]其实，这不仅是梁漱溟的苦恼，也是其他乡村教育思想家同样面临的难题。

中国现代的乡村教育思想正确地发现了“救中国要从乡村建设着手，谁也逃不出去”[②]的定律，认为“谋救人的要到乡村，谋自救的也要到乡村，从从容容做学术研究的归到乡村，急急忙忙救死不遑的也须归到乡村：东西南北，都归到一块”[③]。但在如何进行乡村建设的问题上，他们却选择了一条貌似理想而又行不通的道路——改良之路。梁漱溟认为，中国的根本问题“不是对谁革命，而是改造文化，民族自救”。所以，“中国政治经济问题，皆是如何建造成功新秩序的问题，而没有旧势力之可推翻。凡以军阀为民主革命的对象，以有钱有地的人为社会革命的对象，均属错误笑话”[④]。而中国农民运动的“正当途径”，就是“从教育启发他（农民）自觉而组织合作社，而形成其自治团体”[⑤]，使一乡一村“各自组织起来，而又彼此联合起来，自救图存求进步”[⑥]。总之，希望通过教育来“包办社会进步”，解决中国的一切问题。

当然，真正的“错误笑话”还是出于梁漱溟自己。作为乡村教育的思想家，他的最大失误在于错误估计了中国社会的性质，认为中国是一个无阶级对立的社会，而只是一个“伦理本位”和“职业分途”的社会。他说：“中国之以伦理组织社会，最初是有眼光的人看出人类真切美善的感情，发端在家庭，培养在家庭。他一面特为提掇出来，时时点醒给人——此即‘孝弟’‘慈爱’‘友恭’等。一面则取义于家庭之结构，以制作社会之结构——此即所谓伦理。”[⑦]同时，“伦理本位只说了中国社会结构之一面，还有另一面。此即在西洋社会，中古则贵族地主与农奴两阶级对立，近代则资本家与农工两阶级对立，中国社会于此，又一无所似。假如西洋可以称

① 中国文化书院学术委员会编《梁漱溟全集（第二卷）》，山东人民出版社，1990，第573页。

②③ 宋恩荣编《梁漱溟教育文集》，江苏教育出版社，1987，第245页。

④ 梁漱溟：《中国民族自救运动之最后觉悟》，中华书局，1933，第229–230页。

⑤ 梁漱溟：《乡村建设理论》，邹平乡村书店，1937，第142页。

⑥ 同上，第282页。

⑦ 梁漱溟：《中国文化要义》，学林出版社，1987，第88页。

为阶级对立的社会，那么，中国便是职业分途的社会”[①]。在梁漱溟看来，是“古圣人”创造了中国的美好社会，这个社会人与人之间没有压迫与被压迫的关系，有的只是“真切美善的感情”，温馨和谐的关系。因此，中国社会的一切变革，只能是温良恭俭让的改良，而不能是夺取政权的革命。这样，梁漱溟就不能不陷于“社会改造”与“依附政权”的矛盾而难以自拔，因为任何想不依附政权的社会改造，只能是改造者的一厢情愿而已。

梁漱溟自己也意识到这个矛盾，但就是没有勇气通过斗争来解决这个矛盾，不想突破自己既定的改良原则。他认为：“既说社会改造，那就不应当接近政权，依靠政权。为什么呢？如果你（我们自己）承认现在的政权是一个革命政权，你所要完成的社会改造，也就是它所要完成的社会改造；那末，就用不着你再作什么社会改造运动了！你现在既作社会改造运动，则明明是你看它（现政权）改造不了。它既改造不了，你就应当否认它，你就应当夺取政权来完成社会改造！你既不否认它，而又顺随它在它底下活动，那末，你本身就失掉了革命性，又怎么能完成社会改造呢？你不但在它底下活动，而且依附于它，这怎么能完成社会改造呢？”[②]应该说，梁漱溟的提问是非常尖锐的，也敏感地猜测到了解决这个矛盾的途径，但他不愿违背自己的初衷，不愿通过革命来解决矛盾，所以只能永远地陷于这个“大矛盾”之中。这也是所有希冀通过教育来改造社会而又想不涉及政治的教育家思维逻辑中的“大矛盾”。1938年，他在延安与毛泽东的争论焦点也是这个“大矛盾”。当然，这个“大矛盾”最终由中国共产党人解决了。所以，新中国成立后不久，这位乡村教育家在反思自己的思想时不得不承认了原先判断的失误。因为，对于他来说，以前所“坚决不相信的事情”，即通过阶级斗争建立一个全国统一稳定的政权而又不陷于混战，通过中国共产党28年的艰苦奋斗居然成功地实现了。这样的客观事实不仅是梁漱溟所未能料到的，而且对他一直主张的“教育救国”思想也是不小的打击和讽刺。

至于“号称乡村运动而乡村不动”的矛盾，梁漱溟举了在定县召开的

① 梁漱溟：《中国文化要义》，学林出版社，1987，第142页。

② 中国文化书院学术委员会编《梁漱溟全集（第二卷）》，山东人民出版社，1990，第573页。

乡村工作讨论会的例子。这届年会主要是教育界的人参加，其他如农业家、公共卫生家、政府官员都有人参加，唯独很少有农民，“仿佛乡村工作讨论会和乡村没大关系，乡下人漠不关心，只是乡村以外的人瞎嚷嚷”①。他指出，乡村教育与乡村建设的关键是发动农民，天然要以农民为基础力量，如果仅仅是乡村教育家动而乡村不动、农民不动，是没有前途的。关于产生这个矛盾的原因，梁漱溟认为主要有两个方面。一是“从心理上根本合不来”，“在性质上天然有和乡下人不能一致之处”②，即乡村教育者和乡村建设者“与农民处于对立的地位”，试图把自己视为救星，视为改造者。二是不能解决农民的实际问题，“例如农民为苛捐杂税所苦，而我们不能马上替他减轻负担；农民没有土地，我们不能分给他土地”③。其实，梁漱溟也看到，这第二个矛盾实际上是第一个矛盾的派生物。他曾谈到：农民“所要求的有好多事，需要从政治上解决，而在我们开头下乡工作时，还没有解决政治问题的力量。那么，当然抓不住他的痛痒，就抓不住他的心”④。但是，他始终没有解决第一个矛盾的勇气和胆略，自然也就不可能真正地解决第二个矛盾。这也正是中国现代乡村教育思想和乡村教育运动没有真正地在乡村生根开花，没有从根本上解决中国乡村问题的原因所在。

梁漱溟所倡导的乡村建设和乡村教育的理论与实践，在旧中国的乡村教育运动中居于重要地位，它对中国教育的后续影响是深刻而长远的。他开了“教育下嫁”的先河，使教育的重心由城市转向乡村，为广大农民办学，并以自身的实践，使知识分子自觉地为农民服务。因为近代启蒙思想以前，中国传统的教育主要是统治阶级的士大夫教育，广大农民几乎被隔离在教育之外。而且由于这些教育的对象多半居住在城市，官学也多半设立在城市，兴办学堂以后，也只有在繁荣的大镇才能设立小学堂，广大农村至多只有少量的私塾，而且真正贫苦农民的子弟也很难问津。一些忧国忧民的教育界有识之士深感 80% 以上的农民在乡村，如果乡村教育得不到发展，农民及其子弟不能受教育，各种教育都不可能普及。于是，开始重视下乡为农民办学，兴起了乡村教育思潮，这是教育思想观念的更新，是

① 中国文化书院学术委员会编《梁漱溟全集（第二卷）》，山东人民出版社，1990，第 574–575 页。

②③④ 同上，第 581 页。

对农民教育问题重视的体现。而且这些乡村教育的知识分子一改过去远离农村的形象，脱下西装，穿上布衣草鞋，与老农同住，一心提高农民的文化教育水平，从住在城市的高楼大厦而移居到乡下的草屋当中。在他们的带动下，大批留学的博士、教授、学者等自愿下乡，走与农民相结合的道路，这种办教育的精神在当时可以说是前所未有的，在今天也是值得我们提倡和发扬的。但是，他们却憧憬仅仅运用教育的力量，去实现一个理想的社会，这在当时的社会历史条件下绝对是不现实的。

第八章　中国现代的生活教育思想

外国评论家认为，在中国现代史上，有两位具有世界性影响的教育家，一位是毛泽东，一位是陶行知。不论这个结论是否正确，这两位伟人的确有着惊人的相似之处。他们都具有惊人的毅力和富有魅力的人格，他们都对乡村问题和大众教育表现出极大的热忱，他们都对传统教育发出了无情的挑战。在陶行知逝世后，毛泽东的题词"痛悼伟大的人民教育家陶行知先生千古"很快发表在延安的《解放日报》上，表达了他对陶行知的崇敬与悼念之情。在毛泽东以后的教育理论与实践中，我们时常依稀可辨陶行知的影子，依稀可辨生活教育思想的印记。

一、生活教育运动的历程

陶行知的生活教育思想是在其生活教育运动的历程中酝酿、形成并发展的。虽然人们一般把陶行知领导的生活教育运动划分为六个时期，即乡村教育运动（1927—1930）、普及教育运动（1931—1935）、国难教育运动（1935—1937）、战时教育运动（1937—1939）、全面教育运动（1940—1945）和民主教育运动（1945—1946），但如果系统探讨生活教育思想的形成与发展，我们可以追溯到更早的平民教育运动，追溯到陶行知早年的经历。

（一）生活教育思想的酝酿期

陶行知生于安徽省歙县，由于家境贫寒，幼年无力入学。后得到私塾先生及外祖母的帮助，先后在家乡和休宁县就读。童年的生活，不仅使他接受了中国传统文化的熏陶，也使他认识到传统教育的负面；不仅使他目睹了贫苦人民的艰难生活，也使他看清了官宦富人的伪善和对穷人的欺凌。

1914 年，陶行知以全校总分第一名的成绩提前一年毕业于金陵大学。在题为《共和精义》的毕业论文中，他明确表达了强烈的亲民、爱民、救民的思想感情，并把教育作为实现共和理想的重要手段。他写道："吾于共和之险象，既已详言之矣。然戒险防险，思所以避之，则可；因畏险而灰心，则大不可也。避之之道唯何？曰：人民贫，非教育莫与富之；人民愚，非教育莫与智之；党见，非教育不除；精忠，非教育不出。教育良，则伪领袖不期消而消，真领袖不期出而出。而多数之横暴，亦消于无形。况自由平等，恃民胞而立，恃正名而明。同心同德，必养成于教育；真义微言，必昌大于教育。"[①]可以说，陶行知此时已充分认识到了教育的社会功能，认识到教育对于培养自由的国民精神和个性的发展所起的作用。这是陶行知作为教育家的人生起点，也是生活教育思想的源头之一。

同年，他怀着"通过教育而非武力来创建一个民主国家"的理想，赴美留学深造。初入伊利诺斯大学攻读市政学，获政治学硕士学位，后转入哥伦比亚大学师范学院研究教育，成为著名教育家杜威、孟禄的弟子。在这个他向往已久的"圣地"，他接受了作为一个教育家所必备的理论熏陶，学习了"美国大众教育管理""学校与社会""教育史""教育哲学""进步社会与教育""实践的教育社会学"等多种课程。陶行知早年对传统教育的不满和改造中国的愿望，在这里得到了系统的理论上的武装。而作为反传统教育的旗手和新教育的开创者的杜威的思想体系，尤其是他提出的"教育即生活""学校即社会""以儿童为中心"和"从做中学"的四大教育纲领，进一步验证和强化了陶行知那似明朗而又朦胧的教育理念。虽然以后他根据中国的国情把杜威的学说"翻了半个筋斗"，变"教育即生活"和"学校即社会"为"生活即教育"和"社会即学校"，把"从做中学"发展为"教学做合一"，创建了自己的生活教育理论，但杜威的学说无疑是陶行知生活教育思想的直接来源。

从他 1917 年秋回国后发表的一系列演讲和论文中，我们还时隐时现可

① 董宝良主编《陶行知教育论著选》，人民教育出版社，1991，第 6 页。

以看到陶行知接受杜威影响的痕迹。如在向安徽省立第一师范和第一女子师范师生所作的《师范生应有之观念》[①]的演讲中，他明确提出“教育为制造社会需要之事业”的命题，认为“教育为改造社会而设，为教育社会人才而设”。这同杜威在《我的教育信条》中所说的“教育在形成社会意识的过程中起着一种调节作用，而这种社会意识的个人活动的调节作用，是社会改造的唯一真正的方法”，可谓如出一辙。他认为“教育者乃为教养学生而设，全以学生为中心”，与杜威所说“学校科目相互联系的真正中心，不是科学，不是文学，不是历史，不是地理，而是儿童自身的社会活动”相互辉映。在《新教育》[②]一文中，他阐述了“新学校”的特征：“学校是小的社会，社会是大的学校。”无疑也是杜威“学校即社会”思想的折射。

1919 年 5 月，在胡适和陶行知的促成下，杜威应北京大学、南京高师的邀请来华访问。当时正值五四运动在中国蓬勃兴起，杜威在 11 个省市作公开演讲，系统论述了他的实用主义哲学思想、教育思想和政治、道德观念等。其中关于平民主义教育的思想和反对传统教育对青少年的束缚、禁锢，主张儿童个性的自由发展、教学的民主、受教育权的扩大、学校的民主管理等，适应了中国教育界一部分知识分子寻求“革新之路”的需要，也适应了五四运动时科学与民主的社会思潮。

杜威在南京和上海的行程是由陶行知陪同和安排的。在南京，他作了《平民主义的教育》的演讲。杜威在演讲中说：“我观察中国社会教育，受教育者也大多为有势力、有金钱的贵族子弟，根本没有平民教育，并且又偏重男子，轻视女子，像这样的教育就叫做阶级教育。平民教育乃是公共的教育，是国民人人所应享受的。”又说：“我们实施平民教育的宗旨，是要个人受着切合自己需要的教育。实施平民教育的方法，要使学校生活真正是社会生活。这样看来，人民求学的主旨就是求生活的道路，这就是真正的目的。”

在杜威来华之前，中国的平民教育的序幕已经拉开了。不仅陈独秀、李大钊等号召教育要走“庶民”的方向，毛泽东在湖南领导的工人夜校、

---

① 这篇演讲未收入《陶行知全集》，系蒋元卿新中国成立初期从收购的旧书中发现，并于 1986 年公之于世。现已收入董宝良主编《陶行知教育论著选》，人民教育出版社，1991，第 16–20 页。

② 沈仲九主编《教育潮》1919 年 9 月第 1 卷第 4 期。

邓中夏在北京发起的“北京大学平民教育讲演团”，也卓有成效地开展了活动。而杜威关于平民教育的系列演讲，则给中国的平民教育运动注入了新的活力，使平民教育由一种政治性质的运动发展成真正的教育运动，一场波澜壮阔的平民教育浪潮在中国大地上掀起了。

从此以后，陶行知也把主要精力逐步投入到这场浪潮中。1923 年 11 月 12 日夜，他在给妹妹文渼的信中写道:“我本来是一个中国的平民。无奈十几年的学校生活，渐渐地把我向外国的贵族的方向转移。学校生活对于我的修养固有不可磨灭的益处，但是这种外国的贵族的风尚，却是很大的缺点。好在我的中国性、平民性是很丰富的；我的同事都说我是一个‘最中国的’留学生。经过一番觉悟，我就像黄河决了堤，向那中国的平民的路上奔流回来了。”[①]从 1923 年至 1926 年，陶行知全身心地为平民教育而奔走呼唤。在他与朱其慧、晏阳初等人的倡议下，成立了中华平民教育促进会；他和朱经农合编了《平民识字课本》(又称《平民千字课》)，以解决平民教育的教材问题；为了解决平民教育的师资与校舍问题，他又发明了“连环教学法”和“平民读书处”。

在平民教育运动方兴未艾的时候，陶行知已冷静地注意到农民问题与农村教育问题，认为平民教育的方向应发生变化。1924 年 10 月，他在《中华教育界》发表文章指出:“中国以农立国，十有八九住在乡下。平民教育是到民间去的运动，就是到乡下去的运动。”[②]与此同时，他的生活教育思想也渐趋明朗。在《我之学校观》一文中，陶行知提出了“学校以生活为中心”的观点，并认为学校生活只是社会生活的一部分，是社会生活的起点，改造社会环境要从改造学校环境做起。[③]

(二)生活教育思想的形成期

1926 年 11 月 21 日，中华教育改进社特约乡村试验学校，在南京明陵小学召开了第一次研究会暨乡村教育研究会成立大会。陶行知在会上发表

① 董宝良主编《陶行知教育论著选》，人民教育出版社，1991，第 126 页。

② 同上，第 150 页。

③ 同上，第 175-176 页。

了题为《我们的信条》的演说，较为明确地阐述了他的教育观点，生活教育的思想也初次系统提出。他说的信条共有 18 项[①]：

一、我们深信教育是国家万年根本大计。

二、我们深信生活是教育的中心。

三、我们深信健康是生活的出发点，也就是教育的出发点。

四、我们深信教育应当培植生活力，使学生向上长。

五、我们深信教育应当把环境的阻力化为助力。

六、我们深信教法学法做法合一。

七、我们深信师生共生活，共甘苦，为最好的教育。

八、我们深信教师应当以身作则。

九、我们深信教师必须学而不厌，才能诲人不倦。

十、我们深信教师应当运用困难，以发展思想及奋斗精神。

十一、我们深信教师应当作人民的朋友。

十二、我们深信乡村学校应当作改造乡村生活的中心。

十三、我们深信乡村教师应当作改造乡村生活的灵魂。

十四、我们深信乡村教师必须有农夫的身手、科学的头脑、改造社会的精神。

十五、我们深信乡村教师应当用科学的方法去征服自然，美术的观念去改造社会。

十六、我们深信乡村教师要用最少的经费办理最好的教育。

十七、我们深信最高尚的精神是人生无价之宝，非金钱所能买得来，就不必靠金钱而后振作，尤不可因钱少而推诿。

十八、我们深信如果全国教师对于儿童教育都有“鞠躬尽瘁，死而后已”的决心，必能为我们民族创造一个伟大的新生命。

《信条》中提出的若干观点，如生活是教育的中心、教法学法做法合一、教育应培植生活力等，是生活教育思想的最初的表述。在《信条》中，

① 董宝良主编《陶行知教育论著选》，人民教育出版社，1991，第 184–185 页。

他还热情洋溢地表达了向农民“烧心香”的愿望，决意把“整个的心献给我们三万万四千万的农民”。在随后不久为中华教育改进社起草的《改造全国乡村教育宣言书》中，陶行知拟定了一个庞大的乡村教育计划，即“筹募一百万元基金，征集一百万位同志，提倡一百万所学校，改造一百万个乡村”。这个计划在当时的社会历史条件下自然是难以实现的，但陶行知并不气馁，从创办晓庄试验师范学校开始，在乡村教育的实践中走上了与工农劳苦大众相结合的道路。

从 1927 年到 1930 年，是陶行知生活教育思想全面形成的时期。在这一时期，他发表了《行是知之始》《教学做合一》《在劳力上劳心》《生活即教育》等文章，形成了系统的生活教育理论。

在这一时期，生活教育思想产生了一次革命性的变化，一次质的飞跃。陶行知过去的生活教育思想主要论点是：

是生活就是教育，不是生活的就不是教育；
是好生活就是好教育，是坏生活就是坏教育；
是认真的生活就是认真的教育，是马虎的生活就是马虎的教育；
是合理的生活就是合理的教育，是不合理的生活就是不合理的教育；
不是生活，就不是教育；
所谓之生活未必是生活，就未必是教育。①

这里，陶行知已认识到整个生活的教育意义，认为离开了生活的教育是没有出路的，还没有明确提出教育之于生活的能动作用。为此，他把杜威“教育即生活”翻了半个筋斗，变成了“生活即教育”。这时生活教育思想的主要论点也发生了变革：

是康健的生活，就是康健的教育；是不康健的生活，就是不康健的教育。

是劳动的生活，就是劳动的教育；是不劳动的生活，就是不劳动的

① 董宝良主编《陶行知教育论著选》，人民教育出版社，1991，第 292–293 页。

教育。

是科学的生活，就是科学的教育；是不科学的生活，就是不科学的教育。

是艺术的生活，就是艺术的教育；是不艺术的生活，就是不艺术的教育。

是改造社会的生活，就是改造社会的教育；是不改造社会的生活，就是不改造社会的教育。

是有计划的生活，就是有计划的教育；是没有计划的生活，就是没有计划的教育。

这样，教育就不再是被动地适应生活了，而是主动地改造和能动地创造，是要变不健康的、不劳动的、不科学的、不艺术的、没有计划的生活为健康的、劳动的、科学的、艺术的、有计划的生活，要通过改造生活、改造社会来改造教育。而社会的改造显然是革命性的行为。“陶行知以后的教育活动和民主政治活动为他的理论作了最好的注释。如果还是用改良主义的、教育改造社会的观点看陶行知，就无法解释陶行知后半生革命的、不妥协的战斗性了。”①

在这样的理论驱动下，陶行知领导的晓庄学校开展了若干改造社会的革命性活动，结果学校被国民党政府查封，陶行知也被通缉，不得不于1930年秋亡命日本。在日本的半年左右时间里，他目睹日本教育的普及与科学技术的发达，心中孕育了生活教育的下一个蓝图。

1931年春，陶行知潜回国内，生活教育运动进入了普及教育运动的时期。为了普及科学知识，他发起了“科学下嫁”运动，创立了自然科学园，编辑了《儿童科学丛书》与大众科学教科书。在通缉令取消后，陶行知在《申报》发表了教育小说《古庙敲钟录》，以文艺体裁表达他生活教育的思想。又在上海市郊办起了“山海工学团”，并创造、推广了著名的“小先生制”。

从1931年到1935年，陶行知先后发表了《乡村工学团试验初步计划

① 袁振国、张癸编著《伟大的人民教育家——陶行知》，江苏教育出版社，1991，第93页。

说明书》《教学做合一下之教科书》《怎样培养普及教育的人才》《小先生与民众教育》《普及现代生活教育之路》《中国普及教育方案商讨》等文章，进一步阐述生活教育思想。在这个时期，陶行知的生活教育思想主要表现在对传统教育的批判和对普及教育的关注两个方面。

在对传统教育的批判方面，陶行知列举了传统教育的七个弊端，即学校与社会相隔离；生活与教育相分家；师生的界限太严格；先生教而不做，学生学而不做；教劳心者不劳力，不教劳力者劳心；教人把知识装满了再去行；教少数人升官发财。在《传统教育与生活教育有什么区别》一文中，他更深刻地指出："传统教育，是吃人的教育；生活教育，是打倒吃人的教育。"[①]他认为，传统教育有两种吃人的方法，一是教学生自己吃自己，即教学生读死书，死读书，最后读书死；二是教学生吃别人，即教人升官发财，吃农人、工人的血汗。而现代教育则教人做人，教人生活，读活书，活读书，读书活；教人在劳力上劳心，做自己的主人，做政府的主人，做机器的主人。在《给国英的信》中，陶行知更简洁地指出了生活教育有别于传统教育的基本原则：1. 社会即学校；2. 生活即教育；3. 劳动即生活；4. 教学做合一；5. 在劳力上劳心才是真正的做；6. 行是知之始；7. 教小孩子自己教自己；8. 教小孩子做小先生；9. 教劳苦大众自己教自己；10. 会的教人不会的跟人学；11. 不愿教人的人不配受教育；12. 工以养生，学以明生，团以保生。[②]

在普及教育方面，陶行知不仅身体力行地编写《老少通千字课》和科学普及读本，而且提出了用小先生普及教育的方法。在《中国普及教育方案商讨》一文中，他提出了普及教育的原则和方法，为中国普及教育制定了非常详细的方案，从师资问题（如全国小学生总动员做小先生、全国识字成人总动员做传递先生、全国知识分子总动员辅导普及现代生活教育之推进、举办小先生养成所）、教材问题，到财力与法律的保障，以及评价措施、组织体系，都进行了具体的论证与规定。如果这个方案得以实施，中国的现当代教育史也许就要重写了。

---

① 董宝良主编《陶行知教育论著选》，人民教育出版社，1991，第400页。

② 江苏省陶行知教育思想研究会、南京晓庄师范陶行知研究室合编《陶行知文集》，江苏人民出版社，1981，第361页。

（三）生活教育思想的发展期

1935 年“一二·九”运动爆发后，中国人民掀起了抗日救亡的运动。救亡运动赋予生活教育以新的内涵，引导生活教育汇入民族解放运动的洪流。根据陶行知“过什么生活，便是受什么教育”的理论，在国家危难的情况下，自然就是国难教育。

在“一二·九”后的第三天，陶行知就与宋庆龄、何香凝、马相伯、沈钧儒等知名人士发表了《上海文化界救国运动宣言》，并筹组上海文化界救国联合会。次年 2 月，他又发起组建“国难教育社”，拟定《国难教育方案》等文件。为了从理论上引导国难教育的顺利发展，陶行知撰写了《中国大众教育问题》的长篇论文，系统阐述了国难教育的目标、对象、教师、课程、组织、方法等问题，提出了国难教育的具体方案。他认为，国难教育的目标是推进大众文化，争取中华民族之自由平等和保卫中华民国领土与主权之完整。

国难教育的对象是大众和知识分子，教育大众联合起来解决困难，教育知识分子将民族危机之知识向大众传播。

国难教育的教师是前进的大众、前进的小孩、前进的教师和前进的技术人员。

国难教育的课程是关于政治、经济、军事的演讲讨论、防卫作战技术的操练、医药救护的实习、交通工具运用的实习、国防科学的研究、大众教育的推广研究。

国难教育的组织是成立学生、教师和各界大众的救国会和救国联合会，以实施学生、教师和大众之国难教育。

国难教育的方法是推动报纸、杂志、戏剧、电影、说书人、无线电播音积极针对民族解放的宣传；变通各校功课内容，使适合于解决国难之需要；运用县、市、乡现有组织及集会，宣传民族危机及解决国难的路线；推动家庭、店铺组织国难讨论会、读书会；开办或参加识字学校，使此种学校对解决国难发生效力；长途旅行，唤起民众组织起来救国；必要时游行示威。

陶行知向从事国难教育的同志疾呼，中国已到了生死存亡的关头，“为教育而教育，不许行动的教育，乃是加重国难的教育，而不是解决国难的教育"[①]，只有以民族的生命为生命的教育，才是真正有意义的教育。

国难教育方案的提出与实施，在陶行知生活教育思想的发展过程中具有重要的作用，它承上启下，促使生活教育运动向纵深发展，也使生活教育的思想日益丰富。1936 年 3 月 16 日，《生活教育》发表了陶行知的《生活教育之特质》，分析了生活教育所具有的"生活的""行动的""大众的""前进的""世界的""有历史联系的"等特点，并指出了在国难当头的情况下生活教育所肩负的使命。他说：

> 中国已经到了生死关头，争取大众解放的生活教育，自有它应负的历史的使命。为着要争取大众解放，它必须争取中华民族的解放；为着要争取中华民族的解放，它必须教育大众联合起来解决国难。因此，推进大众文化以保卫中华民国领土主权之完整，而争取中华民族之自由平等，是成了每一个生活教育同志当前所不可推却的天职了。[②]

国难教育将普及大众教育与争取民族解放有机地统一起来，强调"大众教育与民族解放运动"是一个不可分开的大革命，这就把生活教育思想从过去的平民教育、乡村教育、普及教育的水平上升到民族解放与人类解放的境界，使生活教育在理论与实践上都有了新的发展。

1936 年 7 月，陶行知应邀赴伦敦参加"世界新教育会议"，并受全国各界救国会的委托，以国民外交使节的身份，宣传中国人民的抗日主张，发动海外侨胞共赴国难。在海外，他先后走遍 28 个国家和地区，争取国际声援。抗战爆发后，生活教育运动又从"国难教育"转变为"战时教育"，《生活教育》也改为《战时教育》出版。陶行知在桂林主持了《生活教育》社成立大会，并提出了生活教育者在抗战建国的时代中的四项任务："1. 力求长进，把自己的集团变成抗战建国的真力量；2. 影响整个教育界共同求进，帮助整个教育界都变成抗战建国的真力量；3. 参加在普及抗战建国的生活教

---

① 江苏省陶行知教育思想研究会、南京晓庄师范陶行知研究室合编《陶行知文集》，江苏人民出版社，1981，第 537 页。

② 董宝良主编《陶行知教育论著选》，人民教育出版社，1991，第 464 页。

育的大运动里面帮助全民族都变成抗战建国的真力量；4. 参加在普及反侵略的生活教育的大运动里面帮助全人类都变成反侵略的真力量。”[①]

陶行知认为，生活教育的理论“在战时，更显出它的优点”，生活教育在抗战中能做出以下贡献：1. 生活教育是民族大众人类解放之工具。在日本帝国主义危害我们生存的关头，生活教育者每上一课自必要问——这一课对于抗战能有多少帮助？ 2. 生活之变化是教育之变化，真正的抗战教育，必须通过抗战生活。3. 社会即学校，不能专在后方流连，要联想到前方，在后方办学校也要尽力把教育的力量输送到前方和沦陷区。4. 人民集中的地方便是教育应到的地方，要注意到将战时教育推广到伤兵医院、难民收容所、壮丁训练处、防空壕和山洞里。5. 集团的教育力量大于个人的教育力量，帮助学生团结起来，进行战时的集体主义的自我教育。6.“生活影响生活”，人人都能即知即传，要使整个民族不分男女老少都从炮火中发出力量。7. 教学做合一、在劳力上劳心是最有效的生活法和最有效的教育法，所以要以抗战建国的行动为中心，而不陷落在虚空里面。8. 到处可以生活即到处可以办教育，生活教育者的学校是炸不散的。所以，陶行知对生活教育的前途充满信心，深信“生活教育必定能够发出伟大的力量，帮助打倒日本帝国主义，帮助创造一个自由平等的新中国，并且帮助创造一个和平互助的新世界”。

生活教育运动十二周年纪念之际，陶行知在《战时教育》上发表了《告生活教育社同志书》，系统总结了生活教育所走过的历程，布置了“继续已往的工作”“负起当前的任务”和“加强我们的力量”等主要任务，并特别提出当前的任务是展开全面教育以配合全面抗战而争取全面的最后胜利。

在抗战处于相持的困难阶段，陶行知已经看到了胜利的曙光，并着手为未来的社会培养人才。由他创办的育才学校就是这种既注重抗战又着眼建国的新型学校。正如他在为育才学校拟定的教育纲要草案中所说：“今天育才学校的儿童必须过战时生活，必须为抗战服务，必须在抗战熔炉中锻炼，否则我们便没有理由希望他们成为未来的建国人才。育才学校的教育，不是挂名的建国教育，而是抗战与建国的统一的教育，抗战建国教育。”[②]

---

① 董宝良主编《陶行知教育论著选》，人民教育出版社，1991，第 506 页。

② 同上，第 525 页。

创办育才学校，进行特殊儿童的人才教育，对于生活教育运动来说，是一次全新的理论与实践的尝试。生活教育运动也从此进入了人才教育或全面教育运动的阶段。在这一阶段，陶行知先后撰写了《育才学校教育纲要草案》《我的民众教育观》《我们的校徽》《谈生活教育》《我们不是企图取消学校教育》《育才二周岁前夜》《育才十字诀》《创造宣言》《创造的儿童教育》《创造年献诗》等重要文章和文集，论述了培养学生生活创造能力的思想，从而使生活教育思想的创造性内涵进一步得到丰富。

在这一时期，陶行知的生活教育思想进一步趋于完善，虽然战火纷飞、生活困窘，他无法构思鸿篇巨著，但对于教育理论的探索从来也没有停止过。他主要就育才教育的性质、集体生活的教育、真善美的教育以及创造教育等问题进行了研究。其中创造教育的理论，将生活教育思想又升华到一个新的境界。

抗战胜利后，陶行知以极大的革命热情和胆略投身于反内战、反独裁、争和平、争民主的斗争，并不失时机地把生活教育运动的重点转移到民主教育阶段。在《实施民主教育的提纲》以及《全民教育（为四万万中国人民提倡民主教育的初步计划）》两篇文章中，陶行知按照生活教育的原理，针对中国的社会实际，提出了具有生活教育特色的民主教育思想。

陶行知指出，生活教育所追求的民主，不是为少数人服务的旧民主，也不是形式上的庸俗的旧民主，而是为人民大众服务、由人民大众作主的民主，是发挥每个人的创造性的新民主。民主教育的目的，是把“文化为公”“教育为公”与因材施教结合起来，把国民教育与人才教育统一起来。

民主教育的方法，关键是把生活与教育联系起来，不限于一种，要多种多样，因材施教；其次是“来者不拒，不能来者送上门去”，把社会当作学校；再次是解放学生的眼睛、双手、头脑、嘴、空间和时间，使学生走上创造之路，手脑并用，劳力与劳心结合。

民主教育的教师，必须具有虚心、宽容的品质，能与学生共甘苦，跟民众学习，跟小孩子学习，肃清形式、先生架子、师生的严格界限。

民主教育的教材，应从丰富中求精华，教科书以外求课外的东西，并且要从学校以外到大自然、大社会中求得活的教材。

民主教育的课程，在内容上应该让人们能了解社会，有科学的生产劳动知识，启发民众争取抗战胜利和民主自由；课程组织要铺成多轨，普及与提高并重，要有系统性和弹性。

民主教育的学制，应遵循单轨出发、多轨同归和换轨便利三原则；考试不鼓励个人的等第，只注意集团的成绩，不以分数定高下。

民主教育的行政，应鼓励人民自己办学校，鼓励学生自己管自己的事，反对官僚作风。民主教育的校长有四种任务：一是培养在职教师，使他们不断进步；二是通过教员使学生进步；三是在学校中提拔为老百姓服务的人，如小先生之类；四是将校门打开，运用社会的力量，使学校进步，动员学校的力量，帮助社会进步，从而使学校成为民主的温床，培养出人才的幼苗。

陶行知的上述民主教育思想，是对生活教育运动二十余年的经验和教训所作的初步总结，也是根据新民主主义革命发展的客观需要，对生活教育思想的进一步丰富和完善。在这一时期，陶行知提出了生活教育的新方针：民主的、大众的、科学的、创造的方针。他还对未来的民主国家所应建立的民主教育制度提出了详密的构想，绘制了一份理想的蓝图。

1946 年 7 月 25 日，陶行知因劳累过度而病逝，但他的生活教育运动并未因此而画上句号。用他自己的话来说："真正的生活教育，自古以来一直存在到今天，即发展到今天，而且还要一直存在下去，发展下去而达到最高的生活即最高的教育。"[①]为了创造"最高的生活"，生活教育总是与时代并进，总是把握当前的生活，这是生活教育不断发展的历程的写照，也是生活教育思想最富有生命力的奥秘所在。

二、生活教育理论的精髓

陶行知先生的生活教育理论，是一个体系相当完备、内容十分丰富的教育思想宝库。在探讨生活教育运动的历程时，我们已涉及不少生活教育的闪光思想，这里再从三个角度剖析一下生活教育理论的精髓。

① 董宝良主编《陶行知教育论著选》，人民教育出版社，1991，第 547 页。

（一）三大原理

陶行知的生活教育理论由三大原理组成，一是“生活即教育”，二是“社会即学校”，三是“教学做合一”。

“生活即教育”是陶行知生活教育理论的核心。他在肃清社会上关于生活教育的误解时说：“生活教育是生活所原有，生活所自营，生活所必需的教育。教育的根本意义是生活之变化。生活无时不变，即生活无时不含有教育的意义。”[①]可见，“生活即教育”的含义首先是指有什么样的生活就有什么样的教育，是生活所原有的教育，强调生活本身的教育意义，认为好的教育必须有好的生活。这又带来了两个从属的性质：生活是不断变化的，所以人的教育就要不断地适应这种变化；生活是没有止境的，生活教育也是一种终身教育。“生活教育与生俱来，与死同去。出世便是破蒙，进棺材才算毕业。”[②]这是“生活即教育”的第一层意思。

我们知道，教育并不等于生活。教育的根本意义，在于有意识地指导生活、改造生活，把人们的生活引向更健康、更合理、更高尚的境界。这是教育的真正目的，也是生活本身所必需，更是陶行知先生毕生贡献于教育的原动力。正如他在1936年发表的《生活教育之特质》一文中所说：“我们承认自古以来便有生活即有教育。但同在一个社会里，有的人是过着前进的生活，有的人是过着落后的生活。我们要用前进的生活来引导落后的生活，要大家一起来过前进的生活，受前进的教育。”[③]因此，“生活即教育”的潜台词，便意味着通过教育去引导生活、改造生活、创造新生活。事实上，生活教育运动的历程本身就是这句潜台词的证词。

“社会即学校”是生活教育理论的又一个重要命题。有人认为，“社会即学校”的提法就是把社会与学校等同起来，是一种学校消亡论。其实，这里所说的“社会即学校”，旨在加强学校与社会的联系，扩大学校对社会的积极影响，使学校的教育作用不再局限于学校以内。

---

① 江苏省陶行知教育思想研究会、南京晓庄师范陶行知研究室合编《陶行知文集》，江苏人民出版社，1981，第423页。

② 同上，第424页。

③ 董宝良主编《陶行知教育论著选》，人民教育出版社，1991，第463页。

“社会即学校”与“生活即教育”的原理一样，有两层基本的意思。其一是克服杜威“学校即社会”的弊端，发挥社会的教育功能。陶行知打了一个比方：“学校即社会，就好像把一只活泼泼的小鸟从天空里捉来关在笼里一样，他要以一个小的学校去把社会上所有的一切东西都吸收进来，所以容易弄假。社会即学校则不然，他是要把笼中的小鸟放到天空中去，使他能任意翱翔，是要把学校的一切伸张到大自然里去。”[①]可见，陶行知不主张仅仅吸取一些社会生活到学校做做样子，装装门面，而是要真正把学校摆进社会里面，使整个社会成为学校的教育环境。这样一来，教育的材料、教育的方法、教育的工具、教育的环境，都可以大大地增加，学生、先生也可以多起来。这样，也就可以消弭传统的教育与生活、学校与社会相脱节、相隔离的弊病。

我们知道，学校也不等于社会。学校的根本价值，在于使学校在群众生活中发挥更大、更广泛的教育作用，成为推动社会前进的力量。这是学校的真正意义，也是社会生活向学校提出的要求，更是陶行知先生惨淡经营晓庄、育才等学校的内驱力。陶行知举了一个例子加以说明：“去年因为天干，和平学园因为急于要水吃，就开了一个井。井是学校开的，但是献给全村公用，不久就发现了两个大问题：1. 每天出水 200 担，不敷全村之用。于是大家都起早取水，后到的取不到水。2. 大家围着取水，争先恐后，有时甚至用武力解决。这种现象，假使是学校即社会，就可以用学校的权力来解决，由学校出个命令，叫大家照着执行。社会即学校的办法就不然，他觉得这是与全校人的生活有关系的，要全村的人来设法解决，于是就开了一个村民大会，一共到了六七十个人，共同来做一个吃水问题的教学做。到会的人，有老太婆，也有十二三岁的小孩子，公推了一位十几岁的小学生做主席。我和许多师范生，就组织了一个诸葛亮团，插在群众当中，保护这位阿斗皇帝。老太婆说的话顶多，但同时有许多人说话，大家听不清楚，而阿斗皇帝又对付不下来。这回，诸葛亮用得着了，他就起来指导。结果，共同议决了几件事……这就是社会即学校的办法。”[②]这一项全村吃水问题的教学做，表明“社会即学校”不是要学校傲居社会之上指手画脚，

① 董宝良主编《陶行知教育论著选》，人民教育出版社，1991，第 294 页。

② 同上，第 297–298 页。

也不是取消学校，而是把学校办成社会的中心，让学校师生直接参加群众生活，并在其中起指导作用。

“教学做合一”是生活教育理论的第三个原理，也是陶行知主要的教学理论。

“教学做合一”的原理最早是有感于传统教育把教与学相脱离、书本知识与实际生活相脱节而提出的，最初的表述为“教学合一”。在1919年发表的论文中，陶行知明确阐述了“教学合一”的论点与论据。①

第一，陶行知认为：“先生的责任不在教，而在教学，而在教学生学。”他指出，教学大概可以分为三个层次，一种是只会教书，只会拿一书本要儿童来读它、记它，把活泼的学生作为书架子或字纸篓，教师则成了书架子、字纸篓的制造家，学校好像是书架子、字纸篓的制造厂。这是一种“拿学生来配书本”的办法，是让学生死读死记书本的文字。另一种是“拿书本来配学生”，教师把注意力从书本上移到学生身上，“凡是学生需要的，他都拿来给他们”，这种教学固然比第一种好得多，但学生还是处于被动的地位，“因为先生不能一生一世跟着”。世界上新理不尽、天地间奥妙无穷，教师是不可能与学生“一齐发明”的。再一种是“教学生学”的方法。这种方法把教与学有机地结合起来：“一方面要先生负指导的责任，一方面要学生负学习的责任，对于一个问题，不是要先生拿现成的解决方法来传授学生，乃是要把这个解决方法如何找来的手续程序，安排停当，指导他，使他以最短的时间，经过相类的经验，发生相类的理想，自己将这个方法找出来，并且能够利用这种经验理想来找别的方法，解决别的问题。”这样，学生才会形成“自得自动”的品质，才能主动地探知识之本源，求知识之归宿。这就肯定了学生在学习过程中的主导作用。

第二，陶行知认为，“教的法子必须根据于学的法子”。他批评传统的教学方法，教师只管照自己的意思去教学生，根本不考虑学生的才能兴味，用学生来“凑他的教法，配他的教材”，这样教师收效很少，学生苦恼太多。相反，“如果让教的法子自然根据学的法子，那时先生就费力少而成功多，学生一方面也就能够乐学了”。因此，他要求教师根据学生的实际进行

① 董宝良主编《陶行知教育论著选》，人民教育出版社，1991，第33–35页。

教学，“学得多教得多，学得少教得少；学得快教得快，学得慢教得慢”。这种强调激发学生兴趣、一切从学生实际出发的教学法，与现代教学理论也是息息相通的。

第三，陶行知认为，教师必须“一面教一面学”，“不但要拿他教的法子和学生学的法子联络，并须和他自己的学问联络起来”。他批评当时的教育界“是各人拿从前所学的抄袭过来，传给学生”。他主张教师必须不断地去研究新的学问，求得新的进步；一方面指导学生，一方面研究学问，从而达到真正的教学相长。换言之，教师必定先要“学而不厌”，然后才能“诲人不倦”，体验教育英才的快乐。

陶行知上述“教学合一”的理论，在经过十年的探索与研究，尤其是晓庄学校的试验后，进一步得到丰富和充实，从而正式提出了“教学做合一”的命题。在1928年由上海亚东图书馆出版的《中国教育改造》中，收录了他关于这一命题的专论。他写道：

> 教学做是一件事，不是三件事。我们要在做上教，在做上学。在做上教的是先生，在做上学的是学生。从先生对学生的关系说，做便是教；从学生对先生的关系说，做便是学。先生拿做来教乃是真教，学生拿做来学方是实学。不在做上用功夫，教固不成教，学也不成为学。①

“教学做合一”原理的核心在“做”字上。而真正意义上的做是指“在劳力上劳心，用心以制力”②，即手脑并用。单纯的劳力，只是蛮干，不能算做；单纯的劳心，只是空想，也不能算是做。做既要调动各种感官的参与，努力做到心到、眼到、口到、耳到、手到，又要运用身外的工具。做具有行动、思想、新价值之产生等三方面的特征。

1931年，陶行知发表了《教学做合一下之教科书》一文，对运用“教学做合一”原理指导课程、教科书等问题进行了论述。他认为，过去的教科书是以文字为中心，而且是以零碎的文字为中心，只能给学生传授一点

① 董宝良主编《陶行知教育论著选》，人民教育出版社，1991，第225页。

② 同上，第227页。

零星的知识，而在“教学做合一”原理指导下编辑的教科书，具有三个重要特点：一是要有引导人动作的力量，引导人做了一个动作又要做一个动作的力量；二是要有引导人思想的力量，引导人想了又想的力量；三是有引导人产生新价值的力量，引导人产生新益求新的新价值的力量。所以，他说：“做是发明，是创造，是实验，是建设，是生产，是破坏，是奋斗，是探寻出路。”[①]这样，“教学做合一”的原理又与“生活即教育”相契合，构建在实际生活的肥沃之土上了。

（二）六大解放

创造教育是生活教育理论发展过程中的一个重要主题。1941 年 6 月，陶行知在纪念育才学校两周年前夕首次提出了创造教育的问题，此后便一发而不可收，对创造教育倾注了心血。他为育才学校制定了《创造年计划大纲》并撰写了《创造年献诗》，拟定了《育才学校创造奖金办法》，开展了“育才幼年研究生”活动，要求育才学校的师生“在共同努力创造学校上来学习，共同努力创造新中国、新世界”[②]。

陶行知用画龙点睛的笔法勾勒了向着创造生活前进的程序，他的《育才三方针》可以视为最简洁的创造教育的教学方法的概括，全文不长，照录如下[③]：

1. 迷	根据孩子们不断地迷在某种特殊活动的天性，透过特殊的环境、设备和方法，我们培养并引导他们成长，踏进未知之门。	向着创造生活前进
2. 悟	根据孩子们一般的智力，透过启发性的普通教育，我们培养和指导他们对特殊活动取得更深的了解，对人生各方面的关系和宇宙人类的历史的发展取得更广的认识。	
3. 爱	根据孩子们愿意帮助别人的倾向，透过集体生活，我们培养和引导他们对民族人类发生更高的自觉的爱。	

---

① 董宝良主编《陶行知教育论著选》，人民教育出版社，1991，第 348–361 页。

② 同上，第 581 页。

③ 同上，第 588 页。

也就是说，创造教育首先要形成学生的兴趣，在兴趣的引导下步入未知世界；其次要发展学生的智力，通过思维的觉悟把握客观规律；再次要培养学生的情操，使他们达到助人为乐、热爱民族与人类的境界。

育才学校学生的创造生活的成功，给了陶行知很大的启发和鼓舞，而未来新中国的建设远景，也给他注入了极大的活力与动力。他写下了不朽的《创造宣言》与系统阐发儿童创造教育理论的《创造的儿童教育》，把他的生活教育思想推向了高潮。

在《创造宣言》中，他充满激情地写道："创造主未完成之工作，让我们接过来，继续创造。"他说，教育者要创造的是真善美的活人，教师的成功是创造出值得自己崇拜的人。"先生之最大的快乐，是创造出值得自己崇拜的学生。"他批评了用环境平凡、生活单调、年纪太小、人太无能、陷入绝境等借口不去创造的懒惰者，而向人们呼吁：

……处处是创造之地，天天是创造之时，人人是创造之人，让我们至少走两步退一步，向着创造之路迈进吧。①

……只要有一滴汗，一滴血，一滴热情，便是创造之神所爱住的行宫，就能开创造之花，结创造之果，繁殖创造之森林。②

在《创造的儿童教育》和《实施民主教育的提纲》等文章中，陶行知具体阐述了创造教育理论的精华——"六大解放"。他认为，儿童具有创造力，只有将这种创造力解放出来，才能使创造力不致被埋没、被浪费。因此，他提出了解放儿童创造力的六大方法。

第一，要解放儿童的眼睛。陶行知认为，传统教育给儿童戴上了一副封建的有色眼镜，使他们严重脱离社会，脱离生活，成为无益于社会、无补于生活的"小书呆子"。而创造教育就是不能让儿童"戴上封建的有色眼镜，使眼睛能看事实"，应培养儿童观察生活、观察社会的能力。他曾写过《我要看看世界》，并译过《打开眼睛看看》的诗，反映了他对解放儿童眼

① 董宝良主编《陶行知教育论著选》，人民教育出版社，1991，第585页。

② 同上，第586页。

睛的期望。

第二，要解放儿童的头脑。陶行知认为，传统教育使儿童的创造力被固有的迷信、成见、曲解、幻想层层裹头布包缠了起来，束缚了他们的思维。而创造教育就要像撕下女子的裹脚布那样解开儿童的裹头布，使儿童头脑解放、思想贯通，从而产生信仰、产生力量，最终“使中华民族的创造力可以突围而出”。

第三，要解放儿童的双手。陶行知认为，传统教育的弊病是不允许儿童动手，“动手要打手心，往往因此摧残了儿童的创造力”。而创造教育则要像爱迪生的母亲那样，给孩子动手的机会。他曾经写诗勉励儿童：“人生两个宝，双手与大脑。用脑不用手，快要被打倒。用手不用脑，饭也吃不饱。手脑都会用，才算是开天辟地的大好佬。”[①]把手脑并用作为创造活动的基本条件。

第四，要解放儿童的嘴。陶行知认为，在传统教育下，儿童往往讷言寡语，没有言论自由。大人说什么，小孩就听什么、做什么，从而无法使儿童的创造力得到健康的发展。而创造教育则主张准许并鼓励儿童发问，让他们得到言论的自由，特别是问的自由。陶行知在《每事问》中形象地肯定了解放儿童的嘴的意义：“发明千千万，起点是一问。禽兽不如人，过在不会问。智者问得巧，愚者问得笨。人力胜天工，只在每事问。”[②]既然问是创造发明的出发点，是人与动物的分水岭，解放儿童的嘴就自不待言了。

第五，要解放儿童的空间。陶行知认为，传统教育是一只鸟笼，改良的学校只不过是有树、有假山的放大的鸟笼，培养儿童用的是干咸菜的教科书，使他们的精神营养非常贫乏，视野非常狭窄。而创造教育则认为：“要解放小孩子的空间，让他们去接触大自然中的花草、树木、青山、绿水、日月、星辰以及大社会中之士、农、工、商、三教九流，自由地对宇宙发问，与万物为友，并且向中外古今三百六十行学习。创造需要广博的基础。解放了空间，才能搜集丰富的资料，扩大认识的眼界，以发挥其内

① 董宝良主编《陶行知教育论著选》，人民教育出版社，1991，第669-670页。

② 同上，第652页。

在之创造力。”

第六，要解放儿童的时间。陶行知认为，传统教育的考试制度“赶走了脸上的血色，赶走了健康，赶走了对父母之关怀，赶走了对民族人类的责任，甚至于连抗战之本身责任都赶走了。最要不得的，还是赶考把时间赶跑了”。学校占据了学生的全部时间，使儿童失去了学习人生的机会，养成了无意创造的倾向，“到成人时，即有时间，也不知道怎样下手去发挥他的创造力了”。而创造教育主张，创造的儿童教育，首先要为儿童争取时间之解放，让他们有时间去观察，有时间去思考，有时间去动手，有时间去发问，有时间去接触生活。

陶行知先生在1945年曾扼要概括了这“六大解放”，认为这“六大解放”是发挥创造力的前提条件。他写道：“解放眼睛，敲碎有色眼镜，教大家看事实。解放头脑，撕掉精神的裹头布，使大家想得通。解放双手，剪去指甲，摔掉无形的手套，使大家可以执行头脑的命令，动手向前开辟。解放嘴，使大家可以享受言论自由，摆龙门阵，谈天，谈心，谈出真理来。解放空间，把人民与小孩从文化鸟笼里解放出来，飞进大自然大社会去寻觅丰富的食粮。解放时间，把人民与小孩从劳碌中解放出来，使大家有点空闲，想想问题，谈谈国事，看看书，干点于老百姓有益的事，还要有空玩玩，才算是有点做人的味道。有了这六大解放，创造力才可以尽量发挥出来。”①

（三）小先生制

从1931年开始，生活教育运动的中心议题是普及教育。怎样才能使普及教育迅速发展？怎样才能解决师资不足的矛盾呢？陶行知从新安旅行团的成功受到了启发，从而提出了“小先生制”。1934年，他在宝山县民众教育馆主办的民众教育服务人员训练班开学典礼上作了题为《小先生与民众教育》的演讲，对小先生制作了比较系统的论述。

陶行知指出：民众教育就是要把教育、知识变成空气一样，弥漫于宇宙，涤荡于乾坤，普及众生。空气是人人需要，人人不可缺少；教育也是人

---

① 江苏省陶行知教育思想研究会、南京晓庄师范陶行知研究室合编《陶行知文集》，江苏人民出版社，1981，第792-793页。

人需要，人人不可缺少。但要把知识变成空气，最好的办法莫过于小先生制。“小先生为什么能把知识变成空气一样的容易普遍呢？因为小先生便是小学生，他早上学了两个字，晚上便可以把这两个字拿去教人，此刻学了一件知识或一种技能，彼时即可以把这一件知识或一种技能去教别人，他不像大先生一样要领薪水。所以，我们可以不花经费把教育普及出去。”同时，小先生对于中国最难普及的女子教育，对于加强学校与家庭、社会的联系，对于克服民族的衰老惰性等，都具有特殊的意义。

陶行知还专门创作了《小先生歌》，用形象的语言称赞小先生的优越性。

我是小学生，变做小先生。
粉碎那私有知识，要把时代儿划分。

我是小先生，教书不害耕。
你没有功夫来学，我教你在牛背上哼。

我是小先生，看见鸟笼头昏。
爱把小鸟放出，飞向森林投奔。

我是小先生，这样指导学生：
“学会了赶快去教人，教了又来做学生。”

我是小先生，烈焰好比火山喷。
生来不怕碰钉子，碰了一根化一根。

我是小先生，爱与病魔斗争。
肃清苍蝇与疟蚊，好叫人间不发瘟。

我是小先生，填平害人坑。
把帝国主义推倒，活捉妖怪一口吞。

我是小先生，要与众人谋生。

上天无路造条路，入地无门开扇门。[①]

在陶行知的大力推动之下，小先生制很快在国内大面积地推广，全国23个省份的部分地区都施行了小先生制，东南亚部分国家也采用了这种小先生制。为了更好地指导小先生的实践活动，陶行知不失时机地提出了到底怎么做小先生的问题。

一是找学生。“找学生”是小先生的第一课。由于是和学生第一次见面，说话不可以太随便，要通过恰到好处的讲话征服对方。所以，小先生对于每一句想说的话都要预先想一想:“这句话应该说吗？我为什么要这样说？”

二是课本要不要。文字是生活的符号，最好采用一种最为适合民众经常共同需要的课本，因为没有课本很难维持继续求进的兴趣。但小先生又不能死靠课本，“他必定要运用补充材料及临时材料，以适应特殊及当前生活之需要”。

三是识字与读文。识字并不是为识字而识字，只有把字组成课文，才使字有了意义，学起来也才有趣，“才算是真正达到识字的目的”。

四是活动材料。小先生开始教人识字读书可借助课本，才能引人不断上进。但也必须学会抓住各种机会，用生活中常见的事物做教材，效果更好。

五是留声机与无线电。“小先生和留声机或无线电是联合起来做了民众的一位音乐和国语老师”，由于运用了崭新的现代化教学手段，它更能激发兴趣，引人入胜。

六是图画书之功用。各种各样的图画书最能吸引民众的心灵，小先生必须设法多找一些图画书去指导学生，必要时可以自己制作剪报图画书。

七是知道什么教什么。小先生的任务不仅仅是教识字，而是“能教什么就教什么”，“知道什么就教什么”，成为卫生小先生、科学小先生等多面手。

八是教人的时间。小先生每天教人不要超过半小时，如果费时太多，

① 董宝良主编《陶行知教育论著选》，人民教育出版社，1991，第673–674页。

必难以持久。“每天教人半小时，是于人有益无损，于自己也有益无损。这样才能活到老，学到老，教到老，不致半途而废。”

九是不要摆架子。小先生要把学生当朋友看待，要了解他们的问题，体谅他们的困难，处处都显出你愿意帮助学生求学而没有一丝一毫的不耐烦，才能真正地留得住学生，受他们的欢迎。

十是虚心好学。小先生要用功求学，不但要向书本学，还要向自己的学生学，进行“有来有往”的教育。“你不但要忘记他是你的学生，并且要叫他忘记你是他的先生，这样，你才能做到一个进步的小先生。”

十一是教学生也做小先生。小先生的责任不单是教学生，而且是教学生做小先生和传递先生，养成“即知即传”的精神。

十二是小先生团。个人的力量小，团体的力量大。要把一个个的小先生组成“小先生团”，把每一个人的力量集合起来，使这力量向着共同的地方共同的目标发挥出去。

十三是一变二。小先生要通过访问、通信、总集合、巡回辅导、流通图书、互相参观等方式与学生联系。这样，“小先生团就可以一变二、二变四、四变八的繁殖出去，对于普及教育，自有很大的贡献”。

十四是盯住学生也让学生盯住自己。小先生要有恒心，虎头蛇尾是没有出息的，“即知即传”是一个终身的工作，不能把学生教了几天或几个月就丢掉，而应形成共同长进的关系，这是人类的一种宝贵的关系。[①]

小先生不仅在普及教育的运动中大显身手，也积极投入生活、社会中去，随着时代的发展而前进。如陶行知在1936年撰写的《民族解放中小先生之使命》一文中，就要求小先生为解救国难做贡献。他写道：“我们的小先生是在参加一个最伟大的学校。我们这个学校里有五万万先生，五万万学生，五万万同学，我们只有一门功课，这门功课就是民族解放运动。一切识字教育、科学教育都要以它做中心。等到一个真正的自由平等的中华民国创造成功，一切被压迫劳苦大众都有了好日子过，才算是毕业。全国的小先生！这是每一个小先生应该同负的新的使命。”

---

① 董宝良主编《陶行知教育论著选》，人民教育出版社，1991，第447–461页。

三、生活教育思想的价值

陶行知的生活教育思想在中国教育思想史上具有十分重要的地位。大众的教育，爱国的教育，创造的教育是其根本的价值所在。

生活教育是大众的教育。陶行知先生在阐述生活教育的特点时说："从真正的生活教育看来，大众都是先生，大众都是同学，大众都是学生。教学做合一，即知即传是大众的生活法，即是大众的教育法。总说一句，生活教育是大众的教育，大众自己办的教育，大众为生活解放而办的教育。"[①]可见，生活教育思想的基本立足点是大众，从劳苦大众的实际出发，为劳苦大众服务。"它不是摩登女郎的金刚钻戒子，而是冰天雪地的穷人的窝窝头和破棉袄。"正因为生活教育是大众的教育，始终与大众的生活紧密地结合在一起，所以它为大众所接受，为大众所欢迎，而它的倡导者陶行知也才成为真正的"人民教育家"。

生活教育是爱国的教育。陶行知早在1923年给妹妹文渼的信中就说过："我们生在此时，有一定的使命，这使命就是运用我们全副精神，来挽回国家厄运，并创造一个可以安居乐业的社会交与后代。这是我们对于千万年来祖宗先烈的责任，也是我们对于亿万年后子子孙孙的责任。"[②]正是怀有如此强烈的爱国热情，有着挽救国家厄运、造福子孙万代的崇高理想，生活教育思想才有了取之不尽、用之不竭的力量源泉。在祖国的生死存亡的危急关头，生活教育的倡导者总是及时调整新形势下的战略任务，把生活教育与国家的命运紧密地联系在一起。

生活教育是创造的教育。这不仅是由于生活教育的倡导者陶行知先生提出了创造教育的"六大解放"，而且在于生活教育思想本身的创造性。早在1919年，陶行知就说过："在教育界，有胆量创造的人，即是创造的教育家；有胆量开辟的人，即是开辟的教育家，都是第一流的人物。"[③]在评价

① 董宝良主编《陶行知教育论著选》，人民教育出版社，1991，第463页。

② 同上，第127页。

③ 同上，第48页。

新学制草案时，陶行知又以建筑为例，说明了教育最忌抄袭的理由。他说：“建筑最忌抄袭：拿别人的图案来造房屋，断难满意。或与经费不符，或与风景不合，或竟不适用，以后虽悔，损失已多。我国兴学以来，最初仿效泰西，继而学日本，民国四年取法德国，近年特生美国热，都非健全的趋向。学来学去，总是三不像。”①在教育思想上，他也主张应该在从前人的经验中吸取营养、对前人的学说加以改造的基础上进行创造。1946 年 6 月 14 日，陶行知在与柳湜的谈话中说：“我的生活教育思想，大半都是从资产阶级、大地主以及老百姓中的启发而来的。自然，我的思想，不是抄袭他们的。他们有的只启发我想到某一面，有的我把它反过来，就变成了真理。有的是不能想出来的，是要群众动手才能看到。动手很重要。这个东西创造一切。”②正是在这样的思想指导下，陶行知把杜威“教育即生活，学校即社会”的命题翻了半个筋斗，提出了“生活即教育，社会即学校”的思想；把王守仁“知为行之始，行为知之成”的观点倒了一个个儿，提出了“行是知之始，知是行之成”的主张，并把它作为“教学做合一”的教学认识论基础。他从儿子的读书悟出了连环教学法，从新安旅行团的经验中创造了小先生制。最后，终于形成了独具特色的生活教育思想。

生活教育思想也是陶行知先生人格特征的一种精神渗透。钱俊瑞曾经这样评价他：“陶先生的为人，是一个不可多得的和谐体。他严肃而认真，但又活泼而饶有风趣；他有高度的科学修养，同时有高度的艺术修养与创造力；胸襟宽达无垠，做事则严格细密；待人厚而责己严，物质生活极度简单，精神生活极度丰富；广博的世界知识与十足的中国气派；冰冷的理智与炽热的感情；对人民的爱与对人民敌人的恨；简要深刻的箴言与使人笑破肚子的诙谐。”③这些人格特征从陶行知的教育论著中可以经常见到，尤其是他的教育诗歌，是中国教育思想史的宝贵财富。他把深刻的教育哲理，通过形象、浅显的诗歌形式表现出来，使千千万万劳苦大众都能理解和接受，从

---

① 董宝良主编《陶行知教育论著选》，人民教育出版社，1991，第 92 页。

② 潘冷云、林力锋等：《现代生活与现代教育——陶行知生活教育理论与教育实践的启示》，复旦大学出版社，1991，第 21 页。

③ 钱俊瑞：《一代巨人陶先生》，《解放日报》1946 年 8 月 12 日。

而使生活教育理论拥有最广泛的群众、最广泛的读者，最终也实现了陶行知先生使教育走出书斋、走向生活、走进大众间的教育理想。

当然，作为一种教育理论，生活教育思想也并不是尽善尽美的，也具有一定的历史与时代的局限性。如它虽然把杜威的教育思想“翻了半个筋斗”，并具有生活教育自己的理论结构和特征，但在系统的知识传授和教师的主导作用，以及学校的作用等问题的认识上，有一定程度的重视不够。

陶行知的生活教育理论，酝酿于他从事新教育和平民教育运动的过程中，以后在长期的革命实践和教育实践中，又不断得到了发展。其理论的核心是主张教育为人民大众生活向前向上的需要，与社会生活实践和生产劳动密切联系。但是，他的生活教育，并不是杜威所说的只是适应资本主义社会生活需要而进行的改良的实用主义教育。后来的事实证明，这种教育思想虽然还有值得商榷的地方，但在半殖民地半封建的中国，它已经是达到了相当的高度，不仅对五四以后中国教育的发展产生了重要影响，而且它的许多观点和看法在今天仍有一定的理论价值，值得我们借鉴和进一步的研究。

第九章　中国现代的活教育思想

1979 年 7 月 14 日，应陶行知夫人吴树琴之请，陈鹤琴为行知中学建校 40 周年纪念题词。这位年已耄耋的教育家用颤抖的笔激动地写道：

我们教育战线系同志，
我们奋斗目标系同道，
我们实践标准系同行，
我们出生时代系同年，
我们海外求学系同学，
我们回国任教系同事，
我们立志为人系表率，
行知对我一生系楷模。[①]

在现代教育史上，有如此之多的共“同”之点的教育家的确不多见。当然，陈鹤琴不仅是陶行知先生的同志、同道与同行，在教育思想方面，他还有若干独特的探索与贡献。尤其是他的活教育思想，是中国现代教育思想的重要财富。

一、活教育的酝酿与提出

1914 年，在开往太平洋彼岸的客轮上，发生了中国现代教育史上非常

① 北京市教育科学研究所编《陈鹤琴教育文集（下卷）》，北京出版社，1985，第 896–897 页。

有趣且不容忽视的事件。陶行知和陈鹤琴都在这艘客轮上，当陶行知写下讴歌现代科学技术的《海风歌》时，陈鹤琴正在脑海中酝酿着弃医从教的抉择："医生是医病的，我是要医人的。医生是与病人为伍的，我喜欢儿童，儿童也是喜欢我的。我还是要学教育，回去把他们教育好。"从此，他就与儿童、与教育结下了不解之缘。而客轮上这两位未来中国的教育巨人，也结下了深厚的友谊。

在美国留学期间，陈鹤琴曾先后就学于克伯屈、孟禄、桑代克、杜威等著名教育家，尤其受到杜威反传统教育精神的熏陶。回国后，他致力于中国儿童教育的改造，在介绍和编制智力测验与教育测验以及进行幼儿教育实验研究方面，做了许多开创性的工作。

1927年，是活教育思想酝酿过程中的关键一年。在这一年，陈鹤琴根据自己创办鼓楼幼稚园的实验总结，在《幼稚教育》上发表了长篇论文《我们的主张》，系统提出了15条关于创办适合我国国情和儿童特点的幼稚园的主张。他指出，幼儿教育必须有自己的主张，如果"仍旧像中国初办教育时候，今日抄袭日本，明日抄袭美国，抄来抄去，到底弄不出什么好的教育来"[①]。在文章中，陈鹤琴对幼稚园与家庭的合作，幼稚园的课程、设备、师资与教法等问题，阐明了自己的看法，其中已可以看到活教育思想的端倪。如他提出"幼稚园的课程可以用自然、社会为中心的"[②]课程论，与后来所说的"以大自然大社会作主要的教材，以课本作参考资料，这是直接的活知识，是直接的经验"[③]，可谓如出一辙。

在这一年，他还发表了《幼稚教育之新趋势》一文，系统介绍了世界幼稚教育的若干新趋势，如注重自由活动、注重户外活动、厘订课程、规定标准、研究幼稚生心理、幼稚园与一年级之联络、蒙养园等新趋势。陈鹤琴指出：教育应当随时势而改变的。时势改变了，而教育仍旧不改变，那这种教育是"死"的，没有效用的。只有顺应新趋势，"活用"规定的教材，才能使幼儿教育健康地发展。这里已初次提出了"死"与"活"的概念。

---

① 北京市教育科学研究所编《陈鹤琴教育文集（下卷）》，北京出版社，1985，第8页。

② 同上，第12页。

③ 北京市教育科学研究所编《陈鹤琴全集（第五卷）》，江苏教育出版社，1989，第32页。

在这一年，陈鹤琴全力支持陶行知创办了南京晓庄师范学校，并兼任该校指导员及第二院（幼稚师范院）院长，还和陶行知合力创办了樱花村幼儿园，从事推广中国乡村幼稚园的工作。在晓庄工作期间，陶行知的生活教育理论和实践给了他很大的影响。他曾深情地回忆说：

> 我还记得，晓庄开学那一天的情形，几百个学生和乡下男女老百姓在一个空旷的黄泥地上，举行开学典礼。陶先生指着蔚蓝的天空作为学校的天花板，踏着金黄色的泥土作为学校的地板，向着同学、老百姓报告筹备经过、办学宗旨、教学方式和将来计划。我听了几乎被感动得流下泪来，陶先生艰苦卓绝的精神，创造力的伟大，思想的前进，确是空前的。[①]

在晓庄实验精神的鼓舞下，陈鹤琴增强了改革的信心，力图在借鉴西方教育理论的基础上，结合中国的实际，创造出科学化、本土化的教育理论，对传统的教育进行变革。

1937 年抗日战争爆发后，上海成立了难民教育协会，负责七十多个难民收容所的难民教育。陈鹤琴与赵朴初等被推为该协会的主要负责人，并任上海国际救济会教育股主任。在国难当头的非常时期，他主张儿童教育也“要有急切应变的特殊设施，才能显示非常时期儿童教育的功能”[②]。他认为，在国家危急存亡的关头，“教育尤其是儿童教育，若不能积极地参加国家战时的活动，这教育就是无用的，是破产的，应该予以解散”。在这样的情况下，自然不能循其旧轨、按部就班地进行教育，而必须进行崭新的、适应抗战的教育改革。陈鹤琴将这种新教育称为活教育。他写道：“现阶段的中国是处于争取自由民主，争取科学光明的大时代，对外抵抗侵略，对内要求建设，正是新教育实验的一个崭新环境。我提倡新教育名之曰‘活教育’，在抗战初起之时，认识这时代的伟大，在这伟大的时代中，教育所负的使命是怎样的重大！”[③]

---

① 北京市教育科学研究所编《陈鹤琴教育文集（下卷）》，北京出版社，1985，第 856 页。

② 同上，第 303 页。

③ 北京市教育科学研究所编《陈鹤琴全集（第四卷）》，江苏教育出版社，1989，第 349 页。

活教育的正式提出是在 1939 年。陈鹤琴为《小学教师》撰写了发刊词，他根据陶行知先生批评传统教育“教死书，死教书，教书死；读死书，死读书，读书死”的名言，提出要把这种死气沉沉的教育变为前进的、自动的、活泼的和有生气的教育。为此，教师就要“教活书，活教书，教书活”，学生则要“读活书，活读书，读书活”。他提出，要根据这个宗旨“检讨以往，策励将来，把所有的教材重新估量，把所用的教法重新研讨”，真正做到教师教活书，儿童读活书。[①]不久，他就因敌伪嫉恨迫害而被迫离开上海。

1940 年，陈鹤琴应江西省政府主席熊式辉等邀请，来到江西办学，从而开始了他的活教育实验。5 月 15 日，经过他的努力，南昌实验小学新池分校在泰和新池村诞生，陈鹤琴称它是一所“活的林间学校”。在开学时，他作了与陶行知在晓庄师范开学典礼的报告颇有异曲同工之妙的讲话。他说：“诸位小朋友，今天你们到这里来，不是来读死书的，我们来创造一个新世界。这所学校不像一个普通的学校，除墙上的几张照相之外，我们没有什么东西。在这里墙壁上挂着的锄头铲子，倒是我们创造世界的好工具。”[②]说完，他给学生讲起了鲁滨孙开辟荒岛的故事，并和学生一起上“披荆斩棘”的第一课。陈鹤琴高兴地说道：“‘双手万能’今天实现了，活的教育今天开始了。”[③]

早在鼓楼幼稚园创办的初期，陈鹤琴就已意识到建立幼稚师范的必要性。他说：“我创办南京鼓楼幼稚园，立意是建立中国化的幼稚园。中国化的幼稚园需要中国化的师资，这一点在二十年前就已经体会到了。那时候鼓楼幼稚园虽说要求中国化，可是师资的来源，还是外国化的。因为大部的师资都来自教会办的幼稚师范学校与幼稚师范科，她们因为所受的是外国化的训练，在教学做方面，未免缺乏中国的气味，结果很难发生广泛的影响以配合全国的要求，所以，那时我就认为要建立真正的中国化的幼稚园，必须要同时建立中国化的幼教师资训练机构。二十多年，这种理想终

---

① 北京市教育科学研究所编《陈鹤琴全集（第四卷）》，江苏教育出版社，1989，第 314 页。

② 同上，第 317 页。

③ 同上，第 319 页。

不得实现。”[①]现在，他试图利用这个机会来实现创办幼稚师范的宿愿。当拿到江西省政府批拨的 2.5 万元时，他就决心用最少的钱办最好的学校。他亲自采购建材，自己设计校舍，只用了三个多月，就把学校初步建立起来了。1940 年 10 月 1 日，江西省立实验幼稚师范在泰和县文江村大岭山的松林中正式诞生。陈鹤琴为这所凝聚着他的心血与汗水的学校撰写了一首充满热情的校歌：

幼师！幼师！美丽的幼师！松林中响的是波涛来去。山谷间流的是泉水清漪。放鹤亭、鸣琴馆是我们的新伴侣。更有那古塔斜阳、武山晚翠，陶冶我们的真性灵，培养我们的热情绪。幼师，幼师，美丽的幼师！

幼师！幼师！前进的幼师！做中教，做中学，随作随习。活教材，活学生，活的教师。大自然、大社会是我们的工作室。还要有手脑并用，文武合一，建设我们的新国家，教导我们的小天使。幼师，幼师，前进的幼师！[②]

这所由活教材、活学生、活的教师所组成的活教育的乐园，成为陈鹤琴系统构建活教育理论的“圣地”。在这里，他确定并实施了活教育的三大目标：做人，做中国人，做现代中国人；大自然，大社会，都是活教材；做中学，做中教，做中求进步。在这里，他主编的《活教育》正式创刊发行。在这里，他提出了活教育的十二条教学原则（后发展为十七条）。在这里，他提出了活教育的“五指活动”，即儿童健康活动、儿童社会活动、儿童科学活动、儿童艺术活动、儿童文学活动。在这里，他发表了《什么叫做“活的教育”》《活教育与死教育》等一系列阐述活教育理论的文章。其中发表在《活教育》1941 年 1 卷 2 期上的《活教育与死教育》一文，全面论述了活教育与死教育的根本区别，活教育与死教育在课程、教学、教师、儿童、行政、设备等方面的详细区别。

此后，陈鹤琴又撰写了《活教育——理论与实施》《活教育的创造》《活教育的教学原则》等著作，系统全面地总结和阐发活教育的理论，在教育

① 北京市教育科学研究所编《陈鹤琴全集（第五卷）》，江苏教育出版社，1989，第 51 页。

② 同上，第 4 页。

界产生了重要的影响。

二、活教育理论的体系与原则

现代活教育思想有比较完整的理论体系，这个理论体系主要由三大纲领（目的论、课程论和方法论）、十七条教学原则和十三条训育原则组成，现对此进行一扼要述评。

（一）活教育的三大纲领

活教育的三大纲领主要是指活教育的目的论、活教育的课程论和活教育的方法论。

1. 活教育的目的论

活教育的目的论，是活教育理论的基本出发点。陈鹤琴明确指出："活教育的目的就是在做人，做中国人，做现代中国人。"[①]

活教育的理论认为，"做人"是每个人都面临的问题，也是真正的教育首先必须解决的问题。与传统教育"以获得知识、预备升学为目的"不同，活教育注重培养儿童适应环境，控制环境，利用环境；怎样做人，怎样接待事物，接待人。但人并不是抽象存在物，人总是处于一定的时空之中，生活在特定的社会历史环境之中。所以，教育具有民族性，不仅要做人，而且要做中国人。陈鹤琴认为，由于中国社会有其发展特质，中国人的生活内容和意义自然也受这一特质规定。在当时的历史背景下，做现代中国人就必须负荷这样的任务："对外反对帝国主义的干涉，争取民族独立；对内肃清封建残余，建树科学民主。"[②]为了担当起这样的任务，必须具备以下几个条件。

一是健全的身体。活教育理论认为，身体的好坏，对于一个人一生的生活事业及其抱负都有极大的影响。只有健康的人，才能有理想，乐观、积极、有毅力，才能担负起现代中国与世界赋予的任务。

① 陈鹤琴：《传统教育与活教育》，《福利消息》1946 年第 5 期。

② 北京市教育科学研究所编《陈鹤琴全集（第五卷）》，江苏教育出版社，1989，第 63 页。

二是创造的能力。活教育理论认为，儿童蕴藏着丰富的创造潜力，只要加以适当的训练，就不难养成他们的这种创造能力。而培养这种创造力的方法，就是用科学武装儿童的头脑，让他们从做中学，在做中求创造，以手脑并用的方式去劳动，去创造。

三是服务的精神。活教育理论认为，如果我们培养的人“只有知识技能而不服务，只知自私自利，就失去了教育的目的”，动物与人的区别也正是在此。所以，活教育主张培养儿童的服务精神，指导儿童去帮助别人，去了解大我的意义。

四是合作的态度。活教育理论认为，要通过教育努力矫正中国社会和国民性中缺乏合作精神的态度，改变“一盘散沙”的形象。在教育中应注意培养合作的态度，让学生养成合作分工、互相容让和互相商量的习惯。

五是世界的眼光。活教育理论认为，不仅要做中国人，而且要做世界人，要以宇宙为学校。“世界人”的提出，标志着活教育理论已跳出民族的圈子，并试图站在更高的层次论述教育目的问题。而具备世界的眼光，是做世界人的前提条件。陈鹤琴指出:“所谓世界的眼光，就是对世界的看法，我们要有对世界的正确的看法，必须要了解世界的事事物物，大自然是怎样在运动着，大社会是怎样在发展着。大自然大社会是与人生息息相关的。我们不能不去认识它，了解它，惟其认识世界，才能使眼光远大，不斤两于个人的利害得失。”[①]做世界人又有三个条件，即“爱国家，爱人类，爱真理”。

“爱国家”，就是要爱国家的光荣历史，爱国家的前途，爱国家的人民，从而担负起历史的重任，使国家进步繁荣，日新月异。同时，要反对民族压迫，争取民族独立，不让国家任人宰割。

“爱人类”，就是要爱全世界站在真理一边的劳苦大众，而恨那些“为少数人的利益，而奴役大多数人，危害大多数人生存的人”。陈鹤琴写道:“全体人类的幸福，就必然的将由这正在受着苦难的大多数劳苦大众建造起来，人类的历史，就将因他们而辉煌起来。我们要爱这大多数人，我们应该了解他们，同情他们，帮助他们，与他们联合起来，共同为世界的光

① 北京市教育科学研究所编《陈鹤琴全集（第五卷）》，江苏教育出版社，1989，第66页。

明前途而献出我们的力量，以实现我们‘世界大同’或‘天下一家’的人类最高的理想。”①

“爱真理”，就是要养成求真求实的态度，脚踏实地，实事求是，“真理所在，哪怕要牺牲性命都在所不惜”。活教育理论认为，真理是不会泯灭的，真理是我们做人、做中国人、做世界人的最高准则，所以必须“认识真理，追求真理，用全心全力来爱真理”②。

2. 活教育的课程论

活教育的课程论认为，传统教育把学校与社会、课堂与自然隔离开来，把学校变成了“知识的牢狱”。这种做法，“把一本教科书摊开来，遮住了儿童的两只眼睛，儿童所看见的世界，不过是一本6寸高8寸阔的书本世界而已。一天到晚要儿童在这个渺小的书本世界里面去求知识，去求学问，去学做人，岂不是等于梦想吗”③？所以，活教育的课程论明确宣布：“我们要利用大自然、大社会做我们的活教材。”④

活教育的倡导者陈鹤琴认为，大自然、大社会是活的知识宝库，教育的主要任务就是要让儿童从这个知识宝库中汲取营养。他指出，直接经验是“学习中的唯一门径”⑤。以直接经验为主导，才是真正的“读活书”“教活书”。至于书本知识、间接经验，只能作为学习的副工具和参考资料，即“着重于室外的活动，着重于生活的体验，以实物作研究对象，以书籍作辅佐参考”⑥。陈鹤琴指出，世上那些不辨菽麦、不辨妍媸的书呆子，并不是因为读了书才变成呆子，而是因为他们“只晓得一味读书，而不去和真正的书——大自然、大社会接触，才变成呆子的”⑦。所以，只有抛弃“书本万能”的错误观念，去向活的、直接的“知识宝库”探讨研究，才能学有所获，学有所成。

---

① 北京市教育科学研究所编《陈鹤琴全集（第五卷）》，江苏教育出版社，1989，第68–69页。

② 同上，第69页。

③ 同上，第80页。

④ 同上，第1页。

⑤ 同上，第79页。

⑥ 北京市教育科学研究所编《陈鹤琴全集（第四卷）》，江苏教育出版社，1989，第366–367页。

⑦ 同上，第365页。

由于直接经验是儿童在大自然、大社会之中通过各种活动获得的，所以活教育的课程论本质上是一种活动课程论。陈鹤琴曾经把活教育的内容概括为五大方面，即所谓“五指活动”。其主要内容与目的如下：

儿童健康活动：通过体育活动、个人卫生、公共卫生、心理卫生等方面来培养儿童健全的身心。

儿童社会活动：通过公民、历史、地理、时事等项活动，使儿童明了个人与社会的关系，使儿童参加社会活动以培养其技能和兴趣，使儿童了解乡、镇、县、省和全国的关系及中国与世界的相互影响，激发起爱国、爱群及民族精神。根据时事的演变探求今后世界的新趋势。

儿童科学活动：以生物、论理、工业及生产劳动为范围。增进儿童科学知识；培养儿童实验兴趣，启迪儿童创造能力。

儿童艺术活动：包括音乐、美术、工艺、戏剧等项内容。用以陶冶儿童的情感，启迪儿童的审美感，发展儿童的欣赏力，培养儿童的创造力。

儿童文学活动：包括童话、诗歌、谜语、故事、剧本、演说、辩论、儿童应用文和书法。其目的在于培养儿童对于文学的欣赏能力和发表能力，培养儿童对于中国文字的认识与运用，培养儿童对于文法修辞的研究兴趣，培养儿童对于文学的创造能力。[①]

为了使“五指活动”顺利进行，陈鹤琴还制定了具体的实施大纲，详细规定了目标、性质、教师、组织、集会、教学、经费等事项，具有很强的操作性。“五指活动”是以活动（“做”）为中心组织教材的，这就打破了传统的壁垒森严、分门别类的科目。他认为传统的课程设置与学科分类的最大问题在于它“不合教育原理，是四分五裂的，是违反儿童的生活的，是违反儿童的心理的”[②]。而“五指活动”则避免了这种错误，它从儿童的完整生活出发，强调课程的整体性、连贯性和渗透性，具有一定的积极意义。

① 陈鹤琴编著《活教育的创造（理论与实践）》，华华书店，1950，第65–78页。

② 北京市教育科学研究所编《陈鹤琴教育文集（下卷）》，北京出版社，1985，第106页。

3. 活教育的方法论

活教育的教学方法论是与以活动为中心的课程论相一致的，是以强调“做”为基调的。陈鹤琴在1941年为《活教育》杂志撰写的发刊词中明确提出了活教育的方法论：“做中教，做中学，做中求进步。”

活教育的方法论脱胎于杜威“寓学于做”的主张，但比杜威的主张进了一大步，因为它不但是要在“做”中学，还要在“做”中教；不但要在“做”中教与学，还要不断地在“做”中争取进步。①

活教育理论认为，“做”是儿童获得真知的基本途径，也是儿童学习的真谛。陈鹤琴说：“儿童的世界，是儿童自己去探讨，去发现的。他自己所求来的知识，才是真知识，他自己所发现的世界，才是他的真世界。”②他认为，如果不让儿童去做他所能做的事，不让儿童去想他所能想的事，就会阻碍儿童的身心发展，限制儿童最宝贵的自动研究精神。

活教育所主张的“做”，并不是简单的游戏、劳动或学习，不是尝试错误，而是把动手与动脑结合起来的“做”，是在思想参与下的“做”。正如陈鹤琴所说：“一切教学，不仅仅在做上打基础，也应当在思想上做功夫。”“思想是行动之母，思想没有受过锻炼，行动就等于盲动，流于妄动。”③所以，对儿童来说，“做”是身心协调发展的条件。

活教育理论认为，“学生由做中学，教师也要在做中教，不应该只是片面的学习”④。教师的“做中教”关键是教会学生“做中学”，为学生“做中学”创造良好的环境与条件。而要做到这一点，关键是与学生共同“做”。陈鹤琴曾以教学生学游泳为例：“你要儿童游水，你一定要在水里教他学；而且要他自己也实地到水里去，否则光是你游泳给他看是没有用处的。”⑤在“做中教”的过程中，教师要指导学生正确地掌握知识和技能，使他们运用科学方法做事，运用科学方法求知。他指出：“倘使不教而让儿童自己去瞎摸，那是太不经济了。我们人类所有的经验，是应当利用的。”但这种指

---

① 北京市教育科学研究所编《陈鹤琴全集（第四卷）》，江苏教育出版社，1989，第366页。

② 北京市教育科学研究所编《陈鹤琴全集（第五卷）》，江苏教育出版社，1989，第81页。

③ 同上，第77页。

④ 陈鹤琴：《儿童教育的新方向》，《活教育》第6卷第1期。

⑤ 北京市教育科学研究所编《陈鹤琴全集（第五卷）》，江苏教育出版社，1989，第79页。

导并不是越俎代庖，而是在学生主动积极性得到充分发挥基础上的教，是所谓的“做中教”。

活教育理论为此把教学过程分为四个步骤。第一步是实验观察。主要是通过学生的观察与实验，来获得直接经验。在引导学生观察时要注意：全面观察，概括全体；比较观察，精密分析；系统观察，有明确目标；五官俱到，使各种感觉互相补充。这是教学的感性阶段，应尽力促使学生发现问题、提出问题。

第二步是阅读参考。活教育理论认为，许多知识是不可能拿来实验观察的，单凭经验也不易彻底了解事物。所以，在“做中学”的过程中发现了问题，就要大量阅读参考，擢去疑窦。这样，既能弥补学生感性经验的不足，又可以防止他们“陷入主观主义经验主义的偏向”。

第三步是发表创作。在这个阶段，要求学生把观察参考所得加以整理，融会贯通，变为自己的经验，自己的学习成果。学生可就此机会充分发挥自己的创造力，用故事、报告、演讲等各种形式表现出来。

第四步是批评检讨。在这个阶段，教师和学生共同检验学习的成果，互相学习，互相批评，总结经验，吸取教训，既把总结所得应用到生活实践中去，又把它作为新的学习过程开始的基础。

上述四步是教学的完整过程。每经过这样一个过程，学生的知识和能力都会前进一步，教师的学识与能力也会有所进步。而“教的进步，也是学的进步，那便是‘做中求进步’”。

（二）活教育的教学原则①

陈鹤琴根据儿童心理学的研究成果和他自己的教学经验，对活教育的教学原则进行了系统的阐述。这些原则曾分别发表在《活教育》月刊的各卷，1948 年汇编成书由华华书店出版。活教育的教育原则主要有以下内容：

1. 凡是儿童自己能够做的，应当让他自己做

活教育的理论认为，“做”是教学的基本原则，一切的学习，无论是肌肉的、感觉的，还是神经的，都要靠“做”才能成功。只有“做”，才能让

① 北京市教育科学研究所编《陈鹤琴全集（第五卷）》，江苏教育出版社，1989，第 72–131 页。

学生直接与事物接触，才能得到直接经验，才能知道做事之困难，才能认识事物的性质。愈做兴趣愈浓，愈做能力愈强。所以必须尽可能让学生做他们所能做的任何事。

2. 凡是儿童自己能够想的，应当让他自己想

活教育的理论认为，学校教育中“最危险的，就是儿童没有思想的机会”。所以，教师必须培养学生善于思考、独立思考的能力。不必对学生说明种种结果，而应让他们自己去试验，去思想，去求结果。做教师的责任，是“从旁指导儿童，怎样研究，怎样思想”，启发他们探究事物的发生与发展，从而得到解决问题的正确方法。

3. 你要儿童怎样做，就应当教儿童怎样学

活教育的理论反对理论与实际相脱节的教学，强调在实际生活中实干，在实干中求知。陈鹤琴以游泳为例，说明在陆地上学游泳是没有多大用处的，到水里还要溺死；又以烧饭为例，说明单单在教室里讲饭怎样煮，菜怎样烧，鱼怎样煎，肉怎样煨，学生也还是不会烧。所以，一定要使学生“在适当的环境之内，得到相当的学习”。

4. 鼓励儿童去发现他自己的世界

活教育的理论认为，儿童的世界非常之大，有伟大的自然，如四季鲜艳夺目的花草树木、光怪陆离的虫鱼禽兽、变化莫测的风霜雨雪、奇妙伟大的日月星辰；有广博的社会，如家庭的组织、乡镇的管理、风俗习惯的形成、国家的富强、世界的进化等。这些都是儿童的知识宝库，都是他们的“活教材”。教师必须激发学生的求知欲，让他们自己去探究、去发现。

5. 积极的鼓励胜于消极的制裁

活教育的理论认为，消极的制裁并没有多大的教育效果，只会引起学生的反感，使他们产生退缩行为。所以，必须多表扬、少批评，“用鼓励的方法来控制儿童的行为，来督促儿童的求学”。

6. 大自然大社会是我们的活教材

活教育的理论认为，书本上的知识都是间接的知识，要获得直接的知识，应该从大自然大社会中去追求，去探讨。陈鹤琴以当时的历史、地理为例说：“我们何必一定要把一部活地理四分五裂，呆呆板板地教小孩子死记死读；我们何必一定要把一部中华民族进化史支离破碎，一朝一朝呆呆

板板地教小孩子死记死读呢？”如果以抗战来做研究史地的中心和出发点，教师的教就会生动而深刻，学生的学也会兴奋而有趣。

7. 比较教学法

活教育的理论认为，比较的教学法是让学生鉴别事物最有效最简易的方法，它能够使学生对于所学的事物，“认识得格外正确，印刻得格外深切，记忆得格外持久”。

8. 用比赛的方法来增进学习的效率

活教育的理论认为，儿童大多是喜欢比赛、喜欢竞争的。做教师的要利用这种心理去教导儿童，去增加儿童的兴趣，去促进学习的效率。所以，学校里可以进行作文比赛、演讲比赛、阅读比赛、图画比赛、球类比赛、科学比赛、健康比赛等，并通过比赛培养“做人做事的美德”，如合作、牺牲、互助等，做到胜者不骄，败者不馁。

9. 积极的暗示胜于消极的命令

活教育的理论认为，儿童具有较强的受暗示性，无论是语言的暗示、文字的暗示，还是图画的暗示、动作的暗示，较消极的命令都更容易为儿童所接受。教师要注意以身作则，注意给学生施加积极的暗示影响。

10. 替代教学法

活教育的理论认为，儿童具有很强的好奇心与探究欲。儿童是好动的，“他喜欢做这样，做那样，你没有东西给他做，他就要破坏，就要捣乱。所以我们要他做，要他建设，要他创造”；儿童是喜欢合群的，就应让他们有一种正式的组织来发展他们的能力，以养成他们的群性。总之，可以利用各种替代的方法，来满足儿童的欲望，发展他们的个性，培养他们的人格。

11. 注意环境，利用环境

活教育的理论认为，在大自然大社会中，可以找到许多活教材、活教具。要想成为一个成功的教师，就一定要注意环境、利用环境。陈鹤琴说：“环境中有许许多多的东西，初看看与你所教的没有关系，仔细研究研究看，也可以变成很好的教材，很好的教具。”他所发明的儿童玩具与教具，就是从生活中的赌具、娱乐工具改造过来的。

12. 分组学习，共同研究

活教育的理论认为，集体学习是教学的主要形式。这是由于一个人的思想，需要被刺激，有了刺激，思维就活跃，就进步。集体学习既有分组讨论，也有课堂讲授，而以分组研究、共同讨论的方式为主。

13. 教学游戏化

活教育的理论认为，游戏是人生不可缺少的活动，不管年龄性别，人们总是喜欢游戏的。所以，如果能把学习活动化为游戏，就会使学习变得“更有趣、更快乐、更能有进步”。在教学游戏化的过程中，教师要注意方法与目的的配合，不能为游戏而游戏。同时，要注意给大多数儿童提供活动的机会，“要使个个小朋友都能参加为准”。

14. 教学故事化

活教育的理论认为，故事是儿童的一种重要的精神食粮。故事与儿童的情感有交流作用，使儿童的情感投射到故事之中；故事情节的神奇，能满足儿童的好奇心；故事能激起儿童的想象力，把儿童导入无限推论的境界之中；故事组织的完整，适合于儿童的学习心理。所以，教学中应尽可能做到“教材故事化”，用故事的体裁来编排教材，运用教材；做到“教法故事化”，利用故事激发和引起学习动机。

15. 教师教教师

活教育的理论认为，在职教师如何充实自己，如何提高自己，是最值得重视的问题。而举行教学演示或组织巡回教学辅导团等形式，用教师教教师，是提高教师水平的有效方法。

16. 儿童教儿童

活教育的理论认为，儿童教儿童比成人教儿童有着明显的优势：儿童了解儿童的程度比成人所能了解的更为深刻，儿童鼓励儿童的效果比成人所能获得的更为巨大，儿童教儿童可以做到教学相长。陶行知的“小先生”制，就是以儿童教儿童为原则的。

17. 精密观察

活教育的理论认为，观察是获得知识的基本方法，而精密观察则是开启真理宝库的钥匙。握着这把钥匙，我们便能接近科学的真理。在教学中采用观察的方法，如通过实地观察来施行教学，通过实际研究来培养儿童善用观察的学习态度，将有助于提高教学效果。

活教育的17条教学原则，是现代中国教育思想史上体系比较完整、影响比较深远的儿童教育理论。这 17 条原则都贯彻着“做”的精神，在一定程度上符合了理论联系实际的原则。

（三）活教育的训育原则

活教育的理论认为，训育工作在整个教育工作上可以说是最繁重最重要的。拟定训育工作的基本原则，“方如旅行有了向导，航海有了指南。因为这样才有所根据，不致茫无头绪，无所适从”[①]。陈鹤琴提出了以下 13 条活教育的训育原则。

1. 从小到大

活教育的理论认为，教育一个人必须从小抓起。如“讲话怎样讲，批评怎样批评，做人的态度，对人的礼貌，以及一切的一切都要从小养成”。“慎始则善终”，从小及早加以训练与教育，养成了良好的行为习惯，可收事半功倍之效。

2. 从人治到法治

活教育的理论认为，人治与法治的最大差别在于：人治易受环境变迁的影响，法治则对于人事权衡有一定的准尺。如孩子因为老师要求才洗手，这是人治观念的支配；为了健康而必须洗手，则是法治观念的支配。

3. 从法治到心理

活教育的理论认为，从人治到法治虽然是一个飞跃、一个进步，但“徒循法理，尚不能完全解决训育上的种种问题”。要使学生从服从到自觉，从消极接受到积极内化，就必须在心理上下功夫。所以陈鹤琴说：“做一个教师一定要懂得心理。小学教师一定要懂得儿童心理，中学大学教师一定要懂得青年心理和群众心理。不了解心理的人，从事训导工作，是一定会失败的。”

4. 从对立到一体

活教育的理论认为，必须消除隔在老师和学生中间的鸿沟，老师和学生应当是站在同一条战线的朋友。大家共同向学问进攻，学习为人处世的道理。“老师把学生看作自己的子弟，学生把老师当作自己的父兄。大家在

---

① 北京市教育科学研究所编《陈鹤琴全集（第五卷）》，江苏教育出版社，1989，第 132 页。此节内容参见该书第 132–142 页。

校中共同生活，共同研究，共同学做人。”

5. 从不觉到自觉

活教育的理论认为，每个人的心中都有一只“狮子”，这只“狮子”就是极大的潜在力量。许多人心中的“狮子”是沉睡着的，所以纵有极大的潜在力量，也不能发挥出来。训育的任务，就是把这种糊糊涂涂、浑浑噩噩的“不觉”转变为“自觉”，唤醒学生心中的“狮子”，使他获得力量。

6. 从被动到自动

活教育的理论认为，学生在训育过程中一般经历三个阶段：完全由老师管理的阶段、由团体管理的阶段和自己管理的阶段。第一阶段是被动的，第二阶段也是被动的，第三阶段则是自动的。从被动到自动，就是让学生学会自我管理，如考试不用监考，而让学生以自己的人格和荣誉来监视自己。

7. 从自我到互助

活教育的理论认为，人和动物的重要区别在于，动物的自私是不可克制的，人的自私却可以用崇高的道德观念来克制。“舍己为人”是做人的最高理想，在训育过程中，要教育学生从自我到互助，并逐步向最高理想迈进。

8. 从知到行

活教育的理论认为，知而不行，单是“理论”而无“实践”，就会一事无成。只有“不断地做，习惯养成了，然后可以持续不断，表现出成绩来”。所以，训育工作的重要使命，就是让学生知而且行，理论联系实际。

9. 从形式到精神

活教育的理论认为，只有表面而没有精神的训育是失败的训育，训育工作不能停留于形式。“比如有些教师要学生对他表示尊敬，见面的时候要行礼和问候；至于学生是否真正乐意这样对他，说不定学生在向他行礼的时候，心中却在恶毒地咒他，这些他都不管的。这种只求表面而不顾精神的，试问有何益处呢？”因此，训育的最高境界是使学生“诚于中而形于外”，从形式到精神。

10. 从分家到合一

活教育的理论认为，训育与教学（德育与智育）本来应是一体化的，训教脱节只能是两败俱伤。所以，“学校里专门负责训导的人可以管训育上的计划及各种施行办法，实际去训导学生的应当是全体教职员，把分家了的训教两部分工作重新联结在一起”。

11. 从隔阂到联络

活教育的理论认为，如果学校与家庭间的关系过于隔阂，不能采取有效的共同步骤，就会削弱训育的效果。所以，担任训育工作的教师，应常常进行家庭访问，或邀请家长们到学校参加各种活动，把家庭和学校联络在一起。

12. 从消极到积极

活教育的理论认为，学生犯了错误或有不正当行为，应积极消除引起他犯错误或做不正当事的动机，而不能只是做消极的防止或制裁。陈鹤琴曾以教育孩子不许打架为例说：“我们要研究为什么小孩子那么喜欢打架呢？因为小孩子是好动的，他们的精力是要有地方发泄的，所以学校应当多添些运动器具和娱乐设备，来满足孩子们的合理要求，增进他们的身心健康。”所以，训育应尽可能地采用积极的鼓励，而避免消极的制裁。

13. 从“空口说教”到“以身作则”

活教育的理论认为，训育工作的关键是要建立起学生对教师的信仰。这种信仰是由于学生对老师的道德和学识的钦敬而产生的，绝不是用欺骗或权威可以获得的。如果教师道德品行有缺陷，“即使他每天唇焦舌敝向学生演讲一大篇做人的道理，也是毫无用处的”。所以，担任训育工作的人，必须保持高尚的道德，处处以身作则。

三、活教育思想的贡献与局限

1940 年 2 月，江西省政府主席熊式辉曾面邀陈鹤琴先生赴赣办学。他对陈鹤琴说：“中国教育界有四位圣人，陶行知先生是乡村教育的圣人，晏阳初先生是平民教育的圣人，黄炎培先生是职业教育的圣人，而儿童教育的圣人，先生真可以当之而无愧。”[①]这虽然未必能反映现代中国教育的全貌，但对陈鹤琴先生的贡献的评价，大致是公允的。他创立并倡导的活教育思想，在现代教育思想史上也是别具特色的。

① 北京市教育科学研究所编《陈鹤琴全集（第五卷）》，江苏教育出版社，1989，第 52 页。

活教育思想是五四以后在中国出现的一种教育改革理论。它的贡献首先在于其自觉地探寻教育理论中国化的道路，为建立中国本土的教育科学进行了可贵的尝试。在活教育思想诞生之前，中国也流行过设计教学、道尔顿制、文纳特卡制等，但由于都不过是直接抄袭外国的教育理论和主张，所以难以在中国的土地上生根，“终究经不起中国现实社会的考验而趋于沉寂”。而活教育思想则是“中国社会的道地产物”，是以中国社会为其发展的基础，针对中国的社会实情，适合中国的大众需要而发展起来，所以“才有可能在中国的土地上，发生深厚的影响”①。

毋庸置疑，活教育思想曾在许多方面受到杜威实用主义的影响。其出发点“如所走的路子、所用的方法有相似之处”②。但这种影响并不是单向的，活教育一开始就表现出很强的主动创造性。陈鹤琴曾明确宣布：“我们现在提倡的活教育是接受着世界新教育的思潮，并和杜威一样的在创造理论，也创造方法。”他对于陶行知生活教育理论的评价同样也适合于活教育思想。他说：陶行知的主张和杜威的主张，在表面“只不过是先后次序不同而已，但实际上，陶先生的主张，正是现代最前进的生活教育理论”③。

首先，活教育思想与陶行知的生活教育的影响也是分不开的。陈鹤琴就说过：“我近来提倡‘活的教育’与陶先生‘生活教育’很有类似之处。”④的确，活教育的“做中学，做中教，做中求进步”的方法论，就是受陶行知关于“手脑并用”和“教学做合一”的思想影响而提出的；而“儿童教儿童”的教学原则，也是受陶先生的“小先生制”的启发而形成的。

活教育思想在吸取古今中外教育思想的精华的基础上，形成了具有中国特色的教育理论，体现了陈鹤琴先生不但使教育理论适合我国之实际，而且使世界教育思想也受我国的影响的教育理想与志向。⑤

其次，活教育思想向传统教育思想发出了全方位的挑战，是在破除传统教育的死气沉沉的过程中形成和发展起来的教育理论。活教育思想展现

① 北京市教育科学研究所编《陈鹤琴全集（第五卷）》，江苏教育出版社，1989，第143页。

② 北京市教育科学研究所编《陈鹤琴全集（第四卷）》，江苏教育出版社，1989，第352页。

③ 北京市教育科学研究所编《陈鹤琴教育文集（下卷）》，北京出版社，1985，第856页。

④ 杨寅初：《活教育试行记》，《活教育》1941年第1卷第9、10期。

⑤ 北京市教育科学研究所编《陈鹤琴全集（第五卷）》，江苏教育出版社，1989，第43页。

了有破有立、在破中立的思维方式与锐气。在教育目的上，活教育反对传统教育只注重灌输知识的弊端，强调教学生学会做人；认为“今后的教育不仅仅是教育无知的人使他有知，主要的还要教育不会做人的人会做人”①，并以身心和谐发展、具有世界眼光等规范了活教育培养人的质量。关于教育的内容，活教育反对传统教育把儿童的思想禁锢在书本中，把儿童的活动限制在课堂上的做法，提出了以大自然、大社会作为活教材、活教具、活教师的主张，建立了开放式的教育体系。在师生关系的问题上，活教育反对传统教育以教师为中心的教学活动，强调“一切设施、一切活动以儿童做中心的主体”，认为学校的活动应以儿童自己做、自己学为主，这对于调动儿童的学习自觉性和激发他们的学习兴趣，有一定的积极意义。在教育的方法上，活教育反对传统教育注入式、填鸭式的教学方法，死记硬背的读书方法和消极制裁的管理方法，提倡诱导式、启发式的教学方法和积极鼓励的管理方法，并主张努力培养儿童自动研究和创造的能力。陈鹤琴用自己家乡流行的一首歌来揭露传统教育的弊端：“一貌堂堂，两眼无光，三炷香火，四肢无力，五脏全无，六神无主，七窍不通，八方来拜，究（九）竟如何？实（十）在无用！”②可谓鞭辟入里。

再次，活教育思想是以一系列研究与实验为依据的，具有鲜明的科学精神。陈鹤琴回国后的第二年，就以长子一鸣为对象，进行详细的观察与研究，做了缜密的文字与摄影记录，时间长达 808 天。这项实验研究对儿童的身体、动作、言语、心理等方面的规律进行了深入的剖析，为他后来提出活教育的教学原则等提供了素材。他还用近 3 年时间，统计了 90 多万字的白话文材料，整理出了 4719 个常用单字，编成我国第一本汉字查频资料，开创了汉字字量的科学研究。从《儿童心理之研究》《家庭教育》，到《语体文应用字汇》，都是陈鹤琴实验的具体成果。此外，他还以鼓楼幼稚园为基地，在张宗麟等人的协助下，进行了长达数十年的实验和研究。陶行知在 1924 年撰文介绍中国教育时专门写道：“国立东南大学陈鹤琴教授所指导的幼儿教育实验，也是意义重大而又令人鼓舞的。”鼓楼幼稚园对幼稚

① 北京市教育科学研究所编《陈鹤琴教育文集（下卷）》，北京出版社，1985，第 649 页。

② 北京市教育科学研究所编《陈鹤琴全集（第五卷）》，江苏教育出版社，1989，第 283 页。

园的课程、故事、读法、设备和幼稚生应有的习惯、技能等进行了全面的实验。这是中国第一所幼稚教育实验中心，它不仅为建立中国化的幼稚教育理论做出了贡献，也对陈鹤琴活教育思想的形成起了重要作用。

重视实验的科学精神，是活教育思想的一贯主张。早在 1927 年为《幼稚教育》撰写的发刊词中，陈鹤琴就批评了中国的教育研究“大半趋于理论而略于实验，不免空谈理论或不适于实情”，主张大力开展教育实验，并认为“实验虽费时力，苟有所得，裨益实大”[①]。在活教育的思想渐趋明朗之后，陈鹤琴首先考虑的就是把“活教育理论付诸实验”。为此，他创办了江西省国立幼稚师范学校，并“联合国立中正大学附属小学、省立南昌实验小学等学校，共同来进行活教育的实验与研究”[②]。正是由于对实验的高度重视，活教育思想才有了源头活水，才不断地发展和完善，并成为中国现代教育思想史上一个颇具影响的流派和教育思潮。

最后，活教育思想注重心理学的基础，其理论体系是构建在儿童身心发展的规律之上，并符合儿童心理学的基本原理的。陈鹤琴很早就指出:“儿童不是‘小人’，儿童的心理与成人的心理不同，儿童的时期不仅作为成人之预备，亦具他的本身的价值，我们应当尊敬儿童的人格，爱护他的烂漫天真。”[③]所以，活教育反对儿童教育的成人化倾向，主张根据儿童的生理、心理特点，做到教育的儿童化。以幼儿园的课程编制为例，陈鹤琴就认为:“要顾到儿童心理发展与能力，不要根据成人的经验，而编制一些生硬、枯燥、高深的材料，让儿童茫茫然不知所以的得到一些糊涂、杂乱无章的知识。”[④]

从活教育思想体系中的若干教学原则与训育原则来看，大多是有着心理学的根据的。如活教育提倡“积极的鼓励”，反对“消极的制裁”;提倡“积极的暗示”，反对“消极的命令”，这对于充分调动儿童学习的自觉性和积极性，引导儿童生动活泼地学习，具有积极的意义。

活教育提出了“教学游戏化”“教学故事化”以及“用比赛的方法来增

---

① 北京市教育科学研究所编《陈鹤琴教育文集（下卷）》，北京出版社，1985，第 7 页。

② 北京市教育科学研究所编《陈鹤琴全集（第五卷）》，江苏教育出版社，1989，第 58 页。

③ 北京市教育科学研究所编《陈鹤琴教育文集（上卷）》，北京出版社，1983，第 8 页。

④ 北京市教育科学研究所编《陈鹤琴全集（第二卷）》，江苏教育出版社，1989，第 611 页。

进学习的效率”，都有利于学生对学习产生浓厚的兴趣，在生动活泼的教学过程中获知增智、冶情娱性。为了使儿童教育走上科学化的轨道，陈鹤琴还翻译了美国心理学家弗利曼的名著《小学各科心理学》。在该书的卷首语中，他再次强调了心理学的成果对于教育的意义。他写道：“近代教育，即以儿童的心理为根据；学科心理，即是把儿童心理应用到学科上去。但是做教师的单单明了儿童心理而不知道学科心理是不够的，是不能教得特别优良的。我们一方面要研究儿童怎样学习，一方面要研究什么样的教材，才适合儿童的心理，适合儿童的能力。”[①]在现代中国教育思想史上，活教育思想是最重视用心理学的基础来构建教育理论大厦，也是对儿童心理研究最详最深的一个教育流派。这个评价大概不算过分。

当然，活教育思想也有其自身不可克服的缺陷。活教育思想的局限主要表现在两个方面。一是把主要适用于儿童的原则和方法普遍化为一般教育理论，并试图应用于任何年龄的教育对象。我们知道，活教育的实施对象，侧重于幼儿园至小学六年级的儿童，以及幼儿师范学校的学生，主要适合于幼儿教育与初等教育阶段。但陈鹤琴却似乎认为它是适用于各科教学、各种年级、各个场合的教育模式，如认为“游戏化适用于任何人与儿童，也适用于任何工作与教学”[②]。这种把活教育思想绝对化、普遍化的做法，难免失之偏颇，以致陷入困境。

另一方面，活教育思想在清算传统教育的过程中也有过头的倾向。如在强调学生的主体地位时，往往忽视了教师的主导作用；在强调“做”的方面时，往往忽视了系统知识的教学。这就不自觉地走到了传统教育的反面而陷入极端。特别是活教育忽视书本知识的学习，否认间接经验的作用，也不自觉地成了直接经验的俘虏。毛泽东曾经说过：“感觉了的东西，我们不能立刻理解它，只有理解了的东西才能更深刻地感觉它。感觉只解决现象问题，理解才解决本质问题。这些问题的解决，一点也不能离开实践。”[③]这段话如果用来揭示活教育思想的缺陷，也可以说是切中肯綮。

---

① 北京市教育科学研究所编《陈鹤琴全集（第四卷）》，江苏教育出版社，1989，第510页。

② 北京市教育科学研究所编《陈鹤琴全集（第五卷）》，江苏教育出版社，1989，第117页。

③ 毛泽东：《毛泽东选集（第一卷）》，人民出版社，1991，第286页。

第十章　中国共产党领导下的解放区革命教育思想

1927 年 4 月 12 日，蒋介石在上海发动了反革命政变。轰轰烈烈的中国大革命中途夭折。在腥风血雨之中，“中国共产党和中国人民并没有被吓倒，被征服，被杀绝。他们从地上爬起来，揩干净身上的血迹，掩埋好同伴的尸首，他们又继续战斗了”①。8 月 1 日，随着南昌起义的一声枪响，中国革命的第一支工农红军正式创立。10 月 7 日，毛泽东率领工农革命军到达井冈山北麓的宁冈县茅坪，开始了创建井冈山革命根据地的斗争。此后，在土地革命战争、抗日战争和解放战争期间，中国共产党先后创建了井冈山、湘鄂赣、鄂豫皖、闽浙赣、陕甘宁、晋察冀、晋冀鲁豫、东北、华北等革命根据地和解放区（统称为解放区）。在解放区，除进行政治、经济的革命和建设外，在文化教育方面也进行了若干新的尝试，形成了以毛泽东、徐特立、吴玉章等为代表的革命教育思想。

一、解放区的教育方针

中国共产党成立后，在领导工农运动的同时，对教育问题也表现出高度的关注。1922 年 7 月，党的第二次代表大会的《宣言》，就明确把“改良教育制度，实现教育普及”和“女子在政治上、经济上、社会上、教育上一律享受平等权利”作为中国共产党的任务及其当前奋斗的重要内容。同时，中国共产党积极领导工人教育和农民教育运动，并创立了湖南自修大学、上海大学、湘江学校和农民运动讲习所。这些教育活动不仅使中国共产党人积累

① 毛泽东:《毛泽东选集（第三卷）》，人民出版社，1991，第 1036 页。

了办教育的经验，也看到了通过教育使人们迸发出来的智慧和能量。

1931 年 11 月，在中国共产党的领导下，辖地 300 余县、拥有人口近 3000 万的中华苏维埃共和国在瑞金成立。全国代表大会通过的《中华苏维埃共和国宪法大纲》，首次对解放区的教育宗旨进行了阐述："中华苏维埃政权以保证工农劳苦民众有受教育的权利为目的。在进行国内革命战争所能做到的范围内，应开始施行完全免费的普及教育，首先应在青年劳动群众中施行并保障青年劳动群众的一切权利，积极地引导他们参加政治和文化的革命生活，以发展新的社会力量。"这是对解放区教育宗旨和教育政策的最初阐述。

1934 年 1 月，在第二次苏维埃代表大会上所作的报告中，毛泽东在概括和总结解放区文化教育建设的经验教训的基础上，正式提出了苏维埃文化教育建设的总方针。他指出，为了革命战争的胜利，为了苏维埃政权的巩固与发展，为了动员群众加入伟大的斗争，为了创造革命的新时代，"苏维埃必须实行文化教育的改革，解除反动统治阶级所加在工农群众精神上的桎梏，而创造新的苏维埃文化"[①]。那么，怎样才能进行文化教育的改革并创造新的苏维埃文化呢？毛泽东认为其根本：

> 在于以共产主义的精神来教育广大劳苦大众，在于使文化教育为革命斗争和阶级斗争服务，在于使教育与劳动联系起来，在于使广大的中国民众都成为享受文明幸福的人。[②]

在中国现代教育史乃至当代教育史上，这都是一段必须十分重视的文字，因为它不仅是土地革命战争时期中国共产党的教育方针，而且规定了此后半个多世纪中国教育的基本发展方向。新中国教育的"教育必须为无产阶级政治服务，教育必须同生产劳动相结合"的根本方针，其雏形就出于上面这段文字。

毛泽东为解放区制定的教育总方针，主要内容有三个方面：1. 教育必须

---

①② 毛泽东：《1934 年在第二次全国工农兵代表大会上的报告》，载中国现代史资料编辑委员会翻印《苏维埃中国》，1957，第 282–285 页。

为革命战争和阶级斗争服务；2. 教育必须为工农服务，使广大中国民众成为享受文明的人；3. 教育必须与生产劳动联系起来。这三方面的内容虽然在以后的抗日战争和解放战争时期有不同的内涵和不同的表述，但实质基本是相同的。如在抗日战争时期，毛泽东提出教育的基本方针是“实行抗战教育政策，使教育为长期战争服务”。这些政策的主要内容有：

第一，改订学制，废除不急需与不必要的课程，改变管理制度，以教授战争所必需之课程及发扬学生的学习积极性为原则。

第二，创设并扩大增强各种干部学校，培养大批的抗日干部。

第三，广泛发展民众教育。组织各种补习学校、识字运动、戏剧运动、歌咏运动、体育运动，创办敌前敌后各种地方通俗报纸，提高人民的民族文化与民族觉悟。

第四，办理义务的小学教育，以民族精神教育新后代。[①]

毛泽东认为，这些政策的关键是让伟大的抗战教育运动与伟大的抗战相结合，并使整个教育制度适应抗战的需要。不难看出，这些政策的实质还是让教育为革命战争服务，为人民大众服务。在 1945 年 4 月发表的《论联合政府》中，毛泽东对新民主主义时期的教育方针进行了更简明的阐述：“中国国民文化和国民教育的宗旨，应当是新民主主义的；就是说，中国应当建立自己的民族的、科学的、人民大众的新文化和新教育。”[②]突出了教育的民族性、科学性和大众性。

解放战争时期，东北行政委员会于 1946 年发布了《关于改造学校教育与开展冬学运动的指示》，提出了新的历史时期的教育方针。《指示》说：“对东北解放区教育工作的总方针做了规定，这就是进一步肃清敌伪奴化教育和蒋介石封建法西斯教育的遗毒和影响，建立民族的民主的科学的新民主主义的教育，使教育服务于新民主主义的政治斗争，服务于东北人民的和

① 毛泽东：《论新阶段》，载李桂林主编《中国现代教育史教学参考资料》，人民教育出版社，1987，第 69 页。

② 毛泽东：《毛泽东选集（第三卷）》，人民出版社，1991，第 1083 页。

平民主建设事业。”[①]可见，这个方针是教育为革命战争服务和为人民大众服务的具体展开。

在戎马倥偬的战争岁月，以毛泽东为代表的无产阶级革命教育思想家并无更多的精力来构建教育理论体系，但他们并没有忽视教育理论上的思考，并且非常注意把教育理论与中国革命的实际、解放区的教育实际联系起来，从而使他们的革命教育思想具有很强的针对性，对解放区的教育实践起了指导作用。

教育为什么要“为革命战争和阶级斗争服务”？这是解放区面临的形势和任务所决定的，也是解放区能否生存和发展的关键问题。如在土地革命战争时期，苏维埃面临的根本任务是巩固和发展工农民主政权，彻底进行土地革命，进行反帝反封建的革命斗争，特别是反击国民党的军事围剿。这时，任何“取消教育”和“教育脱离政治斗争”的倾向当然是不利于解放区的巩固和发展的。正如徐特立所说：“苏区文化教育不应是和平建设事业，恰恰相反，文化教育应该成为战争动员中一个不可少的力量。”1933 年 8 月，徐特立代表中央教育人民委员部与少共中央局在共同签发的联席会议的决议中指出：“目前教育工作的方针，就是满足战争的需要和帮助战争的动员，进行广泛的马克思共产主义的教育。”[②]

在这个方针的指引下，当时解放区的各级学校和教育机关都自觉地为革命战争和阶级斗争服务，并通过斗争来发展解放区的文化教育事业和对师生进行政治思想教育。例如，解放区的学校和文化教育机关都积极投入到查田运动中，收集粮食，扩大红军，春耕生产，整理和扩大赤卫队、少先队等政治活动和中心任务，这对于粉碎敌人的“围剿”和扩大革命根据地，起了重要的作用。毛泽东对此评价说：“自中央教育人民委员部第一号训令宣布教育任务，把以前在战争时不能办教育，及轻视青年成年教育（社会教育）的倾向纠正了。”[③]继而在中央人民委员会第 17 号训令中又强调：

① 王鸿宾、向南、孙孝恩主编《东北教育通史》，辽宁教育出版社，1992，第 686–687 页。

② 江西省教育学会编《苏区教育资料选编（1929—1934）》，江西人民出版社，1981，第 14 页。

③ 毛泽东：《扫除文盲运动》，载赣南师范学院、江西省教育科学研究所编《江西苏区教育资料汇编 1927—1937（五）》，1985，第 72 页。

“文化教育在整个苏维埃运动中占着极重要的位置，在目前粉碎敌人五次‘围剿’的战争动员中是不可缺少的一个力量，加强教育工作来提高广大群众的政治文化水平，启发群众的阶级觉悟，并培养革命的后代，应成为目前我们最主要的战斗任务之一。”①可以说，教育为革命战争和阶级斗争服务的方针，基本上正确反映了解放区教育的特点和客观规律。

教育为什么必须为工农服务，使广大中国民众成为享受文明的人？这是由解放区教育的根本性质和目的所决定的。毛泽东在第二次苏维埃全国代表大会的报告中曾指出：“这里一切文化教育机关，是操在工农劳苦群众的手里，工农及其子女有享受教育的优先权。”后来他又把“大众”性与“科学”性、“民族”性共同作为民主主义教育的基本性质。这说明，解放区教育的人民大众性质，决定了它必须为人民大众服务，其目的在于使人民大众享受文明幸福。曾任陕甘宁边区文化教育委员会主任和新文字协会会长的吴玉章在1940年就专门著文，阐述人民大众的教育与文明幸福的内在关系。他说：

> 大众是社会组成的基本。大众的进步或落后并不在于生性的聪明或愚蠢，而在于教育的好或坏。教育好的国家，那么人人都有力量而国家也有力量；教育坏的国家，那就人人都没有能力，或能力很小，因此国家也不能强盛起来。②

他认为，正因为中国的教育长期与大众的生活相脱节，大众没有受教育的机会和权利，“中国也才成了没有力量的国家，作了世界各强国的半殖民地”③。这也是解放区一个非常重要的现实问题，因为在建立解放区以前的农村，由于国民党和封建地主的统治，文化教育非常落后，工人和农民几乎都是文盲，劳动妇女更是没有享受教育的一点点权利；而地主和资产阶

① 毛泽东：《扫除文盲运动》，载赣南师范学院、江西省教育科学研究所编《江西苏区教育资料汇编1927-1937（五）》，1985，第72页。

② 吴玉章：《大众教育底一个目前紧急任务》，载《吴玉章教育文集》，四川教育出版社，1989，第59页。

③ 同上，第60页。

级还利用封建迷信去欺骗劳动人民，使他们长期处于黑暗和愚昧的状态中。毛泽东在《湖南农民运动考察报告》中曾揭露了这一事实。他说："中国历来只是地主有文化，农民没有文化。可是地主的文化是由农民造成的，因为造成地主文化的东西，不是别的，正是从农民身上掠取的血汗。中国有百分之九十未受文化教育的人民，这个里面，最大多数是农民。"[①]因此，在中国共产党建立了解放区以后，要真正把解放区建设成为"文明幸福的社会"，使解放区的人民成为享受文明幸福的人，就必须变地主的文化为农民的文化，使教育为大众服务。

事实上，农民从本质上并不是拒绝接受文化，他们一旦意识到文化教育的作用，就会以充沛的热情投入教育。早在 1927 年毛泽东就看到了这一点。他说，在湖南农民运动打倒了土豪劣绅以后，农民们"却大办其夜学，名之曰农民学校。有些已经举办，有些正在筹备，平均每乡有一所。他们非常热心开办这种学校，认为这样的学校才是他们自己的"[②]。1933 年 12 月，毛泽东在《长冈乡调查》中也记载了解放区的人民对于教育的态度："夜校，全乡 9 个；学生平均每校约 32 人，9 校共约 300 人。男约 30%，女约 70%。全乡 16 岁至 45 岁的青年成年共 412 人，大多数进了夜校，54 岁以上的老同志也有少数来读的。群众非常欢迎，说：'夜校顶好。'"正因为如此，在解放区，为人民大众的文化教育事业蓬勃发展，广泛开办了夜校、半日学校、补习学校、识字班、识字牌等多种多样的群众组织形式，并开展了俱乐部、墙报、戏剧、报刊等群众文化活动。在 1934 年第二次苏维埃代表大会时，据赣、闽、粤三省的统计，共有补习夜校 6462 所，学生 94517 人；识字组 32388 个，组员 155371 人。其中以江西省兴国县为最多，全县夜校学生有 15740 人，男子 4988 人，占 31%，女子 10752 人，占 69%，识字小组有 3387 个，组员 22529 人。[③]在抗日战争时期，解放区也注重开办冬学，开办民校，组织广大青壮年农民参加学习，如陕甘宁边区 1940 年就有冬学 965 处，学员 21689 人。解放区所创造的各种灵活多样的

① 毛泽东：《毛泽东选集（第一卷）》，人民出版社，1991，第 39 页。

② 同上，第 40 页。

③ 陈元晖主编《老解放区教育简史》，教育科学出版社，1982，第 31–32 页。

办学形式，更是体现了大众的智慧和积极性，是许多书斋教育家所望尘莫及的。

教育为什么必须同生产劳动结合起来？这是马克思主义的原理与中国革命实际相结合的产物，也是由解放区的特殊性质所决定的。马克思在《政治经济学批判》中曾经指出："正如我们在罗伯特·欧文那里可以详细看到的那样，从工厂制度中萌发出了未来教育的幼芽，未来教育对所有已满一定年龄的儿童来说，就是生产劳动同智育和体育相结合，它不仅是提高社会生产的一种方法，而且是造就全面发展的人的唯一方法。"[①]列宁也指出："没有年轻一代的教育和生产劳动的结合，未来社会的理想是不能想象的。"[②]可见，马克思主义的教育与生产劳动相结合，当时主要是就资本主义制度下的工业生产而言的，马克思、列宁虽然预测到在未来的社会主义制度下这种结合也是历史的必然，但对结合的具体内容和方式并无更多的论述。解放区的革命教育思想在把马克思主义的上述原理应用于中国实际的过程中，表现出了极大的创造性。

解放区的教育与生产劳动相结合具有两个特殊的意义。《中华苏维埃共和国小学校制度暂行条例总纲》中对此做了规定："要消灭离开生产劳动的寄生阶级的教育，同时要用教育来提高生产劳动的知识技术，使教育与劳动统一起来。"这就是说，教育与生产劳动相结合首先具有"提高生产劳动"的功能，为解放区的生存和巩固创造良好的物质基础。解放区建立初期不仅文化比较落后，经济水平也比较低，生产不发达，要想战胜敌人经济上的封锁和军事上的围剿，就必须大力发展生产。这一方面需要大量的劳动力投入，不仅农民要参加生产，干部和学生也必须参加劳动；另一方面还需要大量的生产知识和技术投入，这就需要让农民接受教育，掌握生产劳动知识。这是教育的生产性在解放区的表现。另一个意义是教育的政治性的表现，即试图走知识分子与劳动者相结合的道路，培养解放区的文化人和干部热爱劳动、参加劳动的品质和习惯，扫除那种把读书同生产脱离开的

① 上海师范大学教育系编《马克思恩格斯论教育》，人民教育出版社，1979，第159页。

② 中共中央马克思、恩格斯、列宁、斯大林著作翻译局编译《列宁全集（第二卷）》，人民出版社，1984，第461页。

寄生虫式的教育制度。

正因为解放区的教育同生产劳动相联系的方针具有双重意义，在教育实际中也就具有比较丰富的内容。刘皑风在1946年《教育阵地》第六卷第三期曾专文介绍过解放区把国民教育与生产相结合的经验。1. 教育的组织和时间与生产相适应。如民校教师利用农民集合或休息的时间，进行读报，讲时事、生产情况，识字教育等，把教育送到群众集体劳动的场所去；根据不同对象不同季节变更教学时间，因地制宜，因人制宜，因时制宜，随农时忙闲灵活进行教育。2. 教育内容与生产结合。如在教育中增加生产常识，做到学以致用，密切联系实际。3. 组织儿童参加生产。如组织儿童拨工，帮助家庭生产；组织儿童参加学校的集体生产，让他们除虫、鸟、鼠三害及自己动手克服困难等。①

当时的《妇女生活》杂志还生动记述了延安女子大学学生把教育（学习）与生产劳动结合起来的生活：

她们不但学习，而且从事生产劳动。……在秋收的季节里，她们在曙色朦胧中便赶了上山，她们发起突击和竞赛，每个人露出那结实的臂膀，挥动了熟练的——开头是不熟练的——镰刀，雪亮的锋刃霍霍向着那茁长着谷穗累累的谷秆上割去。傍晚时，那赤着脚过了河来的人群，就是这三三五五的女劳动英雄们，她们欣喜的面孔背着一束束黄金色的谷穗，这是胜利的微笑，一颗谷子是自己的一滴汗。那在劳动中锻炼后更矫健的身体，那响亮而清脆的歌声，在夕阳晚照中，她们回校来。这次秋收是胜利的，她们举行了庆祝的晚会。②

毛泽东在为中国人民抗日军政大学政治部出版的《在生产战线上的抗大》特辑的题词中，对于解放区教育与生产劳动相结合的实践给予了较高评价，肯定抗大："现在一面学习，一面生产，将来一面作战，一面生产，这就是抗大的作风，足以战胜任何敌人的！"

① 教育科学研究所筹备处编《老解放区教育资料选编》，人民教育出版社，1959，第224–231页。

② 同上，第209–210页。

二、解放区的办学思想

早在解放区建立之前，中国共产党就创造了形式多样、生动活泼的工农教育和干部教育，为解放区的办学积累了经验。从土地革命开始，中国共产党遵循毛泽东为解放区亲自制定的教育总方针，进行了史无前例的教育上的探索，并形成了具有许多特点的解放区的办学思想。

（一）依靠群众办学的思想

毛泽东在陕甘宁边区文教工作者会议上曾作过一次讲演，阐述了其依靠群众办学的教育思想。他指出：我们的文化是人民的文化，文化工作者必须有为人民服务的高度的热忱，必须联系群众，而不要脱离群众。要联系群众，就要按照群众的需要和自愿；一切为群众的工作，都要从群众的需要出发。“凡是需要群众参加的工作，如果没有群众的自觉和自愿，就会流于徒有形式而失败。”①在毛泽东的提倡下，从群众的需要和自愿出发来办教育，成为解放区教育的基本原则。

在依靠群众办学原则的指导下，解放区创造了“民办公助”的教育与办学模式，即由群众根据他们自己的需要，由他们自己来办学校，使他们把教育和生产运动一样看成给自己谋利益的事，公家则加以帮助。这种民办学校有些是热心办学的人发起的，有些则是由劳动英雄发起的，还有些是从变工队、合作社等组织发起创办或由识字组转变而成。民办学校的经费来源有捐款、节约、开学田（大家集体开田，以此收获为学校开支之用）、组织文教合作社（学生的父兄以一定股金入股，由合作社去经营所得到的利润，作为其子弟的学费，直至学生毕业）、变工队砍木柴卖作为资金等。②

民办学校受到了解放区革命教育思想家的充分肯定。如徐特立就对米脂县纺纱赵老婆创办米脂东关民办小学倍加赞扬，称赞说这里把教育从历

---

① 毛泽东：《毛泽东选集（第三卷）》，人民出版社，1991，第 1012 页。

② 周而复：《人民文化的新时代》，载教育科学研究所筹备处编《老解放区教育资料选编》，人民教育出版社，1959，第 264–265 页。

史上的义务性转变为权利性。过去被处罚了也不学习，今日人民自动开办民办学校，这是毛泽东思想中群众立场的原则胜利的结果。据此，陕甘宁边区政府于 1944 年 4 月 19 日还公布了关于提倡小学民办公助的指示，对这种人民群众创造的办学形式进行了充分的肯定，并提出了几点指导性的意见。1. 民办小学的形式与这一方针执行的步骤，一般按各地具体情况决定，不求一律。目前各地人民要求开办小学甚多，据已有的事实，新开办的有完全民办、有公私合作的。一般初小，人民如要求改为民办，而群众确有能力接办时，应即改为民办，逐渐达到自中心小学以下，均为民办。2. 关于民办小学的学制、教育内容等，应尊重群众的意见，按群众自己的需要，学制的长短、上课时间均不求一律。课程科目可以同意群众的要求，废除暂时不急需的科目，如群众只要教识字、写字、珠算，不教其他东西也可以允许。教材如群众不愿意用过去的课本，而要教《杂字》《百家姓》等书，也可以商量，并代他们编写旧形式新内容的东西。教师可让群众聘请他们最信任的人担任，学生名额、校址选择、经费、教员待遇等方面，完全可以让群众决定。3. 民办不能和公助分离，不能听其自流，恰恰相反，要加强领导。要经常负责督促、检查、帮助，随时解决群众的困难，纠正不应有的偏向。[①]正是在教育家和政府的提倡下，解放区群众办学走出了一条新路子，据 1944 年底的统计，仅陕甘宁边区民办学校就已达 730 所，已相当于全区公办学校 1181 所的 61%。

（二）开辟新路办学的思想

中国共产党领导的中国革命在世界共产主义运动史上就是通过开辟新路而取得成功的，这就是先在农村建立革命根据地（解放区），以农村包围城市，最后夺取全国政权。这样，在解放区办学，如果生搬硬套城市里的办学方法，是根本行不通的。毛泽东在阐述中国革命战争的特点时，强调马克思主义的最本质的东西，马克思主义的活的灵魂，就是具体情况具体分析。并指出:“不了解中国革命战争的特点，就不能指导中国革命战争，

---

① 《陕甘宁边区政府关于提倡小学民办公助的指示》,《解放日报》1944 年 4 月 23 日。

就不能引导中国革命战争走上胜利的途径。”[①]在这一思想指导下，解放区的革命教育思想家都比较重视教育工作中的实事求是作风和开辟新路的创造性。如吴玉章在延安大学开学典礼上曾指出：“中国学术和教育都很空虚不实际，这是很大的毛病。”[②]强调办学一定要结合实际，并注意“培养能做事的了解中国国情的青年”。在他拟定的延安大学教育方案中，从方针、学制、课程和教学等各个方面，体现出了开辟新路的创造性。

徐特立在领导解放区的办学实践过程中，也自觉地注意从解放区的实际出发，创造性地办学。他指出：不能把苏联的经验照搬到解放区，也不能把城市的办学方法原封不动地拿来。我们是在中国，在解放区，在战时，在农村，如果抄袭别国，照搬城市的办学方法，就毫无出路。所以他说：“我们的教育应该强调创造性、革命性，不向物质困难和群众落后投降。”[③]从徐特立先后创办的列宁师范、鲁迅师范和延安自然科学院等院校来看，在学制、招生、课程、教学等方面彻底打破了传统的办学模式。如1932年创办的列宁师范，学生是各级苏维埃政府保送来的贫苦农民子弟，学习期限为3—6个月；在陕甘宁解放区创建初期设立的鲁迅师范，招收的都是文盲和半文盲，教给他们以新文字，通过很短时间的学习，毕业后便去担任小学教师和识字班的先生了；为适应解放区经济建设需要而创办的延安自然科学院，是中国共产党在抗日战争时期创办的第一所理工科高等学校，但它与一般学院不同，设有大学部、高中部、初中部和青年技工学校，教师和工作人员平均年龄不到30岁，最小的学生只有十二三岁。上述师范和学院现在看来是极不正规的，但在当时的历史条件下，却是适应解放区革命与建设需要的创举。[④]

解放区的中小学校，无论是公办、民办，都有若干新的创造和办法。如在学制上，不定年限，学到能写会算就可以毕业；上课时间，不机械主观地规定，而根据具体情况分早班、午班和晚班；放假时间，不墨守城市暑、

① 毛泽东：《毛泽东选集（第一卷）》，人民出版社，1991，第187页。

② 吴玉章：《吴玉章教育文集》，四川教育出版社，1989，第71页。

③ 《新观察》1953年4月第8期。

④ 孟湘砥、曹国智主编《徐特立教育思想讲座》，湖南教育出版社，1983，第62页。

春、寒假的成规，采取农忙放假；教学内容，教应用文、写信、写路条、记账、生产知识等。

（三）多种形式办学的思想

多种形式办学是解放区教育的重要特质。毛泽东在《兴国调查》《长冈乡调查》和《才溪乡调查》中，曾提到过解放区的列宁小学、夜校、平民夜校、识字班、俱乐部、识字牌、读报团等办学形式，并给予了高度评价，认为这些群众自动解决办学经费，自动解决师资、设备的做法很有推广意义。吴玉章、徐特立等教育思想家也多次提出，解放区应该走多种形式办学的道路。

解放区的教育大致可以分为四种基本类型：红军教育或军队教育、干部教育、工农业余教育和儿童教育。这几种类型的教育都采取了不同的办学形式。这里仅以解放区所创造的识字教育为例，就可窥见办学形式之丰富多样。

1. 识字班或识字组

它没有固定的教室、人数、时间，教识字的方法也比较灵活机动，可以个别教，也可以集中一起教；可以在乘凉、喝茶时教，也可以在田边、灶头教；起初以地为纸，组长或班长教组员识字；以后，每人自备一个本子，练习写字。字从生活需要和工具名称教起。

2. 识字牌

在一般村庄路口和检查路条的地方，建立识字牌。夜学老师或识字组长根据识字组的教学进度，每天或隔天在识字牌上写下两三个生字，先教会站岗的人，再由站岗的人考问过路的人。如果有人不认得，就教给他，或者用纸片写下来送给他，让他一面走路一面练习。

3. 文化岗

与识字牌有相似之处，即在村口设立识字牌和问答牌，每天由小学教员写好，交给站岗的儿童考问过路行人。答对的准许走过去，答不对的由站岗儿童教他学会后才准走。

4. 见物识字

在陕甘宁边区和晋察冀边区的许多村庄，地里种什么庄稼，就在田边的石头上或木牌上写庄稼的名称，农具上也写了字，在墙上、树上、家具上都写满了字，造成识字环境，人们“抬头见字”。有些家庭还将灶王爷的牌位也改为识字牌。

5. 记事识字

即遇一件事就学那几个字，如河北阜平县五区大台的一个青年，教师要他买四两油，他就先学会写“卖油的来了，买四两好灯油”。

6. 小先生教识字

以小学生做小先生，教自己的家人或失学的儿童，并通过这些儿童再教他们的家人。小先生还把生字送到各个家庭或劳动场所去。

7. 生产组识字

以生产组为单位进行识字，如做鞋组、纺织组、拨工组、运输队等为基本小组，结合生产识字。运输队可在小驴鞍子上贴一张字条，或挂一个牌，写上一个字，走时，教员教会赶脚的人，每出去一次，换一个新字。

（四）艰苦奋斗办学的思想

由于解放区的物质条件比较艰苦，加上敌人的疯狂进攻和经济封锁，办学的条件也就相对较差。尤其是在解放区创建初期，红军办学连最基本的纸笔等都无法筹齐。毛泽东及时提出了艰苦奋斗办学的思想，号召大家说：手指头当笔，地皮就是纸。红军士兵积极响应，克服各种困难，艰苦勤俭学习，几乎每一个人都用一支树枝削成的木笔，在田野里山冈上练习写字。解放区的列宁小学也大多设在旧祠堂、庙宇或大院里，课桌椅是借用的饭桌与条凳，粉笔是从山上挖的“石膏泥”做的，红墨水则是捡取“朱红土”研磨成粉加工而成。这样，不仅使小学坚持了下来，而且有很大发展。

徐特立在人力、物力、财力都十分困难的情况下，创办了列宁师范、鲁迅师范和延安自然科学院。他以乐观主义态度面对困难，说：“虽然如此困难，真正的改造世界，终属之于先进的党及人民，殷忧启圣，多难兴邦，是为我们的写照。”所以，在抗日烽火中，他在荒地上建起了延安自然科学院，没有房屋，发动大家动手挖窑洞来建校舍；没有教授，他自己给学生上大课，并千方百计聘请知识分子；没有设备，让学生用砖块木头做凳子，弯着双膝当课桌；没有纸笔，就用鸡毛管或树枝在地上写算；没有大教室和礼堂，就在洞外土坪上讲大课。当时有一首诗歌这样描绘解放区艰苦奋斗办学的情形：

我们的生活艰苦而又紧张，
我们的革命热情却日益高涨。
谁说我们没有课堂？
我们有世界上最大的课堂。
蓝天是我们的屋顶，
高山是我们的围墙。
谁说我们没有教具？
自创的教具更加漂亮。
谁说“土包子”不能办大学堂？
我们的信心比泰山稳固，
我们的意志比钢铁还坚强。
为了祖国的新生，为了人民的解放，
任何困难也不能阻挡。①

中国共产党在解放区的办学，是在物质条件极差的情况下，靠艰苦奋斗、勤俭办学而取得成功的。与当时中国流行的乡村教育、平民教育思潮相比，解放区的教育应该说走出了一条崭新的道路。

三、解放区的德育思想

思想政治教育和道德品质教育是解放区教育的核心内容。早在红军建军初期，毛泽东就提出政治工作是红军工作的生命线，是一切工作的灵魂。1929 年 12 月，在《中国共产党红军第四军第九次代表大会决议案》中，毛泽东又提出必须加强党内教育，以纠正单纯军事观点、极端民主化、非组

① 湖南省长沙师范学校编《怀念徐特立同志》，湖南人民出版社，1979，第 56–57 页。

织意识、绝对平均主义等非无产阶级意识的错误思想，帮助他们树立崇高的理想和坚定的世界观。在抗日战争即将胜利之际，毛泽东又指出："掌握思想教育，是团结全党进行伟大政治斗争的中心环节。如果这个任务不解决，党的一切政治任务是不能完成的。"[①]

在解放区，各种类型的教育都把德育放在十分重要的位置。红军教育，主要包括革命任务的教育，如目前政治形势分析、红军的任务与计划、革命目前阶段和它的前途、土地革命等；红军常识的教育，如红军与白军的比较、苏俄红军、红军标语的解释等；军事知识的教育，如武装组织及其战术、游击区域的地理及政治经济常识等；军民关系教育，如三大纪律八项注意（最初为六项注意）、怎样做群众工作等。在工农业余教育中也渗透着德育，如当时兴国县苏维埃政府编的识字课本有这样一课："凉风吹我衣，花香扑我鼻，农村苦耕田，豪绅加利息，老幼男女七八口，忙到终年无饭又无衣，层层剥削真难当，若不革命老是当奴隶。"永定县编的群众课本也有这样一课："我们有眼睛，要看清谁是朋友，谁是敌人；我们有耳朵，要听清同胞们的痛苦的哀号，斗争的声音；我们有舌头，要唤起全体被压迫阶级的弟兄；我们有手足，要和全体被压迫的弟兄携手前进。"

（一）解放区的德育工作内容

以毛泽东为代表的革命教育思想家着重论述了三方面的内容。一是爱国主义和国际主义教育。毛泽东在抗日战争时期曾说："中国共产党人必须将爱国主义与国际主义结合起来，我们是国际主义者，我们又是爱国主义者，我们的口号是为保卫祖国和反对侵略而战。"[②]在《新民主主义》一文中，他又要求以爱国主义和国际主义的胸襟，批判地继承人类历史上的优秀文化遗产。他说："中国应该大量吸收外国的进步文化，作为自己文化食粮的原料，这种工作过去还做得很不够。这不但是当前的社会主义文化和新民主主义文化，还有外国的古代文化，例如各资本主义国家启蒙时代的

① 毛泽东:《毛泽东选集（第三卷）》，人民出版社，1991，第 1094 页。

② 毛泽东:《毛泽东选集（第二卷）》，人民出版社，1991，第 520 页。

文化，凡属我们今天用得着的东西，都应该吸收。”[①]他认为，只有具备爱国主义的品质，才能热爱祖国，为国家的主权而奋战；只有具备国际主义的胸怀，才能视野开阔，学习人类的优秀文化。所以，毛泽东利用一切机会，不失时机地向干部、战士进行爱国主义和国际主义的教育。如在《中国共产党在民族战争中的地位》一文中，他告诫人们说：“我们这个民族有数千年的历史，有它的特点，有它的许多珍贵品质。对于这些，我们还是小学生。今天的中国是历史的中国的一个发展；我们是马克思主义的历史主义者，我们不应当割断历史。从孔夫子到孙中山，我们应当给以总结，承继这一份珍贵的遗产。”[②]这是要人们珍惜祖国的历史文化遗产，激发人们的爱国主义情感。1939 年 12 月，在《纪念白求恩》一文中，毛泽东对不幸以身殉职的加拿大医生白求恩给予了高度评价：“一个外国人，毫无利己的动机，把中国人民的解放事业当作他自己的事业，这是什么精神？这是国际主义的精神，这是共产主义的精神，每一个中国共产党员都要学习这种精神。”[③]这是要人们学习白求恩的国际主义与共产主义精神。爱国主义和国际主义精神成为解放区德育的重要组成部分。尤其是在抗日战争中，爱国主义教育的内容贯穿于各级各类的教育机构，对于唤起民众、抵御外侮起了不可估量的作用。

二是时事政治教育。刘松涛在《华北抗日根据地农民教育工作的几点经验》中曾写道：“在战争环境中，交通不便，敌情一日数变，加以敌伪不断造谣欺骗，进行时事政治教育就特别重要。这一工作进行得好，不但可以提高广大人民的政治认识，更可以坚定群众的胜利信心，推动整个抗日工作。”[④]这说明，在解放区这一特定的环境和战争这一特定的氛围里，进行时事政治教育具有特别重要的意义。毛泽东对时事政治教育给予高度关心和重视，在革命的紧急关头，他都亲自撰文或作讲演，给全党、全军和全体人民分析时局，进行时事政治教育，像《星星之火，可以燎原》（1930

① 毛泽东：《毛泽东选集（第二卷）》，人民出版社，1991，第 706–707 页。

② 同上，第 533–534 页。

③ 同上，第 659 页。

④ 《人民教育》1952 年 7、8 月号。

年)、《上海太原失陷以后抗日战争的形势和任务》(1937年)、《论持久战》(1938年)、《关于国际新形势对新华日报记者的谈话》(1939年)、《抗日战争胜利后的时局和我们的方针》(1945年)、《关于当前国际形势的几点估计》(1946年)、《目前形势和我们的任务》(1947年)等，都是著名的时事政治报告或论文，其中许多在当时被用作时事政治的教材。在解放区建立初期，一些人持悲观论调，怀疑红旗到底能打多久。毛泽东在《星星之火，可以燎原》中直截了当地指出:"在对于时局的估量和伴随而来的我们的行动问题上，我们党内有一部分同志还缺少正确的认识。"他还热情洋溢地预测了革命高潮快要到来:

它是站在海岸遥望海中已经看得见桅杆尖头了的一只航船，它是立于高山之巅远看东方已见光芒四射喷薄欲出的一轮朝日，它是躁动于母腹中的快要成熟了的一个婴儿。[①]

在毛泽东的提倡和身体力行下，解放区的时事教育和政治教育进行得有声有色。主要形式有出版报纸和通俗书刊，以及因时因地制宜的时事政治宣传。如在抗战期间，解放区的各专区、县就出了不少石印或油印的小报,《中国人民》《抗战生活》《敌伪动态》等报刊均颇具影响。群众还组成了"读报组"，并利用黑板报、高房广播、武装宣传队进行时事政治宣传，为解放区的人民认清形势、鼓舞士气、振奋精神，起了一定作用。

三是道德品质的教育。解放区的革命教育思想家对于共产主义道德品质的教育也非常重视，要求受教育者具有良好的道德修养。毛泽东在《纪念白求恩》一文中就指出:"我们大家要学习他毫无自私自利之心的精神。从这点出发，就可以变为大有利于人民的人。一个人能力有大小，但只要有这点精神，就是一个高尚的人，一个纯粹的人，一个有道德的人，一个脱离了低级趣味的人，一个有益于人民的人。"[②]毛泽东要求共产党员具有崇高的精神境界，言必信，行必果，不傲慢；在各级政府中成为十分廉

① 毛泽东:《毛泽东选集(第一卷)》，人民出版社，1991，第106页。

② 毛泽东:《毛泽东选集(第二卷)》，人民出版社，1991，第660页。

洁、不用私人、多做工作、少取报酬的模范，并指出："共产党员无论何时何地都不应把个人利益放在第一位，而应以个人利益服从于民族的和人民群众的利益。因此，自私自利、消极怠工、贪污腐化、风头主义等，是最可鄙的；而大公无私、积极努力、克己奉公、埋头苦干的精神，才是可尊敬的。"[①]在道德品质的教育方面，毛泽东还多次论及群众观点的教育、集体主义的教育等，并有机地把道德品质教育与个性心理品质的教育、世界观的教育联系起来。

（二）德育的原则与方法

解放区德育思想的主要原则与方法有以下几个方面：

1. 理论联系实际

毛泽东认为，不应该把马克思主义的理论当作死的教条，不能只是记诵马克思主义书本上的个别结论和个别原理，而对中国的实际问题却熟视无睹。他指出："对于马克思主义的理论，要能够精通它、应用它，精通的目的全在于应用。如果你能应用马克思列宁主义的观点，说明一个两个实际问题，那就要受到称赞，就算有了几分成绩。被你说明的东西越多，越普遍，越深刻，你的成绩就越大。"[②]这就表明，德育并不是简单地掌握几个原理、概念，更重要的是用这些原理和概念去解决实际问题，尤其是解决中国革命的实际问题，解决解放区的实际问题，这样才能形成稳固而深刻的道德认识。

2. 注意榜样教育

榜样是具体的道德形象，具有很大的教育力量。革命教育家对榜样教育非常重视，如毛泽东树立的张思德、白求恩等光辉形象，感染、召唤了无数人树立为人民服务的精神。他在《延安文艺座谈会上的讲话》，则给解放区的文化艺术工作者树立了鲁迅的榜样。他说："一切共产党员，一切革命家，一切革命的文艺工作者，都应该学鲁迅的榜样，做无产阶级和人民

① 毛泽东：《毛泽东选集（第二卷）》，人民出版社，1991，第522页。

② 毛泽东：《毛泽东选集（第三卷）》，人民出版社，1991，第815页。

大众的‘牛’，鞠躬尽瘁，死而后已。”[①]在解放区，榜样教育已成为道德教育最常用的方法。如某村编的《村情三字经》，就大量运用了英雄模范的先进事迹教育村民。其中有一段写道：“说咱村，是典型，作模范，出英雄；梁文耀，是青年，现担任，指导员；学习组，搞得猛，各组员，都加紧，六七人，三个月，三百字，认下啦，简单信，都能写。”另一段说：“参政模，梁春莲，当抗属，成英雄，优待粮，她不收，给代耕，她不用，英雄言，自更生，力虽弱，却耐心，从黎明，到黄昏，伙变工，打先锋，创计工，真公平，女工半，男一工。”[②]形象化的教材使榜样教育更有感染和激励力量了。

3. 教育与自我教育相结合

教育与自我教育是德育乃至整个教育工作的真谛。当代国际教育舆论界在展望未来教育前景时就预测：“未来的学校必须把教育的对象变成自己教育自己的主体。受教育的人必须成为教育他自己的人，别人的教育必须成为这个人自己的教育。这种个人同他自己的关系的根本转变，是今后几十年内科学与技术革命中教育所面临的最困难的一个问题。”[③]虽然我们不能说解放区的教育思想家已娴熟地掌握了教育与自我教育相结合的原则与方法，但毛泽东所提倡的批评与自我批评相结合，以及“官教兵，兵教官，兵教兵”的公式，无疑已蕴含了这一思想。解放区的许多学校也把教育与自我教育相结合作为德育工作的基本原则。如三边公学中学部的思想教育经验中写道：“思想上的毛病造成行为上的错误，如果思想问题不解决，行为上的错误是无法去掉的。但是思想问题的解决不是单纯的组织力量所能达到的，必须使他们自己认识，必须提高他们的觉悟，觉悟提高一步，认识也就提高一步，认识提高了，就自然会进行自我反省，这时大家再帮助他一下，给以启示，就会更提高一步。只有通过自己的认识，自我反省，进步才会巩固、可靠。但学生的进步决不是直线的，如遇到困难受了挫折，

① 毛泽东：《毛泽东选集（第三卷）》，人民出版社，1991，第877页。

② 教育科学研究所筹备处编《老解放区教育资料选编》，人民教育出版社，1959，第313页。

③ 联合国教科文组织国际教育发展委员会编著《学会生存（教育世界的今天和明天）》，上海译文出版社，1979，第218–219页。

思想又会波动一下，教员必须时刻注意予以具体帮助，只有继续不断地进行思想教育，才能培养正确的思想。”[①]这表明，解放区的德育理论思维已具有一定的水平，不仅论述了教育与自我教育的相互关系，而且从德育过程的长期性与反复性的特点出发，论述了教育与自我教育相结合的必要性。

四、解放区的教学理论

为了使解放区的教学工作高效率、高水平地进行，以毛泽东为代表的革命教育思想家对教学问题也进行了思索，并结合他们各自的教学实践经验，提出了颇具特点的解放区的教学理论。

（一）理论联系实际的教学原则

理论联系实际的原则，既适用于德育工作，也适用于教学工作，是教育的基本准则之一。毛泽东非常重视理论联系实际。早在他读书期间，就主张不但要读有字书，而且要读无字书。“欲从天下国家万事万物而学之，则汗漫九垓，遍游四宇尚已。”五四时期，他批评康有为等改良主义者“很少踏着人生社会的实际说话”，不去“引入实际去研究实事和真理”。[②]1930 年，毛泽东在《反对本本主义》一文中又指出：“马克思主义的‘本本’是要学习的，但是必须同我国的实际情况相结合。”[③]他认为，在教学工作中尤其要联系实际，如果教哲学的不引导学生研究中国革命的逻辑，教经济的不引导学生研究中国经济的特点，教政治学的不引导学生研究中国革命的策略，教军事学的不引导学生研究中国军事的特点，这种理论与实际分离的教学，只能是“谬种流传，误人不浅”。结果使学生失去了学习的兴趣，“在许多学生中造成了一种反常的心理”[④]。

---

① 卢勤良：《三边公学思想教育方面的几点经验》，载教育科学研究所筹备处编《老解放区教育资料选编》，人民教育出版社，1959，第 148 页。

② 毛泽东：《健学会之成立及进行》，《湘江评论》1917 年增刊第 1 号。

③ 毛泽东：《毛泽东选集（第一卷）》，人民出版社，1991，第 111–112 页。

④ 毛泽东：《毛泽东选集（第三卷）》，人民出版社，1991，第 798 页。

（二）改革教学方法的思想

早在1921年，毛泽东在《湖南自修大学创立宣言》中，就严厉批评传统的教学方法“是用一种划一的机械的教授法和管理法去戕贼人性。人的资性各不相同，高才低能，悟解迥别，学校则全不管究这些，只晓得用一种同样的东西去灌给你吃”，并指出这种注入式、填鸭式的教学“使学生立于被动，消磨个性，灭掉性灵，庸儒的随俗沉浮，高才的相与裹足”[①]。这是他教学方法改革思想的首次表述。解放区建立后，毛泽东在《中国共产党红军第四军第九次代表大会决议案》中正式系统地提出了教学方法改革的设想，这就是著名的“十大教授法”：

1. 启发式（废止注入式）；2. 由近及远；3. 由浅入深；4. 说话通俗化（新名词要释俗）；5. 说话要明白；6. 说话要有趣味；7. 以姿势助说话；8. 后次复习前次的概念；9. 要提纲；10. 干部班要用讨论式。

毛泽东所概括的“十大教授法”对解放区教学改革产生了重要影响，为解放区的教学理论和实践奠定了基础。如解放区1934年颁布的《小学课程教学大纲》中的《小学教授方法的原则》，就是根据毛泽东教学方法改革的思想具体展开的。其主要内容如下[②]。

1. 在教学中必须根据儿童的年龄特点选择参加的社会活动和进行教学。如文件指出：“在适合儿童能力的条件下，参加一切群众革命斗争，参加课外的社会工作以及学生会、儿童团的组织和工作。”“对儿童，必须用种种游艺，适合儿童智力体力的发展，去引导他们来观察和了解新的问题，新的现象和运动。”

2. 强调教材教法要理论联系实际。如规定：“小学教员应当在教科书之外采取当地的材料（例如，乡土地理、当地的革命历史），以及当时当地学

---

① 《新时代》第1卷第1号。

② 王铁：《中国教育方针的研究——新民主主义教育方针的理论与实践（上册）》，教育科学出版社，1982，第115–116页。

生会或儿童团生活之中的材料来做教材。”

3. 指出教学必须采取直观性和启发式的方法。如强调：“苏维埃的教育，必须采取启发式，要充分发展儿童自动的能力和创造性，用实物演示，参观各种机关团体，观察自然界的物产和现象，儿童自己练习选举，办事等，用具体问题，去引起儿童对于课目的兴趣、自动的思索解答。”

4. 指出教学必须遵循从具体到抽象的原则。如规定：“苏维埃小学的教授方法，还必须从具体的进到抽象的，不应当先叙述某种科学规律、极端抽象的概念和术语，然后呆板的去讲解证明。”

5. 强调教学必须揭露事物之间的相互联系。如指出：“必须采用混合和统一教授的方法，拿实际生活里的整个现象做对象，显示它的各方面之间的联系（例如，加法与乘法的密切联系），显示一切现象不断变更和突然的变动（例如，风雪现象，植物的生长和果实降落）等。”

6. 强调在教学中必须从已知到未知。如指出：“必须运用联想的公律，先了解儿童所已经有的旧观念，逐渐地引导他们形成新的观念。”

从以上可见，解放区在毛泽东教学方法改革的思想的指导下，在总结实践经验的基础上，已开始形成独创性的具有辩证唯物主义雏形的教学法体系。

（三）强调自学的思想

自学为主是解放区教学的一个重要特色。它一方面是解放区人才与师资紧缺、办学条件较差所“逼”出来的，一方面也是与解放区的革命教育思想家独特的教育经历和教育思想分不开的。如毛泽东早年就有过一段难忘的自学经历。他曾经向人叙述过这段难忘的自学生活：

我没有进过大学，也没有留过洋，我读书最久的地方是湖南第一师范，它替我打好了文化的基础。但是，在我的学习生活中最有收获的时期却是在湖南图书馆自学的半年。这正是辛亥革命后的一年，我已经19岁了。不但没有读过几本书，连世界上究竟有什么样的书，哪些书是我们应该读的，都一点不知道。及至走进湖南图书馆，楼上楼下，满柜满架都是书，这些书都是我从来没有见过的。真不知应该从哪里读起。后来每读一本，觉得都有新的内容、新的体会，于是下决心要尽最大的努力尽量多读一些。我就贪婪地读，拼命地读。正像牛闯进了人家的菜园，尝到了菜的味道，就拼命吃菜一样。[①]

由于尝到了自学的甜头，1921 年，毛泽东创办了中国第一所无产阶级革命大学——湖南自修大学。自修大学的学习方法是采择古代讲学和现代学校二者之长，结合同志，自由研究，自己看书，自己思索，共同讨论。以自由研究、共同讨论为主，以教师指导为辅。教师负责提出问题，让学生自己去看书、思考、讨论、解答，然后帮助学生修改作业。或者由教师开示书目，指出研究方法，解答疑难。自修大学培养了一批马克思主义者，在全国范围内有很大影响，蔡元培等人曾撰文加以赞赏。

与德育工作中强调教育与自我教育相结合的原则相适应，在教学中毛泽东也强调教师讲授与学生自学相结合，并以学生自学为主。他的这一思想在解放区广为实践。如延安大学在教育方针中就明确写道："本校在教学上实行以自学为基础的集体互助，教员与学员互相学习，并使教员、学员中书本知识与实际经验互相交流；同时发扬教学上的民主，提倡质疑问难，热烈辩论的作风，以培养独立思想与批判的能力。"[②]事实上，不仅延安大学，而且抗日军政大学等都把自学为主、教授为辅，在自学的基础上实行集体互助作为教学的重要组织形式。这对于形成学生多读、多写、多想、多问的习惯，培养他们的自学能力和独立精神，无疑起到了推进作用。

（四）重视课程设置与教材建设的思想

课程设置与教材建设是解放区的革命教育思想家十分关心的问题。在中央苏区专门成立了教材编审委员会，设立了教材编审局，徐特立亲自担任了这个委员会的主任。他不但亲自审定教材，还亲自动手主编或编写了不少教材，如《自然常识》《农业常识》《地理常识》等。毛泽东也强调课程设置和教材建设的社会化、政治化、劳动化和实际化，重视课程、教材

① 周世钊：《毛主席青年时期刻苦学习的故事》，《中国青年》1961 年第 19 期。

② 教育科学研究所筹备处编《老解放区教育资料选编》，人民教育出版社，1959，第 120 页。

的政治方向性和为战争、为经济服务的问题。在解放区的不同时期，毛泽东曾先后明确说过："改变教育的旧制度、旧课程，实行以抗日救国为目标的新制度、新课程。"[①]"废除不急需与不必要的课程"，"教授战争所必需之课程"。[②]根据这一思想，陕甘宁边区的各中学和师范学校均开设了"边区建设""生产知识"和"医药知识"三门课程，以培养学生热爱边区、建设边区、保卫边区的观念与实际能力。

解放区的课程设置与教材编写比较重视政治性与文化性、思想性与科学性的统一，贯穿着知识教育、劳动教育与政治教育相结合的原则。如1944年4月7日《解放日报》曾发表了一篇题为《根据地普通教育的改革》的社论，对课程与教材内容的联系实际问题进行了论述。社论指出："既然根据地群众的生活基础是家庭和农村，我们的群众教育，无论对儿童，对成人，对妇女，就应该时时刻刻照顾到家庭和农村。家庭生活和农村生活中所实际需要的知识，就应该成为教育的主要内容或全部内容。"这是就群众教育而言的，但对于干部教育和中小学教育，就不能忽视文化基础与科学知识的问题。毛泽东曾对解放区中共中央党校的学员说过：学好各种文化课程，掌握文化工具，是学习马克思主义的基础，"要学理论，必须首先学文化"，"学好了文化，随时都可学习马克思列宁主义"。[③]要求学员学好国语、历史、地理和自然常识等文化课程。

徐特立对于教材编写的指导思想也十分明确。他认为，教材必须具有思想性，但也要密切结合社会实际和学生的生活实际，思想性和知识性并重，不能顾此失彼；教材深浅程度要适当，各年级要有所分别；此外，教材的编写绝不能一劳永逸，要边教边改边充实，不断地提高完善。如1933年5月，徐特立在审查解放区的小学语文课本时，就指出它太偏重于政治，而日常生活的内容太少，且内容深浅没有差别，未按照循序渐进的原则编写。徐特立说，小学语文教材"内容要丰富，像百科全书，即不但有政治思想内容，还应有自然常识、社会常识和生产常识"。1948年，他在审查华北人

① 毛泽东：《毛泽东选集（第二卷）》，人民出版社，1991，第356页。

② 人民教育出版社编《毛泽东同志论教育工作》，人民教育出版社，1958，第33页。

③ 毛泽东：《毛泽东选集（第三卷）》，人民出版社，1991，第818页。

民政府教育部编写的小学国语课本时也指出："各册相互间及各课相互间的联系，以及国民需要最低限度的知识全面性和计划性，都和辛亥以来的国语教科书无甚差别。这一问题在中国历史发展近百年来未能解决，目前我们急需解决。"[①]对于教材的科学性与思想性的统一，以及教材的逻辑体系与循序渐进等，他都提出了很有见地的看法。

五、解放区革命教育思想的启示

从 1927 年毛泽东在井冈山开辟第一个革命根据地，到 1949 年中华人民共和国成立，解放区不仅是革命战争的战略基地，在政经、文教诸领域也进行了惊人的历史变革。在教育方面，解放区废除了奴化教育、封建主义和法西斯主义的教育，为中国教育史写下了新的一页。

（一）解放区的教育思想具有创造性，它既不崇古，也不媚外，而是把马克思主义的教育原理与解放区的具体情况和教育实际结合起来，创造了独具特色的教育理论体系

解放区的建立本身就是一种创造。毛泽东认为，中国与英、法、德、俄的国情均有所不同，是一个半殖民地半封建的国家。在内部，没有民主制度，而受封建制度的压迫；在外部，没有民族独立，而受帝国主义的压迫。同时，无产阶级人数极少，农民占全国人口的 80% 以上，这就决定了中国革命的中心问题是农民问题，革命战争实际是无产阶级领导下的农民战争。因此，以毛泽东为代表的中国共产党人，从大革命后期起，就注意以土地问题为中心的农民运动，抵制共产国际脱离中国实际的指示，反对"城市中心论"，提出了适合中国国情的以农村包围城市，最后夺取全国胜利的道路。解放区就是在这样的背景下建立并不断巩固、发展壮大起来的。

解放区的教育思想也具有很强的创造性，它是以毛泽东为代表的革命教育家与解放区人民经过二十多年的奋斗所创造和积累起来的。由于解放区属于史无前例的创造，解放区的教育思想也无先例可援，无所依循。它

① 李彦福编著《著名无产阶级教育家教育思想史》，广西人民出版社，1990，第 112 页。

既不能照搬外国的教育理论与实践经验，也不能生吞活剥本国流行的其他教育理论，更不能把古代的封建教育理论拿来套用。所以，解放区的教育思想家注重把马克思主义的教育原理与中国革命的具体实际结合起来，在解放区的教育工作中创造性地运用和发展马克思主义教育原理，并依靠解放区的广大师生和人民群众，积累了许多适合当时当地情况的新经验。解放区的教育，从教育方针、办学思想，到德育与教学理论，都带有明显的“解放区特色”。

以教育与生产劳动相结合的教育方针为例，马克思主义的经典作家主要是就人的全面发展而言的，但解放区的教育思想赋予它许多新的意义：为提高劳动人民的文化水平服务，为发展解放区的生产服务，为新民主主义革命的持久战略服务，为培养干部和教育儿童服务。而且，由于历史条件的限制，解放区的学校主要是“把教育同生产劳动结合当成进行思想品德教育的方法；其次，才是在劳动中学习体力劳动的技艺和增强体质，这是当时特定的条件下表现出来的特殊形态”①。当然，这个特殊性从根本上来说，是由新民主主义革命的性质以及解放区的小农经济和手工劳动决定的。

其他如解放区部队教育、干部教育（在职干部教育与干部学校教育）、工农群众业余教育和学校教育的新型教育体制以及独特的教学制度、办学形式等，都是中国教育史上的创造性成果与财富。

（二）解放区的教育思想具有革命性，它坚持中国共产党的领导，坚持为革命战争和阶级斗争服务，坚持面向和依靠人民群众，是民族的、科学的和大众的新教育思想

解放区的教育思想坚持党性原则，无论是在土地革命战争、抗日战争还是在解放战争中，解放区的教育方针、政策都是在中国共产党在各个历史阶段的总路线的基础上制定和提出的。解放区的教育思想也坚持为革命战争和阶级斗争服务，如革命战争需要大批干部，为适应这个需要，解放区的教育家提出了“干部教育第一”的原则。为此，解放区先后办了培养

---

① 王铁：《中国教育方针的研究——新民主主义教育方针的理论与实践（上册）》，教育科学出版社，1982，第304页。

高级革命干部的红军大学、苏维埃大学、马克思共产主义大学、延安大学、抗日军政大学、中共中央党校等干校，解放区的各级政府也办了各种类型的适应各部门需要的培训干部的学校，并且创办了在职干部教育，为解放区培养了数以百万计的干部。它不仅保证了大批工农干部以及从战士提拔起来的军政干部有机会受到文化科学和政治的教育，实现了工农干部的知识化；也使在各个时期参加革命的大批知识青年有机会受到思想政治和专业教育，得以成长为革命干部。这些干部在军事、政治、经济和文化各种战斗岗位上，起了骨干和先锋队的作用，为革命战争和解放区的建设做出了巨大的贡献。

解放区的教育家也十分重视教育为人民大众服务并依靠人民大众来办教育。毛泽东在解放区的第二次苏维埃代表大会上曾指出："这里一切文化教育机关，是操在工农劳苦群众的手里，工农及其子女有享受教育的优先权。"这揭示了解放区教育的革命性和人民性。解放区一面积极普及教育，大力恢复、改革和发展小学教育，为造就新国民和培养未来的主人翁而努力；一面积极开展群众教育，广泛开办各种形式的民众学校、识字班（组）、扫盲班，不断地提高人民群众的阶级觉悟和文化水平。这里值得指出的是，与当时国内流行的平民教育运动和乡村教育运动相比，解放区的群众教育运动不是把教育思想家的理想简单地灌输给群众，不是救世主式的为群众解决某些问题，而是发挥人民群众的积极性和参与精神，遵循人民教育人民办的原则，所以，人民群众对于解放区的教育表现出了平民教育和乡村教育运动所无法比拟的热情和创造性。解放区的许多办学形式和内容都是人民群众创造的。

（三）解放区的教育思想具有奠基性，对新中国成立后的教育理论与实践产生了重要影响，对解放区教育思想的诠释、对现代教育的构建具有一定的意义

社会主义教育是新民主主义教育的继承与发展，解放区所积累的教育经验和解放区的革命教育思想家的教育思想，对社会主义教育和社会主义时期的教育思想无疑具有重要的启示作用。事实上，这种作用是不以人民的意志为转移的。第一，社会主义教育与新民主主义教育一样，都是在中

国共产党的领导下进行的。第二，解放区的著名教育思想家如毛泽东、吴玉章、徐特立等，都是新中国的教育领导人和教育思想家。这种行政上与思想上的继承性与统一性，为新中国顺利地学习解放区的教育经验创造了良好的条件。解放后比较大规模地学习和诠释解放区教育思想，对于新中国教育的建构也具有积极的意义。新中国的教育思想，从教育方针到办学思想、教学方法的改革等，几乎全方位地接受了解放区教育思想的辐射。

但也毋庸讳言，由于社会主义教育毕竟有着与新民主主义教育的若干相异之处，历史与时代的发展也要求教育思想发生相应的发展和变革，机械地学习解放区的教育经验和教育思想，尤其是学习许多在战争条件下迫不得已的做法，也使新中国的教育走过若干弯路。

参考文献

A. 1 普通图书

[1] 安徽省陶行知教育思想研究会 . 人民教育家陶行知 [M]. 上海：上海教育出版社，1984.

[2] 北京大学，清华大学，南开大学，云南师范大学 . 国立西南联合大学史料：六卷 [M]. 昆明：云南教育出版社，1998.

[3] 北京市教育科学研究所 . 陈鹤琴教育文集：上下卷 [M]. 北京：北京出版社，1985.

[4] 北京市教育科学研究所 . 怀念老教育家陈鹤琴 [M]. 成都：四川教育出版社，1986.

[5] 顾明远 . 中国教育大系：历代教育名人志 [M]. 武汉：湖北教育出版社，1994.

[6] 陈果夫 . 中国教育改革之途径 [M]. 南京：正中书局，1947.

[7] 陈景磐 . 中国近代教育史 [M]. 北京：人民教育出版社，1979.

[8] 陈景磐 . 中国近现代教育家传 [M]. 北京：北京师范大学出版社，1987.

[9] 陈万雄 . 五四新文化源流 [M]. 北京：生活 · 读书 · 新知三联书店，1997.

[10] 陈学恂 . 中国近代教育文选 [M]. 北京：人民教育出版社，1983.

[11] 陈元晖 . 老解放区教育简史 [M]. 北京：教育科学出版社，1982.

[12] 丁钢 . 文化的传递与嬗变：中国文化与教育 [M]. 上海：上海教育出版社，1990.

[13] 丁致聘 . 中国近七十年来教育记事 [M]. 台北：商务印书馆，1970.

[14] 董宝良 . 陶行知教育论著选 [M]. 北京：人民教育出版社，1991.

[15] 董渭川 . 中国教育民主化之路 [M]. 上海：中华书局，1949.

[16] 范寿康 . 个性教育 [M]. 上海：商务印书馆，1930.

[17] 方与严 . 生活教育简述 [M]. 上海：教育书店，1950.

[18] 冯天瑜 . 东方的黎明：中国文化走向近代的历程 [M]. 成都：巴蜀书社，1988.

[19] 高奇 . 中国现代教育史 [M]. 北京：北京师范大学出版社，1985.

[20] 高时良 . 中国近代教育史资料汇编：洋务运动时期教育 [M]. 上海：上海教育出版社，1992.

[21] 耿龙明，何寅 . 中国文化与世界 [M]. 上海：上海外语教育出版社，1992.

[22] 耿云志，欧阳哲生 . 胡适书信集 1934—1949：上、中、下（共三册）[M]. 北京：北京大学出版社，1996.

[23] 龚自珍 . 龚自珍全集 [M]. 上海：上海人民出版社，1975.

[24] 顾旭侯，武如云，朱尉元 . 平民教育实施法 [M]. 上海：商务印书馆，1925.

[25] 郭齐家 . 中国教育思想史 [M]. 北京：教育科学出版社，1987.

[26] 郝雨 . 中国现代文化的发生与传播：关于五四新文化运动的传播学研究 [M]. 上海：上海大学出版社，2002.

[27] 侯外庐 . 中国近代启蒙思想史 [M]. 北京：人民出版社，1993.

[28] 胡滨 . 中国近代改良主义思想 [M]. 北京：中华书局，1964.

[29] 胡绳武 . 戊戌维新运动史论集 [M]. 长沙：湖南人民出版社，1983.

[30] 胡守棻 . 新教育概论：马列主义的教育理论 [M]. 北京：商务印书馆，1950.

[31] 华东师范大学教育系教科所 . 中国现代教育史 [M]. 上海：华东师范大学出版社，1983.

[32] 黄新宪 . 张之洞与中国近代教育 [M]. 福州：福建教育出版社，1991.

[33] 黄延复，钟秀斌 . 一个时代的斯文：清华校长梅贻琦 [M]. 北京：九州出版社，2011.

[34] 黄延复，王小宁 . 梅贻琦日记 [M]. 北京：清华大学出版社，2001.

[35] 季羡林 . 胡适全集 [M]. 合肥：安徽教育出版社，2003.

[36] 姜义华，吴根梁，马学新 . 港台及海外学者论近代中国文化 [M]. 重庆：重庆出版社，1987.

[37] 姜义华 . 胡适学术文集：教育 [M]. 北京：中华书局，1998.

[38] 教育科学研究所筹备处 . 老解放区教育资料选编 [M]. 北京：人民教育出版社，1959.

[39] 金戈 . 解放区文化教育巡礼 [M]. 大家出版社，1949.

[40] 孔祥吉 . 戊戌维新运动新探 [M]. 长沙：湖南人民出版社，1988.

[41] 李大钊 . 李大钊文集 [M]. 北京：人民出版社，1984.

[42] 李萍 . 中国文化背景：民俗风情阅读精选 [M]. 北京：世界图书出版公司北京公司，1998.

[43] 李泽厚 . 中国近代思想史论 [M]. 北京：人民出版社，1979.

[44] 李泽厚 . 中国现代思想史论 [M]. 北京：东方出版社，1987.

[45] 栗洪武 . 西学东渐与中国近代教育思潮 [M]. 北京：高等教育出版社，2002.

[46] 梁吉生 . 张伯苓年谱长编：全三卷 [M]. 北京：人民教育出版社，2009.

[47] 刘志琴 . 文化危机与展望：台港学者论中国文化 [M]. 北京：中国青年出版社，1989.

[48] 罗廷光 . 中国的大教育家 [M]. 青年出版社，1944.

[49] 马勇 . 近代中国文化诸问题 [M]. 上海：上海人民出版社，1992.

[50] 毛泽东 . 毛泽东选集 [M]. 北京：人民出版社，1991.

[51] 牟世安 . 洋务运动 [M]. 上海：上海人民出版社，1956.

[52] 潘公展，祝其乐 . 乡村教育研究及研究法 [M]. 上海：商务印书馆，1925.

[53] 潘冷云，林力锋，等 . 现代生活与现代教育：陶行知生活教育理论与教育实践的启示 [M]. 上海：复旦大学出版社，1991.

[54] 乔还田，晋平 . 洋务运动史研究叙录 [M]. 天津：天津教育出版社，1989.

[55] 璩鑫圭，童富勇，张守智 . 中国近代教育史资料汇编：实业教育 师范教育 [M]. 上海：上海教育出版社，1994.

[56] 人民教育出版社 . 教育学和教育史 [M]. 北京：人民教育出版社，1956.

[57] 上海教育出版社 . 老解放区教育工作回忆录 [M]. 上海：上海教育出版社，1979.

[58] 沈子善 . 个性教育指导与调查 [M]. 上海：大东书局，1934.

[59] 宋恩荣 . 梁漱溟教育文集 [M]. 南京：江苏教育出版社，1987.

[60] 宋剑华 . 胡适与中国文化转型 [M]. 哈尔滨：黑龙江教育出版社，1996.

[61] 汤志钧，陈祖恩 . 中国近代教育史资料汇编：戊戌时期教育 [M]. 上海：上海教育出版社，1993.

[62] 唐振宗 . 生活教育 [M]. 上海：生活 · 读书 · 新知三联书店，1949.

[63] 陶行知 . 中国教育改造 [M]. 合肥：安徽人民出版社，1981.

[64] 陶愚川 . 中国教育史比较研究：近代部分 [M]. 济南：山东教育出版社，1985.

[65] 汪刘生，施兰芳 . 职业教育学 [M]. 上海：立信会计图书用品社，1998.

[66] 王炳照，阎国华 . 中国教育思想通史 [M]. 长沙：湖南教育出版社，1994.

[67] 王承仁，吴剑杰 . 中国近代八十年史：1840—1919[M]. 武汉：武汉大学出版社，1985.

[68] 王文俊，梁吉生，等 . 张伯苓教育言论选集 [M]. 天津：南开大学出版社，1984.

[69] 王晓秋，尚小朋 . 戊戌维新与清末新政：晚清改革史研究 [M]. 北京：北京大学出版社，1998.

[70] 王云五，李圣五 . 中国教育问题之讨论 [M]. 上海：商务印书馆，1933.

[71] 韦政通 . 中国文化概论 [M]. 台北：水牛出版社，1969.

[72] 魏源 . 海国图志 [M]. 郑州：中州古籍出版社，1999.

[73] 吴汝纶 . 李文忠公全集 [M]. 台湾：文海出版社，1984.

[74] 吴雁南，等 . 中国近代社会思潮：1840—1949[M]. 长沙：湖南教育出版社，1998.

[75] 吴玉章教育文集 [M]. 成都：四川教育出版社，1989.

[76]《先生》编写组 . 先生 [M]. 北京：中信出版社，2012.

[77] 萧功秦 . 儒家文化的困境 [M]. 成都：四川人民出版社，1986.

[78] 杨春时 . 中国文化转型 [M]. 哈尔滨：黑龙江教育出版社，1994.

[79] 杨少松，周毅成 . 中国教育史稿：古代、近代部分 [M]. 北京：教育科学出版社，1989.

[80] 袁振国，张癸 . 伟大的人民教育家陶行知 [M]. 南京：江苏教育出版社，1991.

[81] 岳南 . 南渡北归 [M]. 长沙：湖南文艺出版社，2011.

[82] 詹一之 . 晏阳初文集 [M]. 成都：四川教育出版社，1990.

[83] 张步洲 . 陈寅恪学术文化随笔 [M]. 北京：中国青年出版社，1996.

[84] 张之洞 . 劝学篇 [M]. 郑州：中州古籍出版社，1998.

[85] 赵际良 . 二十世纪之教育思想 [M]. 台北：幼狮书店，1969.

[86] 赵叔愚 . 乡村教学经验谭 [M]. 上海：商务印书馆，1947.

[87] 郑世兴 . 近代中外教育家思想 [M]. 台北：台湾书店，1986.

[88] 中华职业教育社 . 黄炎培教育文选 [M]. 上海：上海教育出版社，1985.

[89] 中央教育科学研究所 . 鲁迅论教育 [M]. 北京：教育科学出版社，1986.

[90] 中央教育科学研究所，厦门大学 . 杨贤江教育文集 [M]. 北京：教育科学出版社，

1982.

[91] 周谷平 . 近代西方教育理论在中国的传播 [M]. 广州：广东教育出版社，1996.

[92] 朱经农 . 教育思想 [M]. 上海：商务印书馆，1948.

[93] 竺可桢 . 竺可桢日记 [M]. 北京：人民出版社，1984.

A. 2 报纸期刊

[1] 田正平 . 中国近代教育思想散论 [J]. 教育研究，1990（4）.

[2] 徐书业 . 论早期改良派的教育思想 [J]. 华东师范大学学报:教育科学版,1990（1）.

[3] 杨东平 . 新教育：变革的力量 [J]. 语文建设，2010（9）.

[4] 叶澜 . 让课堂焕发出生命活力——论中小学教学改革的深化 [J]. 教育研究，1997（9）.

[5] 周谷平 . 近代西方教育学在中国的传播及其影响 [J]. 华东师范大学学报：教育科学版，1991（3）.

主题索引

H

J

K

L

M

P

Q

Y

Z

第四版后记：向先生们致敬

在我修订《中国近现代教育思想史》期间，有一些小小的文化事件让我对修订工作感慨万千。这就是以先生为主题的大型展览的开幕、十集电视片的播出和图书《先生》的出版。

这里所说的先生分别是蔡元培、胡适、马相伯、张伯苓、梅贻琦、竺可桢、晏阳初、陶行知、梁漱溟、陈寅恪。他们几乎是清一色的“海归”，接受过系统的西方教育；几乎全部在大学当过教授，是学贯中西的大学者。先生们的道德文章不仅是那个时代的风范，也是今天的标杆，不仅是一座座巍巍屹立的精神丰碑，更是一条条吸引后来者继续跋涉的教育之径。

正如《先生》一书的出版者所说：他们开风气之先，不坠青云之志。他们的人格风骨、思想情怀、学术风范、学问自由，莫不是时代的榜样。在波澜壮阔的民国文化、烽火连天的抗战守拙和大江大海的南渡北归中，他们宛如一座座顽强的灯塔，各自照亮一方山河！他们“不仅有深厚的国学根基，又对西方的民主科学感同身受；他们生于乱世，颠沛流离于战火，却不求苟全性命、不求闻达，为国传承与担当；像庇护小鸡的母鸡般，以弱身御强世；对学生后辈教之导之帮之扶之惜之爱之，毫不吝啬提供经世学问之坐标以及人格营养，示范风骨与风度，为后辈的成长和民族的兴盛赢得时间、空间。他们既清贫又富有，不仅有激情，还有理性；他们不断张扬民主、科学，并点滴努力推动着国家的进步”。

这十个人中有一半以上做过大学校长，有着许多精辟的教育思想。如：

蔡元培主政北京大学时提出了“思想自由，兼容并包”的办学方针。

胡适积极提倡“文学改良”和白话文学，也一度担任上海公学和北京大学的校长。

马相伯以“教育救国”的情怀“毁家兴学”，创办了震旦学院和复旦公学。

张伯苓更是中国教育史上一位具有传奇色彩的教育家，他从传授“新学”的家馆开始，一步一步办起了南开中学、南开大学、南开女中、南开小学和重庆南开中学，是跨越所有教育阶段的教育家。他是我国奥林匹克运动的倡导者，他创建和组织了“远东奥林匹克运动会”和“中华全国体育协进会”，最早促成了中国运动员正式参与奥运会的项目比赛。他提出了“允公允能 日新月异”的南开校训，也成为中国教育的精神遗产之一。

作为大陆和台湾两地的清华大学校长，梅贻琦先生提出了“所谓大学者，非谓有大楼之谓也，有大师之谓也”的治校名言，一直流传至今。

竺可桢担任浙江大学校长的时间长达 13 年，他以“求是”为校训，明确提出了中国的大学必须培养“合乎今日的需要”的“有用的专门人才”的主张。

晏阳初则走进乡村开展平民教育实验，主张通过教农民识字，实施生计、文艺、卫生和公民“四大教育”来消除他们身上的贫、愚、弱、私“四大病”。

陶行知先后创办晓庄学校、生活教育社、山海工学团、育才学校和社会大学，他的生活教育学说提倡“教学做合一”及“小先生制”，提出了“生活即教育”“社会即学校”“教学做合一”三大主张。

梁漱溟是十位先生中唯一没有留过洋、唯一没有接受过高等教育的学者，他先后两次当过中学校长，也应邀在北京大学当过教授，但他自称“是一个有思想，又且本着他的思想而行动的人”，所以乡村教育成为他用心用力最多的地方。

陈寅恪是十位先生中最“纯粹”的学者，他先后留学日本巢鸭弘文学院、德国柏林大学、瑞士苏黎世大学、法国巴黎高等政治学校、美国哈佛大学，并先后在清华大学、西南联大、广西大学、中山大学、牛津大学、燕京大学等任教，他能够阅读梵、巴利、波斯、突厥、西夏、英、法、德八种语言，倡导为人治学当有“独立之精神，自由之思想”，已成为许多学者的人生理想。

但是，由于偏重教育思想体系，《中国近现代教育思想史》只涉及蔡元培、晏阳初、陶行知、梁漱溟四位教育家，对于其他六位重要的教育家和学者没有详细研究。另外，对于同时代的另外一些教育家，如叶圣陶先生、夏丏尊先生等的教育思想，以及对于那个时代的重要教育事件与学校，如西南联大、春晖学校等，也没有展开详细的研究。

这次修订时本想增加一章《中国近现代教育救国思想》，对张伯苓、马相伯等人的教育救国思想与实践进行论述，并为此收集了大量资料，但由于时间与精力的原因，最终没有完成，多少有些遗憾，只能够留待今后了。

所以，这本书的第四版除了增加了一个主题索引，写了这篇第四版后记，修订了部分文字和参考文献外，没有进行太大的修改。有兴趣的读者，可以通过增加的参考文献，来了解那些先生们的教育思想与教育实践。

十年树木，百年树人，教育是人类传承精神的接力棒，需要一代又一代人的不懈努力。当年辛勤耕耘的先生们，如今已经和这片土地融为一体。向先生们致敬，不仅需要用语言讴歌，更需要用行动学习。只有这样，我们肩上沉甸甸的压力，才会变成促使我们埋首前行的动力。

2012年12月8日

写于北京滴石斋

“朱永新教育作品”后记

10 年前，我的“朱永新教育作品”16 卷由中国人民大学出版社出版。

不久，这套文集就被麦格劳－希尔教育出版集团引进英文版版权，陆续出版发行。迄今为止，我的著作已经被翻译为 28 种语言，在不同国家有 87 种文本。

在版权到期之后，多家出版社希望重新出版这套文集。最后，漓江出版社的诚意感动了我。

长期以来，漓江出版社的文龙玉老师一直关注和支持新教育事业，《新教育实验年鉴》以及一批新教育人的作品都先后在漓江出版社出版，文老师也先后担任了我的《新教育》《教育如此美丽》《我的教育理想》《我的阅读观》《致教师》等书的责任编辑。这套文集在漓江出版社出版，也就成了顺理成章的事情。

这套“朱永新教育作品”沿用了中国人民大学出版社的文集名称和南怀瑾先生的题签。主要是想借重新出版之际，感谢南怀瑾先生对我的帮助和关心。在苏州担任副市长期间，我曾经多次去太湖大学堂与南怀瑾先生见面交流，请教教育、文化与社会问题。先生的大智慧经常让我茅塞顿开。

新的“朱永新教育作品”虽然沿用了原来的名称，但是内容还是有许多不同。原来的 16 卷，大部分都进行了不同程度的修订，其中一半是重新选编。全套作品按照内容分为四个系列。

一是教育理论系列，包括《滥觞与辉煌——中国古代教育思想的成就与贡献》《沟通与融合——中国近现代教育思想的起源与发展》《嬗变与建构——中国当代教育思想的传承与超越》《心灵的轨迹——中国本土心理学思想研究》《校园里的守望者——教育心理学论稿》五种。

二是新教育实验系列，包括《新教育实验——中国民间教育改革的样本》《做一个行动的理想主义者——新教育小语》《为中国而教——新教育演讲录》《为中国教育探路——新教育实验二十年》《享受教育——新教育随笔选》五种。

三是我的教育观系列，包括《我的教育理想——让生命幸福完整》《我的教师观——做学生生命的贵人》《我的学校观——走向学习中心》《我的家教观——好关系才有好教育》《我的阅读观——改变从阅读开始》《我的写作观——写作创造美好生活》六种。

四是教育观察与评论系列，包括《教育如此美丽——中国教育观察》《寻找教育的风景——外国教育观察》《成长与超越——当代中国教育评论》《春天的约会——给中国教育的建议》四种。

虽然都是现成的文字，但是整理文集却颇费时间。几年来的业余时间和节假日，大部分都用于这项工作。好在，我所在的中国民主促进会是一个以教育、文化、出版传媒为主界别的参政党，60% 的会员来自教育界，无论是调查研究、参政议政，教育一直是我们的主阵地，本职工作与业余的教育研究不仅没有矛盾，反而相辅相成。

感谢漓江出版社的文龙玉老师和她的团队认真细致和卓有成效的工作。

2022 年 10 月 17 日